Charlotte Flemes
Vieles gibt uns die Zeit

D1735614

Charlotte Flemes

Vieles gibt uns die Zeit

Begegnungen 1950 – 1990

edition fischer
im
R. G. Fischer Verlag

Die Deutsche Bibliothek – CIP-Einheitsaufnahme

Flemes, Charlotte:
Vieles gibt uns die Zeit : Begegnungen 1950 – 1990 /
Charlotte Flemes. – Frankfurt (Main) : R. G. Fischer,
1994
    (Edition Fischer)
    ISBN 3-89501-029-4

© 1994 by R. G. Fischer Verlag
Orber Straße 30, D-60386 Frankfurt/Main
Alle Rechte vorbehalten
Satz: Textverarbeitung Chr. Meyer, München
Schriftart: Palatino 10´n
Herstellung: Heinz Spengler GmbH, Frankfurt
Printed in Germany
ISBN 3-89501-029-4

FÜR ROLF FLEMES

DIE GUTE ABSICHT, ZU ERHEITERN ...

Sicher ist es ein guter Gedanke, mit Menschen, die sich für eine Sache erwärmt haben oder die man dafür gewinnen will, ein Fest zu feiern. Damit sind in unserem Falle keine familiären oder öffentlichen Veranstaltungen gemeint. Nein, ein Faschingsfest! Und das ausgerechnet im norddeutschen Hameln, in dem dergleichen nicht üblich war. Fasching gehört nach München, Karneval an den Rhein, anders kannte man es nicht.

Nun hatte es sich „Der Kunstkreis", ein Ende 1948 gegründeter Kunstverein, in den Kopf gesetzt, seine handverlesene Schar von Mitgliedern – es mögen keine hundert gewesen sein – mit solch einem Fest zu beglücken. Da man aber keine feste Bleibe hatte, mußte Ausschau nach einem geeigneten Raum zum Feiern gehalten werden.

Der Wirt des berühmten Renaissance-Hauses ‚Rattenkrug' konnte dafür gewonnen werden, seine Gaststätte für drei Tage exclusiv zur Verfügung zu stellen. Freitags und sonnabends konnte das Haus ausgeschmückt werden, am Abend und in der Nacht des Sonnabend sollte gefeiert werden, und am Sonntag mußte als Kehraus das historische Gebäude wieder in Ordnung gebracht werden.

Um es gleich vorweg zu sagen: man schrieb das Jahr 1950!

Es handelte sich also um eine Zeit, in der die Menschen nach dem schrecklichen Krieg, nach den entbehrungsreichen Nachkriegsjahren, anfingen, wieder freundliche und heitere Pläne ins Auge zu fassen.

„Auf der Palette" war das Generalthema, unter dem in den nächsten Jahren solche „Atelierfeste" veranstaltet werden sollten. Unbedingt mit künstlerischem Anspruch mußte das jeweilige Motto sein, das war der ehrgeizige Vorsatz.

In diesem Falle „Die Frau in der Weltgeschichte".

Auf der Titelseite eines kleinen Einladungsfaltblattes lockte ein mit Pinsel und Palette bewehrter Amor (frei nach Max Slevogt) mit dem verheißungsvollen Aufruf: „Gekleidet in der Tracht und nach der Mode aller Zeiten und Völker, Sonnabend, d. 11. Februar, ab 20 Uhr in sämtlichen Räumen und

Treppen des ‚Rattenkrug', Bäckerstraße 16." Originell mußte schon die Einladung sein; so wurden die Namen der Geladenen handschriftlich eingefügt. Für den Festausschuß zeichnete die in Hameln wohlbekannte Eta Wellershaus, geborene Oetker. Außer einem großen Faschingstreiben für Bildende Künste, Bühne, Film, Funk und Presse wurden drei Preise in Aussicht gestellt: für das originellste, für das schönste und für das sparsamste Damenkostüm. Die kleine Notiz „Für Neueintragungen liegt eine Mitgliederliste aus" beschloß den launigen Text.

Selbstverständlich hatten nur die Mitglieder, die aber Gäste einführen konnten, diese Einladung erhalten. Dennoch hatte sich das bevorstehende Ereignis schnell herumgesprochen. Mit Feuereifer dachten sich die Damen – denen das Thema ja galt – Verkleidungen aus; sie schneiderten oder ließen unter strenger Wahrung der Verschwiegenheit Kostüme arbeiten. Jede Eva konnte ganz individuell ihrem Pferdchen Zucker geben.

Hamelner Künstler pinselten, bastelten, klebten und gestalteten all die schönen Ereignisse der Weltgeschichte, von der Bibel bis zum Can-Can à la Toulouse-Lautrec. Der ‚Rattenkrug' war nicht wiederzuerkennen. Kein Wunder, daß die Edenbar und das geheimnisvolle Scheherezade-Zelt die Hauptanziehungspunkte wurden.

Die ersten Gäste trafen ein. Unter ihnen eine prachtvolle Nofretete, den berühmten Helm hoheitsvoll balancierend. Wenig später erschien die zweite Nofretete und kurz danach eine weitere. Sie starrten sich entgeistert an, denn jede hatte natürlich angenommen, nur sie sei auf diesen Einfall gekommen. Eine Nofretete brach in Tränen aus, die zweite verließ enttäuscht das Fest (kam allerdings zu später Stunde anders gekleidet wieder), nur die dritte riß sich kurz entschlossen den Helm vom Kopf, schüttelte die Locken und stürzte sich ins Getümmel.

Die Preisrichter hatten es schwer, bei all den wunderschönen Helenas, Kleopatras, Kriemhilden, Pompadours die verheißenen Preise zu vergeben. Eine „Lady Hamilton" (nach Gainsborough) in Samtrobe mit Schleppe und Federhut wurde als Schönste prämiert. Eine pastellfarben geschminkte Tänzerin im Tütü mit flatternder Samtschleife um den Hals (nach Degas) erhielt als Originellste den Preis. Und zwar deshalb, weil sie auf ihrem blumengeschmückten Haar einen zierlichen Goldrahmen befestigt hatte, der ihren Kopf und das schöne Décolleté umrahmte und in dessen Ecke das Schildchen „Privatbesitz" befestigt war. Das sparsamste Kostüm feierte Triumphe als zierlicher „Amor" (nach Slevogt); leicht geschürzt, schulterfrei und wohlgerundet hüpfte das junge Mädchen mit Pfeil und Bogen über alle Treppen.

Was die Veranstalter erhofft hatten, war eingetreten: eine nennenswerte Zahl neuer Mitglieder hatte sich eingetragen. All die Mühe der Vorbereitungen und Abwicklungen hatte sich gelohnt.

Nun hieß es aber für den ehrenamtlich arbeitenden Vorstand, die Ärmel weiter aufzukrempeln, damit den Kunstfreunden interessante Ausstellungen und Unternehmungen angeboten werden konnten.

Der 1. Vorsitzende und Gründer dieses Kunstvereines, Dr. Rolf Flemes, und sein Freund, der Kunsthistoriker Dr. Herbert Wolfgang Keiser (der als ehrenamtlich beratender Kustos fungierte) waren der Auffassung, daß man Kunstwerke zwar mit Ernst betrachten müsse, daß dies aber auch Freude bereiten solle. Unter diesem Aspekt bereiteten wir (Rolf Flemes und ich als seine Frau und Assistentin) bienenfleißig alles Geplante vor. Schnell hatten wir beobachtet, daß die Mitglieder gesellige Veranstaltungen zu schätzen wußten. So wurden „Burgenfahrten" organisiert, die zu Besichtigungen von Schlössern und Kirchen im Weserbergland und im nahen Westfalen führten.

Wer hatte damals schon ein Auto? Das war die Ausnahme. Darum war es nicht verwunderlich, daß diese Busfahrten ständig und sofort ausgebucht waren.

Das Wichtigste aber fehlte! Die feste Bleibe, in der sich die Kunstfreunde treffen und versammeln konnten. Die Ausstellungsmöglichkeit, die ein Mitglied für den Anfang in seiner Möbelhandlung eingeräumt hatte, war leider eine Übergangslösung, zumal sie nur während der Ladenöffnungszeiten zu nutzen war. Deshalb waren wir gezwungen, unsere Aktivitäten mit zusätzlichen Unternehmungen anzureichern, damit die Mitglieder das befriedigende Gefühl bekamen, daß ihnen etwas geboten wurde.

Denn bei der Gründung hatte der Kunstkreis als Gesellschaft zur Förderung der Bildenden Künste e. V. im Dezember 1948 ein anspruchsvolles Programm in Aussicht gestellt, das nun realisiert werden mußte: „In ständig wechselnden Ausstellungen sollen alte und neue Werke der Malerei, Graphik, Plastik und des Kunsthandwerkes gezeigt werden. Diese Tätigkeit wird ergänzt durch gesellige Veranstaltungen, Atelierbesuche, Diskussionsabende, kunsthistorische Lichtbildervorträge, Werkstattberichte und Führungen. Die Gesellschaft sucht diesen Zweck zu erreichen durch die Errichtung eines ständigen Studioraumes."

Wesentlich zum Gelingen dieser Pläne trug dann die Bereitstellung eines provisorischen Studios bei, einem Zeichensaal mit Kabuff als Magazin, den die Stadt Hameln in der neu errichteten Schule am Langen Wall einstweilen überließ. Nun konnten wir loslegen mit Ausstellungen, mit Vorträgen. Im Mai 1950 durften wir einziehen. An jedem Dienstagabend hielt Dr. Keiser sogenannte „Schaustunden", in denen er über den jeweiligen Künstler und dessen Werke referierte. In der Aula hielt er ein Seminar über die Künste der Druckgraphik ab, das großen Zulauf hatte. Durch dieses zentral gelegene „Studio" wuchs das Interesse der kunstinteressierten Bevölkerung, es gab Abende, an denen sich das Publikum wegen der Überfüllung draußen im Treppenhaus drängelte. Vor allem wollten viele Mitglieder dabei sein, wenn die Ausstellungen bei sonntäglichen Matineen festlich eröffnet wurden. Tiefbefriedigt kehrten Rolf, Keiser und ich danach in unser Haus zurück. Es ist nicht zu beschreiben, wie sehr der Publikumserfolg uns zu neuen, damals ungewöhnlichen Ideen und Taten beflügelte.

Eine ganz neue Variante bildeten die Fahrten nach Göttingen zu den jüngst gegründeten „Göttinger Film-Ateliers", die Hans Abich in ehemaligen Flugzeug-Montagehallen ins Leben gerufen hatte. Göttingen war ein kultureller Nährboden, nachdem Heinz Hilpert mit dem Deutschen Theater dort festen Fuß gefaßt hatte.

Rolf, als Ministerialdirigent im Niedersächsischen Ministerium für Wirtschaft und Verkehr in Hannover, konnte Abich und Hilpert durch Landeszuschüsse wesentliche Starthilfen vermitteln. Zum Beweis, daß diese Einrichtungen florierten, wurden wir zu Besichtigungen eingeladen. Rolf fragte Abich, ob er etwas dagegen hätte, wenn er mit einem Bus voller Kunstkreis-Mitglieder wiederkäme. Auf diese Weise durften wir von ferne den Dreharbeiten zusehen und konnten zusammen mit den Schauspielern in der Kantine ein frugales Mahl einnehmen. Und obendrein wurden uns noch die neuen Filme vorgeführt: „Die Nachtwache" und „Es kommt ein Tag ..." mit der jungen Maria Schell.

Fahrten zu bedeutenden Ausstellungen, wie zum Beispiel zur Kokoschka-Ausstellung in der Kunsthalle Hamburg, nach denen wir unsere Maßstäbe setzten, wurden aufgenommen.

Mit Extra-Einlagen wagten wir uns immer weiter vor. So bildete ein Bach-Konzert des „Freiburger Kammerquartetts für alte Musik" in der Stiftskirche Fischbeck den Abschluß einer Burgenfahrt nach Rinteln, Schloß Fahrenholz und Kloster Möllenbeck. Geradezu rührend mutet heutzutage ein fürsorglicher Zusatz in der Einladung zu einer winterlichen Fahrt nach Goslar und zur Klosterkirche Grauhof an: „Zur Einnahme des Mittagessens empfehlen wir die altdeutsche ‚Klause', wo auf Wunsch ein guter Gemüseeintopf zu 1.– DM für uns bereitgehalten wird." Um Einfälle waren wir also nicht verlegen. Doch sollten diese Fahrten nur das Band darstellen, das ein gutes Ausstellungsprogramm zu ergänzen hatte.

Ohne Dr. Keiser, dessen unermüdlicher Einsatz für die Ausstellungen die entscheidende Hilfe war, hätten wir wahrscheinlich nicht die Ausdauer für diese anspruchsvollen Unternehmungen aufgebracht, obzwar Rolf Flemes mit den anderen sechs Vorstandsmitgliedern um unglaublich konsequenten Arbeitseifer bemüht war. Sein eigentlicher Beruf füllte ihn in Hannover oder in zeitaufwendigen Dienstreisen völlig aus. Keiser wiederum verband seine uneigennützige Arbeit mit dem Dank für unsere spontane Bereitschaft, ihn 1948 nach vierjähriger sibirischer Gefangenschaft aufgenommen zu haben. Beide waren auf meine Hilfe als ihre „rechte Hand" angewiesen, da eine Person für den praktischen, reibungslosen Ablauf zuständig sein mußte. So wurde ich das „Mädchen für alles". Das wurde mehr als ein Zeitvertreib! In

Wirklichkeit hatte ich andere, wichtige Pflichten. Wir waren eine große Familie mit vier Töchtern, drei eigenen und einer 1947 nach der Flucht aus Thüringen bei uns Aufgenommenen, und alle Mädchen waren unter zwölf Jahren. Glücklicherweise übertrug sich unsere Kunstbegeisterung auf die Kinder. Vielleicht nicht immer mit Freuden, aber ohne Murren falteten sie die Einladungen, steckten sie in Umschläge und brachten sie im Wäschekorb zur Post. Damit die Porto- und Verpackungskosten gespart werden konnten, trugen die Mädchen sogar die Jahresgaben an die Mitglieder in Hameln aus. Eingespannt wurden sie eigentlich nicht; doch wie selbstverständlich wurden sie in unser Leben für die Kunst einbezogen, an dem sie aktiv teilnahmen. Auf diese Weise lernten sie beiläufig bedeutende Persönlichkeiten kennen. Dadurch und auch durch das soziale Verhalten ihrer Eltern wurden sie ganz wesentlich geprägt.

Zum Glück für den Kunstkreis wurde Hugo R. Bartels, Redakteur im Nordwestdeutschen Rundfunk in Hannover, persona grata in unserem Hause. Mit Mikrophon und Aufnahmekoffer erschien er häufig, machte Interviews mit Künstlern und berichtete in einer Sendereihe „Stimme aus Niedersachsen" häufig von unseren Veranstaltungen. Die wohlmeinende Presse und der Rundfunk sorgten so peu à peu für Publicity.

Natürlich ergaben sich im Laufe der Jahre so viele und so interessante Begebenheiten. Die Erinnerungen daran drängen sich geradezu auf, drum will ich als Chronistin von Begegnungen mit Künstlern, von Ereignissen in Hameln und anderswo in der Folge berichten.

Und da die Geschichten sich in dem Zeitraum von 1950 bis 1990 abspielen, will ich gleich mit einer ganz zeittypischen Erzählung beginnen.

MAN NEHME 2 LORBEERBLÄTTER ...

Es war uns gelungen, das vollständige Konvolut der berühmten „36 Ansichten des Berges Fuyijama" von Katsushika Hokusai als Leihgaben zu erhalten. Die Kunst des japanischen Farbholzschnittes sollte mit diesen ungewöhnlichen, hierorts noch nie gezeigten Beispielen vorgestellt werden. Auf den großformatigen Blättern, die in Japan in den Jahren 1823 bis 1829 entstanden waren, erschien der Fuyi in unterschiedlichsten Ansichten: von Brücken, vom Meer, von Teehäusern, von Riffen, von Ufern, durch Bäume, im Gewitter, bei Abend und bei klarem Wetter bot sich der Anblick dar.

Ein fernöstlicher Glanz kam damit in unser bescheidenes Studio. Wegen des außerordentlichen Anlasses hatten wir einen Experten, den Professor Dr. Otto Kümmel, zu einem Vortrag „Das Weltbild des ostasiatischen Künstlers" gebeten. Der achtzigjährige Herr, ehedem Generaldirektor der Berliner Museen, kam tatsächlich aus Berlin angefahren. Er erzählte Rolf, der ihn vom Bahnhof abholte, als erstes, daß er ein neues Gebiß brauche und daher das Honorar dringend benötige, sonst hätte er sich in seinem Alter wohl kaum auf die Reise gemacht.

Nach der Matinee und dem Vortrag mußte der Gast eingeladen werden. Der Kunstkreis hatte aber kein Geld, seine Vortragenden oder Künstler in Gaststätten bewirten zu lassen, so kam es, daß sie häufig zu uns eingeladen wurden.

Zwölf Personen waren zu bewirten. Außer unserer sechsköpfigen Familie natürlich Marta, meine liebe Schwieger- und Vizemutter, die treue Irene, Dr. Keiser, Hugo R. Bartels, der Leihgeber und vor allem der zu ehrende Prof. Kümmel.

Was kann man für so viele Gäste Köstliches zubereiten? Das machte mir erhebliches Kopfzerbrechen. Die Gehälter waren noch so schmal bemessen, daß man gewöhnlich nicht an üppige und kostspielige Braten denken konnte. Aber jetzt mußte es ein Braten sein! Der grassierende Schlager „Wer kann das bezahlen, wer hat so viel Geld ..." war keine Hilfe. Rolf erzählte mir vertraulich von einem Kollegen im Ministerium, der seine zahlreiche Familie zu besonderen Anlässen öfter mit Fohlenbraten sättige, den seine Frau wohlschmekkend zubereiten könne, ohne daß irgend jemand davon etwas merke. Noch nie hatten wir Fleisch vom Pferd gegessen! Schweren Herzens willigte ich ein und bat den besagten Kollegen, einen solchen sechspfündigen Fohlenbraten zu besorgen. Heimlich, damit Marta nichts davon merkte, hatte ich eine Marinade angesetzt und den Braten darin zwei Tage lang eingelegt. Ich hatte nicht umsonst die Vorstellung, daß ein besonders gut gewürztes Fleisch wie ein echter rheinischer Sauerbraten schmecken müsse. Vorsichtshalber hielt ich mich an das Rezept aus dem handgeschriebenen Kochbuch meiner verstorbenen Mutter.

Wohlgelungen und köstlich duftend holte ich den Braten aus dem Backofen, brachte ihn braunglänzend auf den Tisch, tranchierte ihn in große Scheiben und forderte auf, ein zweites Mal zuzulangen. Wir alle, besonders der alte Herr Kümmel, schmausten mit Behagen, und er machte mir sogar die größten Komplimente. Kunst auszustellen sei eine Sache, aber delikate Braten herzustellen und seine Gäste üppig damit zu bewirten, das sei eine andere Sache, das sei auch Kunst. Wilhelm Busch habe wahrscheinlich recht mit seinem Ausspruch: „Wer einen guten Braten macht, hat auch ein gutes Herz." Er wisse im Moment nicht, was wichtiger sei, Kunst oder Braten. Es täte seiner Frau bestimmt leid, daß sie nicht mitgekommen sei. Er wolle ihr aber von der Hamelner Gastfreundschaft trotzdem etwas vorschwärmen, und dazu brauche er das Rezept, ob ich es ihm wohl notieren könne.

Gleich setzte ich mich an meinen Sekretär und gab mir Mühe, leserlich zu schreiben: 3 Kilo Rinderschmorbraten legt man 2 Tage lang in eine Marinade und wendet ihn öfter darin um. Man kocht 1/8 Liter Weinessig, 1/2 Liter Rotwein und 1/2 Liter Wasser mit 2 Lorbeerblättern, Pfefferkörnern, Nelken, Wacholderbeeren, Koriander, Zwiebeln und Möhren auf. Den Braten reibt man mit Salz und Pfeffer ein und legt ihn in die abgekühlte Marinade. Das gut abgetrocknete Fleisch wird in einem Bräter in heißer Butter schön braun angebraten und die durch ein Sieb gegossene Marinade dazugegeben, dann läßt man alles zwei Stunden lang im Backofen schmurgeln. Für die Soße gibt man 1/4 Pfund Rosinen in den Bratenfond und schmort sie 10 Minuten mit. Die Soße wird mit Sahne abgebunden. Mit Kartoffelklößen, Rotkohl und Apfelmus serviert man einen guten Rotwein.

Nachdem alle nun vollauf gesättigt und zufrieden waren, zumal es noch die berühmte Rote Grütze als Nachtisch gab, kam die große Stunde! Um der Unruhe von Tellergeklapper und Abwaschgetöse aus der Küche nebenan zu entgehen, bat Marta zum Kaffee in die Bibliothek. Der große Koffer mit dem Aufnahmegerät und dem Mikrophon wurde ausgepackt. Bartels fragte, ob er das verabredete Interview machen dürfe, er wolle es noch am selben Sonntag abend senden.

Die Kinder wurden angehalten, nicht durch Flüstern, Husten oder Räuspern zu stören. Kümmel setzte sich behaglich in den Lehnstuhl und harrte der Dinge. Nun konnten wir erleben, wie zwei Profis souverän miteinander umgingen. Natürlich konnte Kümmel die vorbereiteten Fragen beantworten; darüber hinaus bekannte er freiwillig, daß es ihm ein Vergnügen gewesen sei, vor einem so interessierten Publikum seine Weisheit über ostasiatische Kunst ausbreiten zu können. Vor allem könne er diesem jungen Kunstverein nur gratulieren, daß er bemüht sei, seine Mitglieder mit dem Vorzüglichsten vertraut zu machen. Darin liege sowieso das Geheimnis des Erfolges; unter keinen Umständen dürfe man sich halbherzig mit minderer Qualität zufrieden geben. Dann solle man lieber die Finger davon lassen. Wir hätten mit Hokusai gleich nach den Sternen gegriffen, schließlich sei er d e r Meister des japanischen Farbholzschnittes gewesen. Ein Meister mit hohem, subtilem Farbgefühl, ein vorzüglicher Zeichner von Landschaften, Vögeln, Pflanzen, Straßen- und Volksszenen. Diese 36 Ansichten seien aus seinem riesigen Gesamtwerk tatsächlich das Beste vom Besten.

Dann führte er noch einmal aus, was schon im Vortrag zum Ausdruck gekommen war, daß in diesen Holzschnitten zum ersten Mal in Japan Landschaften um ihrer selbst willen dargestellt wurden. Diese unerhört kühnen Kompositionen wie „Die Woge" oder „Fuyi im Gewitter" hätten einen so hohen künstlerischen Rang, daß er sie manchem Original vorziehen würde.

Da nun seiner Ansicht nach eine Kunstvereinsarbeit in der Kontinuität liege, sei es sicher von großem Reiz, gewisse Themen zu wiederholen. Falls wir die japanische Holzschnittkunst einmal wieder zeigen wollten, sei er gern bereit, uns die besten Blätter von Hiroshige und Harunobu als Leihgaben zu beschaffen. Mit Harunobu habe sich diese Kunstform im 18. Jahrhundert überhaupt erst entwickelt, und Hiroshige habe seine Landschaftsserien zu höchsten Gestaltungen im Vielfarbendruck vorangetrieben. Wenn wir nicht prüde seien, könne man solch ein Arrangement durch Blätter von Utamaro erweitern, der die Schönheit der Freudenviertel in Edo-Tokio ebenfalls im 18. Jahrhundert delikat gepriesen habe. Wir müßten uns möglicherweise beeilen, setzte er verschmitzt hinzu, man wisse ja nie, wie lange er sein Alter noch fortsetzen könne.

Über die „gute Note" waren wir selig und auch über die Aussicht, durch diesen einflußreichen Gelehrten an andere gute Ausstellungsobjekte zu gelangen.

DIE INITIALZÜNDUNG

Nachdem im Januar 1951 das zweite Faschingsfest im Berg-hotel „Felsenkeller" unter dem Motto „Stilecht und einwand-frei von Breughel bis Picasso" (mit Pieters Tenne, Montmartre-Mansarden, Impressionistenbuffet, Pablo-Bar, Existentialisten-Keller) gefeiert worden war, hieß es, das angekündigte Jahres-programm abzuwickeln. Mit dem Studio am Langen Wall hat-ten wir eine Form von Sicherheit gewonnen, die sich für die Arbeit als sehr förderlich erwies. In regelmäßigen Abständen konnten die Mitglieder mit interessanten Ausstellungen rech-nen. „Wie Kinder zeichnen" war ein Thema, das ein großes Echo in Stadt und Land hervorrief; die internationalen und niedersächsischen Kinderzeichnungen zogen Kunsterzieher und Eltern gleichermaßen an. Die Ausstellung „Geschichte der Lithographie – Meisterwerke der deutschen und französischen Kunst von Alois Senefelder bis zur Gegenwart" sollte wesent-liche Akzente setzen für das Vorhaben, Druckgraphik in ex-emplarischen Beispielen zu zeigen. Skulpturen von Gerhard Marcks, der selbst aus Köln gekommen war, verführten man-ches Mitglied, eine Kleinplastik zu erwerben. „Kunst – amüsant und brauchbar" des Hamelner Holzschnittmeisters Rudolf Riege erwies sich als Magnet. Die Gemälde, Graphiken und Plastiken – angefangen bei Paula Becker-Modersohn bis zu Renée Sintenis – unter dem Motto „Die Frau als Künstle-rin" beendeten dieses erfolgreiche Jahr.

Mit vollen Segeln gedachten wir ins neue Jahr zu fahren. So wurde mit Begeisterung zunächst das dritte Faschingsfest „Die Gaukler kommen in allerlei Farbe gekleidet", das im hi-storischen ‚Rattenfängerhaus' stattfinden sollte, für Februar 1952 vorbereitet.

Der Kunstkreis wuchs zusehends, so daß bei den letzten Ausstellungs-Eröffnungen viele Besucher stehen mußten. Aber mit diesem Problem wären wir auch fertig geworden, wenn nicht plötzlich die Kündigung des Studioraumes erfolgt wäre. Der Raum werde für Schulzwecke benötigt, hieß es in dem amtlichen Schreiben.

Ein Blitz aus heiterem Himmel war eingeschlagen!

Wir fragten Herrn Brockmann, den Rektor der Schule, ob er den Raum tatsächlich so dringend benötige. Er hob die Schultern, schnitt eine Grimasse und wollte nicht so recht raus mit der Sprache, murmelte aber etwas von „Amtssache", wir sollten uns am besten an den Oberstadtdirektor wenden.

Rolf war außer sich! Er räsonierte und rief, er wisse wohl, wem wir das zu verdanken hätten. Kein anderer als Wilke habe ihm das eingebrockt, um ihm persönlich einen Tort anzutun. Mir erzählte er, daß Wilke, der Oberstadtdirektor der Stadt Hameln, mehrfach bei ihm im Ministerium in Hannover vorstellig geworden sei. Es habe sich immer um Genehmigungen und finanzielle Hilfen für Industrie-Ansiedlungen in Hameln gehandelt, die er – Rolf – auch stets unterstützt habe. Aber bei jedem Besuch habe er auch versucht, Wilke davon zu überzeugen, daß er unbedingt neben der wirtschaftlichen die geistige Komponente für die Stadt im Auge behalten müsse. Hameln benötige endlich eine Universität und möglichst auch eine Pädagogische Hochschule. Jetzt sei der Zeitpunkt, derartige Gründungen vorzunehmen. Er würde sich gern bei seinen Kollegen im Ministerium für Wissenschaft und Kunst dafür verwenden, daß Hameln bevorzugt in den Katalog der in Frage kommenden Städte aufgenommen würde. Das habe er ihm mehrfach in Aussicht gestellt.

Wilke habe immer den Kopf geschüttelt und betont, daß der Schul- und Wohnungsbau Vorrang haben müsse. Bei anderen Treffen habe er immer von neuem versucht, Wilke davon zu überzeugen, daß mit dem Einzug studierender Jugend auch ein wesentlicher wirtschaftlicher Faktor abgedeckt werden könnte.

Studierende Jugend! Woher er denn dafür die Zimmer oder Wohnräume nehmen solle!

Rolf kritisierte daraufhin, daß es schon ein unverzeihlicher Fehler gewesen sei, die Gründung der Musikhochschule abzulehnen. Ja, er wisse das, der Pianist Erik ten Bergh habe ihm das erzählt. Nun könnten sich die Detmolder, bei denen die Musikhochschule in Freuden aufgenommen worden sei, die Hände reiben. Wilke möge doch endlich einsehen, daß er die Verpflichtung habe, eine so berühmte Weserrenaissance-Stadt wie Hameln durch ein Hochschulleben zu bereichern.

Wilke habe ihm darauf vorgeworfen, daß er ja bloß immer an seinen Kunstkreis denke. Das auch, habe er eingeräumt. Aber es sei wirklich nicht damit getan, daß man eine Weserbergland-Festhalle baue, in der man Theater spielen und Konzerte aufführen lassen wolle. Das sei alles schön und gut, aber erst ein Hochschulleben gebe einer Stadt das geistige Gepräge.

Er wisse selber, was er zu tun und zu lassen habe, sei die patzige Antwort gewesen. Daraufhin habe er ihm erzürnt vorgeworfen: „Machen Sie nur so weiter! Dann werden Sie als der Kultur-Totengräber meiner Vaterstadt Hameln in die Geschichte eingehen."

Das war starker Tobak! Das mußte bei einem solchen Kleingeist ja Folgen haben! Und die Quittung kam denn ja auch wenige Wochen später im Form des Kündigungsschreibens ins Haus.

Rolfs Unbeherrschtheit hatte uns etwas „Schönes" eingebrockt.

„Noch ist Polen nicht verloren", meinte Rolf. „Man muß mit dem Mann noch einmal reden." Dabei fürchtete er allerdings, daß er selber bei einem bittstellenden Besuch wieder aus der Haut fahren würde.

„Am besten ist es, wir schicken eine Frau hin. Und das bist du", beschloß mein lieber Mann. Begeistert war ich nicht von dem Plan, fügte mich aber und nahm mir vor, mit Geduld und Charme diesen widerborstigen Mann zu besänftigen.

Nach gebührender Voranmeldung fand ich mich zur vorgeschlagenen Stunde im Rathaus, dem historischen Hochzeitshaus, ein. Mir wurde bedeutet, daß der OSD noch in einer Sitzung sei und daß ich einstweilen im Vorzimmer warten möge. Nach einer halben Stunde erschien der hohe Herr, ging in sein Arbeitszimmer, ohne Notiz von mir genommen zu haben. Ich guckte die Sekretärin fragend an, folgte dann ihrer Aufforderung, hinterherzugehen, obwohl mir das doch ziemlich seltsam vorkam.

Wilke stand über seinen Schreibtisch gebeugt und kramte vielbeschäftigt in Aktenbergen. Da er mir keinen Platz anbot, setzte ich mich nach einer Weile hin.

Das kann ja gut werden, dachte ich etwas ratlos. Bei solcherlei „aufmunterndem" Gebaren fielen mir die vorgedachten Sätze nicht mehr ein, zumal ich auch gar nicht gefragt wurde, was mich hergeführt hatte. So wußte ich nichts Besseres, als die Aufmerksamkeit auf den mitgebrachten Kündigungsbrief zu lenken und darum zu bitten, uns doch bei der Suche nach einem anderen geeigneten Ausstellungsraum behilflich zu sein.

„Nein. Ich weiß auch keinen."

Mein Vorschlag, dem Kunstkreis zu erlauben, in den ehemaligen Ballräumen des Clubs zur Harmonie ausstellen zu dürfen, wurde abgewiesen.

„Aber Sie sind doch im Kuratorium des Clubs, da könnten Sie vielleicht ein gutes Wort für uns einlegen?"

„Nein."

Was ich auch vorschlug oder erfragte, es erfolgte stets ein schlichtes „Nein".

Die Vorstellung, daß die vielen Mitglieder enttäuscht wären und daß alle Arbeit doch ehrenamtlich geleistet werde, interessierte nicht. Mit dem lapidaren Satz „Ich weiß das auch nicht" beschied er mich.

Langsam, aber unaufhaltsam stieg Unmut in mir auf. Was bildete der Kerl sich eigentlich ein? Sehnsüchtig dachte ich an Rolf und dessen soziales Engagement. Wozu ist er hier Oberstadtdirektor, wenn er die Probleme der Bürger nicht anhören und möglichst aus dem Wege räumen will? dachte ich ergrimmt.

Als ich wieder dieses „Ich weiß es nicht" hörte, riß mir der Geduldsfaden.

„Wenn Sie es als Oberstadtdirektor nicht wissen, wen soll ich denn sonst fragen?"

„Weiß ich nicht. Fragen Sie doch den lieben Gott!"

„Nein", rief ich empört aus, „nein, davon halte ich gar nichts. Da frage ich besser den Teufel. Aber den Teufel auf Erden habe ich ja bereits vor mir! Guten Morgen!" Und damit verließ ich augenblicklich das Zimmer.

Kaum draußen vor dem Rathaus angekommen, erhoben sich bei mir doch erhebliche Zweifel, ob ich mich richtig verhalten hätte. Zwar beruhigte ich mich etwas im Laufe des Tages, aber je näher der Abend heranrückte, desto weiter sank meine Stimmung herab.

Als Rolf aus Hannover heimkehrte, fragte er als erstes gespannt: „Na, wie war's bei Wilke?"

„Ach, wir wollen doch lieber erst essen, ich kann dir ja später davon erzählen", versuchte ich abzulenken.

„Nein, nein, das muß ich gleich wissen. Also leg' mal los."

Bevor ich nun berichten konnte, verlor ich schon die Fassung und gestand unter Tränen, er habe den Bock zum Gärtner gemacht, ich habe alles verdorben; ich hätte mich einfach unmöglich benommen.

„Also nun mal ganz ruhig. Erzähl' mal ganz von vorne an", beruhigte mich Rolf und zog mich neben sich auf das Sofa.

„Der Mensch hat mich derartig gereizt", beendete ich den Bericht. „Da habe ich ihn als Teufel auf Erden bezeichnet."

„Sag das noch einmal! Das ist ja unglaublich! Hast du das wirklich gesagt? Teufel auf Erden? So ein Flegel, was bildet er sich bloß ein", rief er ganz empört aus. „Bleib' mal hier sitzen, ich komme gleich wieder", sagte er beim Aufstehen. „Aber nicht weggehen, hörst du?"

Er kehrte zurück mit zwei Gläsern und einer Flasche Wein, entkorkte sie, schenkte ein, gab mir ein Glas in die Hand und stieß mit mir an: „Prosit! Ich baue! Jawohl, ich baue! Das wäre ja noch schöner! Das werden wir ja mal sehen, Herr Totengräber", rief er entschlossen aus.

„Wie willst du das denn anstellen?" fragte ich ungläubig, allerdings auch erleichtert und halbwegs getröstet.

„Das wird sich finden! Du sollst mal sehen, ich habe eine Idee, eine Hundehütte wird's schon werden."

Am nächsten Tag rief Rolf mich aus Hannover an und verkündete: „Die ersten 5000 Mark habe ich schon!"

DIE KRAFT LIEGT IN DER HOFFNUNG

Nun war guter Rat teuer! Die fabelhafte Bauidee behielt Rolf
zwar fest im Auge, doch zunächst mußte er vor allem dafür
sorgen, daß den Mitgliedern – wenn schon keine Ausstellungen – wenigstens andere Kunstunternehmungen angeboten
würden. Zudem brauchte er verständnisvolle Berater und
Mitstreiter. Und siehe da, in dem Buchhändler Fritz Seifert
fand er einen wirkungsvollen Helfer. Er hatte sich in langen
ratsuchenden Gesprächen an diesen so hochangesehenen
Mann gewandt, den er schon seit seiner Jugend gut kannte.
Als Ratsherr und als Vorsitzender des städtischen Kulturaus-
schusses versprach Seifert, sich für eine Zwischenlösung einzusetzen. Auf keinen Fall dürfe dieser junge Kunstverein die
Segel streichen. Bevor es zu einer endgültigen Lösung komme,
die man ja nicht von heute auf morgen erzwingen könne,
müsse von Fall zu Fall ein Raum zum Ausstellen gefunden
werden. Es dauerte auch nicht lange, da konnte Fritz Seifert
schon einen Vorschlag machen: in einem Raum des Club-
hauses im 1. Stockwerk könne im März eine Ausstellung arrangiert werden, dann müsse man weitersehen.

Die Stellwände, Rahmen und Podeste hatten wir einstweilen im Schulkeller verstauen dürfen. Nun hieß es, ein Zigeu-
nerleben zu beginnen. Keiser, der den Clubraum und sein
Umfeld begutachtet hatte, betonte allerdings ausdrücklich,
daß man wertvolle Kunstwerke dort nicht zeigen könne, zu
viele Menschen hätten Zugang in das Haus. Aus Sicherheits-
gründen müsse er sich etwas Interessantes, ohne den Anspruch der Kostbarkeit, ausdenken.

Davon abgesehen mußten wir uns schweren Herzens von
einem Programm für 1952 trennen, das bereits mit allen Ter-
minen fest geplant war, wie zum Beispiel „Kirchliche Kunst
der Gegenwart", „Tapeten aus alter und neuer Zeit", „Plastiken von Georg Kolbe". Bei den bereits angeschriebenen
Künstlern, Leihgebern und Museumsdirektoren mußte ich
nun um Verständnis und Aufschub bitten. Den Bau eines eigenen Studios mußte ich auch erwähnen, tat das jedoch nur

halbherzig, weil ich mir die Realisierung gar nicht vorstellen konnte.

Dr. Keiser hatte inzwischen als Direktor das Landesmuseum in Oldenburg übernommen, stand also nicht mehr täglich zur Verfügung.

Enttäuschungen hemmen bekanntlich den Elan! Trotzdem mußten wir unsere ganzen Kräfte zusammennehmen, um durch häufige Fahrten mit unseren Mitgliedern im Kontakt zu bleiben. Drum reisten wir an manchen Wochenenden kreuz und quer durch die Lande, nach Bremen und Worpswede, zur Porzellanmanufaktur Fürstenberg, zum Kloster Corvey, nach Wiesbaden zur Ausstellung „1000 Jahre Deutsche Kunst", nach Kassel und Schloß Wilhelmstal, nach Marburg und immer wieder nach Hannover zur Kestner-Gesellschaft. Alfred Hentzen und später Werner Schmalenbach führten uns durch die großartigen Ausstellungen. Und stets schloß sich danach exclusiv für den Kunstkreis eine Aufführung im Zimmertheater in der Bahnhofstraße an. Boulevardkomödien und ergreifende Stücke wurden geboten: „Wer weint um Juckenack", „Finden Sie, daß sich Konstance richtig verhält?", „Die Büchse der Pandora", „Ninotschka".

Nach einer Fahrt zu münsterländischen Wasserburgen ließ sich eine Pressestimme verlauten: „Und mit welchen Gefühlen fuhren wohl die meisten heim? Wir sind in vieler Hinsicht ein armes Volk geworden, aber darüber dürfen wir nicht vergessen, daß uns noch so manches Juwel verblieben ist."

Ungeahnte Erfolge wurden die Aufführungen in der Aula des Schillergymnasiums „Der Bettlerkaiser", chinesische Schattenspiele als besondere Form des Puppenspiels. Ein Märchenspiel, gewürzt mit chinesischen Weisheiten und feiner Ironie; und ganz nebenbei konnte man auch lernen, wie man sich mit vollendeter Höflichkeit beschimpfen kann.

Keiser, der längst nach Oldenburg übersiedelt war, hatte noch „Meisterwerke Europäischer Malerei des XIX. und XX. Jahrhunderts in REPRODUKTIONEN – meisterhaft gerahmt" vom Kunsthaus Conzen in Düsseldorf besorgt. Reproduktionen, ja, die konnte man allenfalls im Clubhaus vertreten, obwohl die exzellente Rahmung schon etwas Besonderes darstellte.

Die Galerie Wolfgang Gurlitt in München bot an, uns Handzeichnungen von Alfred Kubin zu dessen 75. Geburtstag zu überlassen. „Können wir das verantworten?" war die besorgte Frage. Durch die Zusage, daß verschiedene Damen sich zusätzlich als Aufsicht zur Verfügung stellen wollten, faßten wir Mut und ließen die Kisten schicken. Leider fanden diese oft abstrusen Traumdeutungen und düsteren Zwickledt-Landschaften wenig Interesse, so daß auch nichts verkauft wurde. Vielleicht hatte die Sache deswegen zu allem Überfluß noch ein Nachspiel. Gurlitt bestätigte den Empfang der zwei Kisten, monierte allerdings, daß drei Zeichnungen beschädigt seien, er müsse sie restaurieren lassen. Das fehlte uns noch! Meinen Helferinnen und mir kam das höchst fraglich vor. Jedes Blatt war auf seinen Zustand hin untersucht worden. Da wir sehr sorgfältig die Verpackung selbst vorgenommen hatten, waren wir uns keiner Schuld bewußt.

Rolf hatte mal wieder eine Idee. Ein glücklicher Umstand kam uns zu Hilfe. 1950 hatten wir Anita Vogel kennengelernt. Sie war aus Dresden geflüchtet und hatte sich zu ihren – und auch unseren – Freunden Heinz und Trudi Kappler nach Fischbeck abgesetzt. Eine enge Freundschaft nahm ihren Anfang, die bis zum heutigen Tag existiert. Anita ging als ausgebildete Restauratorin für Kunstwerke auf Papier zunächst nach Coburg an das Kupferstichkabinett auf der Veste Coburg, bevor sie in Hannover eine eigene Werkstatt eröffnete. Wenige Jahre später heiratete sie Erhart Kästner, den Schriftsteller und Direktor der Herzog August Bibliothek in Wolfenbüttel.

Rolf rief Anita in Coburg an und fragte, ob sie gegebenenfalls die Kubin-Zeichnungen begutachten und restaurieren würde. Gurlitt wurde davon in Kenntnis gesetzt, daß der unerklärliche Schaden von uns nur anerkannt werden könnte, wenn die Zeichnungen zur Restauratorin Anita Vogel auf der Veste Coburg gesandt würden. Dort könnten sie sachgemäß untersucht und die vermeintlichen Schäden beseitigt werden. Wir haben nie wieder etwas von Gurlitt gehört. Das bedeutete im Klartext: er hatte geblufft. Trau, schau wem!

In der Jahreshauptversammlung im Oktober, die wir noch einmal in der Aula der Langen-Wall-Schule abhalten durften, verkündete Rolf, daß mit dem Fortfall des Studios manches schwieriger geworden sei. Es habe sich auch herausgestellt, daß sich die Räume im Clubhaus wenig für gute Ausstellungen eignen würden. Der Gedanke an ein eigenes Studio rücke daher immer näher. Zwar seien sehr viele Hürden zu nehmen, der Vorstand und er seien aber fest entschlossen, dem Umherziehen mit Kunstwerken und Materialien ein Ende zu setzen und eine eigene Bleibe zu errichten.

Der Beifall der zahlreich erschienenen Mitglieder war groß!

Ganz entscheidende Schritte hatte Rolf schon unternommen. Mit Herrn Hodler, dem Leiter des Staatshochbauamtes, hatte er einen außerordentlichen Bundesgenossen gewonnen. Als aktives Mitglied wußte er, wo uns der Schuh drückte. Gerade seine Vorschläge und Überlegungen waren von großer Sachkenntnis, insbesondere die, daß man die Stadt Hameln davon überzeugen müsse, ein Grundstück in Erbpacht in Stadtmitte zur Verfügung zu stellen. Hodler führte selbst diese Verhandlungen und erreichte die Zusage, daß auf dem Sedanplatz ein Bauplatz genehmigt werden sollte, wobei Fritz Seifert Schützenhilfe geleistet hatte. Hodler und Rolf kristallisierten in unzähligen Gesprächen wirksame Ideen heraus. Sie dachten an die Ausschreibung in einem begrenzten Wettbewerb, der im neuen Jahr vor sich gehen sollte.

Bei Prof. Dr. Oskar Karpa, dem damaligen Referenten für Bildende Künste im Kultusministerium, holte Rolf sich Rat und fand dessen williges Ohr, sich höheren Ortes um einen Zuschuß zu verwenden.

So schlecht standen die Auspizien also nicht mehr. Aber das Geld, das liebe Geld, wo konnte man das auftreiben? Die Hamelner Industriellen hatten Rolf zwar versprochen, im Rahmen ihrer Möglichkeiten die Bauidee zu unterstützen, aber zu Buche schlagende Summen waren nicht im Gespräch. Dennoch war der berühmte Silberstreif am Horizont erschienen!

Die Mitglieder hatten Anfang 1953 nach einer Umfrage entschieden, anstelle des winterlichen Faschingsfestes eine nächtliche Weserfahrt im Sommer unternehmen zu wollen. Das war uns nur recht, der Vorstand war ohnehin durch die zeitraubenden Vorbereitungen überfordert. Dieses Engagement wurde allerdings belohnt: es war ein überraschendes Ergebnis, daß von Mal zu Mal ein größerer Kreis von Freunden in treuer Anhänglichkeit unsere Ziele unterstützte, daß sogar Firmenmitgliedschaften entstanden.

Keiser, der bis 1942 Direktor des Museum Moritzburg in Halle an der Saale gewesen war, hatte weitreichende Beziehungen. So weit, daß ein Kreis von berühmten Berliner Hochschulprofessoren wie Camaro, Heiliger, Hartung, Heldt, Hofer, Pechstein, Schmidt-Rottluff, Schumacher und deren Meisterschülern bereit war, in Hameln auszustellen. Aber wo?

Die Oberstudiendirektorin Ilse Behrens erlaubte ohne wenn und aber, daß die große Aula der von ihr geleiteten Victoria-Luise-Schule für einige Wochen benutzt werden konnte. In ihr fanden wir ein liebenswürdiges Mitglied, das obendrein zu jeder Zeit um Rat und Tat anzusprechen war, was wegen ihrer hohen Reputation von großem Nutzen war. Wir nannten die zierliche Dame scherzhaft „unsere erhabene Gehrockspracht" – angelehnt an die gemeinsam gelesenen Jugenderinnerungen von Olaf Gulbransson, in denen er schreibt „... und hatten wir auch einen Schuldirektor von erhabener Gehrockspracht..."

Eine schöne Aula, durch hohe Fenster lichtdurchflutet, geräumig und repräsentativ stand nun zur Verfügung, leider für Ausstellungsbesucher recht abgelegen. Dennoch war die Resonanz verblüffend. Die Presse berichtete: „... man nimmt das fast als selbstverständlich hin, und doch ist diese Ausstellung eine sehr hohe Auszeichnung für Hameln. Denn schließlich gibt es viele Städte in Deutschland mit 50.000 Einwohnern. Aber wohl nicht alle haben künstlerisch so regsame und tätige Einzelpersonen wie Hameln. Man sollte ruhig einmal darüber nachdenken."

Als dann noch der Theaterdirektor Franz Klingbeil sich bereit erklärte, für die „Georg-Kolbe-Ausstellung" das obere und untere Foyer des Großen Hauses der Weserbergland-Festhalle zur Verfügung zu stellen – und das gegen uralte Theaterverordnungen – wurden wir moralisch immer mehr gestärkt.

So konnten wir selber denn ganz zuversichtlich das Sommerfest auf dem Weserdampfer „Kronprinz Wilhelm" mitfeiern. Über den Schaufelradkästen war der Name mit Totenköpfen und Gebeinen überklebt. Das Thema „Unter Seeräubern, Briganten und Flibustiern" sollte eine besondere, den Teilnehmern unbekannte Bedeutung gewinnen. Mit schwarzer Piratenflagge am Mast und mit zwei Kanonen bestückt wurde um 18 Uhr der Anker gelichtet, und der vollbesetzte Dampfer fuhr stromaufwärts. An der nächsten Anlegestelle kletterten wilde Gesellen mit roten Kopftüchern und abenteuerlichen Hüten an Bord. Als das Schiff sich Bodenwerder näherte, kam es zum „Seegefecht von Linse". Vom kleinen Hafen Bodenwerder-Linse war das durch Deckaufbauten getarnte Schiffchen „Stint" herausgeprescht und eröffnete mit donnerndem Schuß die Schlacht. Daraufhin ließ der „Kronprinz Wilhelm" seine Kanonen krachen, die zwecks humaner Kriegsführung mit frischgemähtem Gras gestopft waren. Der Verleger Günther Niemeyer und der Rundfunkredakteur Hugo R. Bartels übernahmen mit Megaphonen die „Kriegsführung". Scheinwerfer huschten durch die Dunkelheit. Die schweren Salven, die zwar bald von Kleinfeuer abgelöst wurden, hatten die Einwohner von Bodenwerder in Nachthemden auf die Weserbrücke gelockt. Wie bei den alten Griechen wurde viel mit Worten gestritten. Dann sah man den „Stint" mit schwerer Schlagseite abtreiben, die siegreichen „Flibustier" kümmerten sich nicht mehr um ihre Opfer, die Fahrt konnte fortgesetzt werden. Dicker Nebel kam in der Nacht auf und machte dem Kapitän Schlimme allerhand zu schaffen. Auf einmal saß das Schiff in Höhe von Steinmühle vorübergehend fest. Bei zauberhafter Morgenstimmung lichteten sich die Nebel, und mit großem Tusch wurde die Fahrt verspätet um 6 Uhr früh beendet.

Bei allen Versendungen der Einladungen ließ Rolf Zwischenberichte beilegen, in denen er davon unterrichtete, daß wir uns dem heiß ersehnten Ziel, ein eigenes Studio zu erbauen, genähert hätten, daß ein neu zusammengerufener Beirat gewählt sei und daß die grundsätzliche Genehmigung zur Errichtung des Baues vorliege. Das „Hauptquartier" bliebe am Finkenbornerweg.

Er raffte sich sogar auf, für die Deister- und Weserzeitung einen Artikel zu schreiben:

... alle Erfahrung zeigt, daß das Interesse der Öffentlichkeit an Fragen der bildenden Kunst nur wachgehalten werden kann, wenn

Kunstwerke immer an der gleichen Stelle gezeigt und diskutiert werden. Daher hat der Kunstkreis sich seit seiner Gründung bemüht, für seine Arbeit ein dauerndes Ausstellungs- und Studiogebäude zu schaffen. Die Schwierigkeiten, denen wir hierbei begegneten, waren so groß, daß noch zu Beginn des Jahres 1953 wegen der völligen Ungewißheit über die räumliche Unterbringung ein festes Ausstellungsprogramm nicht bestand, sondern zunächst nur einige Burgen- und Studienfahrten unternommen wurden. Als aber auch im Frühjahr die Bauplanung nicht weiter kam, beschloß der Vorstand, trotz aller Schwierigkeiten, einige große Ausstellungen durchzuführen. Zunächst konnten wir eine Brücke zur Insel Berlin schlagen und in der Ausstellung „Berliner Maler und Bildhauer" neben anerkannten Meistern eine Anzahl junger Begabungen herausstellen. Besonders wichtig erschien uns, das Problem „Mensch und Technik" erneut aufzugreifen. Die Abende mit Hugo Kükelhaus, dem bekannten Schöpfer tiefsinniger Bildgeschichten vom „Träumling", einem auf humanistischer Grundlage stehender ganz moderner Denker, erregten Aufsehen. Ein anderer Höhepunkt des Jahres war die Ausstellung „Georg Kolbe"; sie umfaßte alle Schaffensperioden des bedeutenden deutschen Bildhauers. Unsere sommerliche Ruhepause wurde durch eine nächtliche Piratenfahrt mit einem Seegefecht auf der Weser unterbrochen. Damit erfüllte der Kunstkreis nach Ausfall des traditionellen Faschingsfestes sein Soll an Festesfreude für viele unserer Freunde ...

Hameln ist leider für die bildenden Künste ein sehr schwieriges Pflaster, und wenn wir jetzt bereits weit über 500 Mitglieder haben, so wird allzu leicht vergessen, daß dies nur in mühseliger Kleinarbeit erreicht werden konnte. Für den tatsächlichen Umfang der Förderung der lebenden Künstler sprechen die von kaum einem anderen deutschen Kunstverein erreichten Verkaufszahlen. Die Krönung unserer bisherigen Künstler-Förderung – insbesondere der heimischen Künstler – brachte die Ausstellung von Malern, denen wir im letzten Jahr große Fahrten „Vom Nordkap bis Honduras" vermitteln konnten. Sie hatte neben ihrer werbenden Wirkung und einem guten Echo aus allen Teilen der Bundesrepublik einen außerordentlich starken Verkaufserfolg. Dieses Ergebnis ermutigt uns, im kommenden Jahr auf noch breiterer Basis weitere Studienfahrten zu vermitteln.

Unsere Haupthoffnung und damit die Hauptarbeit wird in der Errichtung unseres Neubaues liegen ... Darum richten wir an die Bevölkerung von Hameln und Umgebung die Bitte, uns bei unserem Bauvorhaben mit Kräften zu helfen.

MALER AUF GROSSER FAHRT

Diese Aktion „Vom Nordkap bis Honduras" (in der Folge „Maler auf großer Fahrt" genannt) hatte folgende Bewandtnis: Von Anfang an grübelte Rolf darüber nach, wie man nach den überstandenen Kriegsjahren Künstlern helfen könne, ihnen neue Eindrücke zu verschaffen, ihnen neue Wege aus der Enge des Ateliers zu erschließen. Wohlverstanden durfte das nicht mit nennenswerten Geldausgaben verbunden sein. Die Zeiten waren gemeinhin so karg, daß die wenigsten Menschen sich einen richtigen Urlaub leisten konnten, schon gar nicht freischaffende Künstler. Das Wirtschaftswunder war weder als Begriff noch als Tatsache erfunden; so dachte auch kein Mensch an heutzutage übliche Flugreisen.

„Wer arm ist, muß sich etwas einfallen lassen!" war stets Rolfs Devise gewesen, zumal die minimalen finanziellen Möglichkeiten des Kunstkreises ihn zwangen, ungewöhnliche Ideen zu entwickeln. Und ungewöhnlich wurde die Aktion „Maler auf großer Fahrt". Dienstlich hatte Rolf häufig mit niedersächsischen Reedern zu tun; es war ihm 1947 nach anfänglichen Schwierigkeiten gelungen, von der Alliierten Besatzungsmacht in Frankfurt die Zustimmung zu erlangen, daß mit dem Bau von Küstenmotorschiffen, später von 1000- und 3000-Tonnen-Schiffen begonnen werden durfte. Als Weltwirtschaftler sah er Chancen für die Zukunft Deutschlands besonders im Außenhandel.

Der Einfall, Künstlern auf diesen Schiffen freie Passagen zu verschaffen, fiel auf fruchtbaren Boden. Die Reeder erfüllten bereitwillig Rolfs Bitte, hin und wieder einen Maler kostenlos mitzunehmen. Daraus entstand ein Mäzenatentum besonderer Prägung. Denn mehr als eine finanzielle Unterstützung zählte die Tatsache, daß es Künstlern möglich gemacht wurde, über die einengenden Grenzen hinaus zu gelangen, Erfahrungen zu sammeln, Auslandskontakte zu knüpfen, ohne die ein freies geistiges Leben nicht gedeihen kann.

In einem Zeitraum von 15 Jahren konnte Rolf insgesamt 80 Reisen vermitteln. Die Schauplätze waren sehr unterschiedlich, gleichsam über den ganzen Erdball verteilt. Und die Ergebnisse waren auch ganz verschieden. Es gibt Länder, die dem einen liegen, dem anderen aber kaum etwas bedeuten. Der eine brachte eine Fülle von vor der Natur unmittelbar entstandenen Arbeiten heim, der andere transportierte seine Reiseeindrücke in gegenstandslosen Formen, und ein dritter sah und zog anhand von mitgebrachten Skizzen erst im Laufe von Jahren die optische Bilanz. Wichtig war es, daß in den meisten Fällen die Schiffe noch nicht mit technischer Perfektion be- und entladen wurden, daß die Schiffe oft tagelang in den Häfen lagen.

Losgelöst von allem Gewohnten erfuhren die Maler in der Fülle ihrer Erscheinungen von Grund auf die Welt neu, und unabhängig vom aktuellen Thema sollte die „neue Weltumseglung" in allem zu spüren sein, was die Künstler hinfort zu schaffen imstande waren.

An bekannte Kunsthistoriker und Kunstkritiker wandte sich Rolf und bat sie darum, ihm begabte Künstler vorzuschlagen, die man auf diese Weise fördern könnte. Im Laufe der Jahre schifften sich Maler aus Hamburg, Bremen, Münster, Berlin, Hannover, Darmstadt, Oldenburg, Holzminden, Braunschweig, Nürnberg, Flensburg, Göttingen, Köln und Hameln ein. Ja, natürlich auch aus Hameln! Mit Freuden nahmen die Hamelner Maler Hans Düne, Hans Herzberg, Kurt Otte, Rudolf Riege und Ernst Duttmann die Einladungen zu Schiffsreisen an, sie kamen sogar mehrfach in diesen Genuß. Durch Erzählen erfuhren wir von ihren Eindrücken, von ihren Routen nach Skandinavien, Afrika, Westindien und Kanada. Selten photographierten sie, vielmehr brachten sie Skizzenbücher mit, gewissermaßen als Protokolle ihrer Reisen.

Speziell als „homme de lettre" entpuppte sich Ernst Duttmann. Lange Erzählbriefe in origineller Ausdrucksweise erreichten uns so regelmäßig, daß wir sie unserer Deister- und Weserzeitung zur Veröffentlichung zur Verfügung stellten, damit viele Leser in den Genuß dieser köstlichen Lektüre kommen sollten. Wie er in der Wunderwelt der Tropen versank, wie er mit den Augen eines Malers die Landschaften, Hitze, Farbige, Tiere und Blumen schilderte, vermögen am besten Auszüge aus diesen Briefen zu veranschaulichen:

Venezuela / August 1953

Schon Humboldt hielt die Künste von Venezuela für eine der gewaltigsten der Erde!

Es war schon nach Mitternacht, als der Anker unseres Schiffes in die Tiefe rasselte, wir lagen vor LA GUAIRA auf Reede. Eine gewaltige, dunkle Wand mit vereinzelten Lichtern, dann ganzen Lichterreihen und -schleifen über uns: die 2000 Meter hoch aufragenden Berge, in denen Caracas liegt. Schon früh am nächsten Morgen stand ich an Deck, um das erste Ziel meiner Reise von See aus zu sehen. Der Anblick war für mich, der hier erstmals vor Anker geht, überwältigend. Ich war noch nicht aus dem Staunen heraus, da fiel mir eine Gruppe von Pelikanen auf, die noch auf der Hafenmole schliefen. Sie waren graufarben; die ersten Pelikane, die ich in Freiheit sah.

Mit meinem Kapitän fuhr ich am 18. August mit dem Auto nach Caracas, dem Paris Südamerikas. „Juwel der Cordilleren", mit ewigem Frühling, wird diese Stadt der Gegensätze genannt. Slums an den gelb und rot ausgetrockneten Hängen, Wolkenkratzer mit Klimaanlagen, an den Avenidas ausgetrocknete Kandelaberkakteen in Schutt und Staub, Hibiskusblüten und Azaleen, ganze Rudel herrenloser Hunde, nur aus Haut und Knochen bestehend. Über 4000 Millionäre. Dann über 2000 Bohrtürme, das schwarze Gold aus der Erde pumpend. Blaugrün und marmorgekachelte Schwimmbassins. Menschen, die das Blut fast aller Rassen der Erde in sich haben, dreckig, mit zerrissenen, von unbarmherziger Sonne verblaßten Fetzen nur teilweise umhüllt, hockten vor ihren Elendsquartieren. Darüber wölbte sich ein tiefblauer Himmel.

Honduras / September 1953

Hier ist alles Farbe! Die Schmetterlinge, die Fische, die Sonnenschirme der eingeborenen Frauen, sogar die Eisenbahn ist in reifer oder auch in unreifer Bananenfarbe – also gelb und grün – gestrichen. In solch einem Land habe ich natürlich gemalt! Sogar vom Motorboot unseres MS „Seefahrer" aus habe ich die schönsten Motive gefunden. Für den Malersmann gibt es große Eindrücke, doch macht man sich kaum eine Vorstellung, wie primitiv, wie unterentwickelt diese mittelamerikanischen Länder sind. Nur eine Straße zieht sich durch Honduras, sonst gibt's nur Sandwege, die bei Trokkenheit benutzt werden können. Die Hafenstadt PUERTO CRUZ liegt an einer schönen, mit Palmen bewachsenen Bucht, die von Bergen, aber auch von großen Sumpftälern umgeben ist. Hier lagert die feuchte Hitze. Es gibt auch hier nur eine sandige Straße, die gleichzeitig Bahndamm ist; die Bahn selbst ist Eigentum der Frucht-Companie, ebenso die Kaianlagen. Alle Häuser sind farbige Pfahlbauten, die Wellblechdächer sind rot, grün oder hellgrau gestrichen. Manchmal sieht man nur die bunten Dächer aus dem Schilf ragen, zwischendurch Palmen und immer wieder schöne Blumen. In der Sonne sieht man kaum Menschen, dafür spazieren die Geier in der Gegend herum. In PUERTO CABEZAS traf ich meine Freunde, die grauen Pelikane wieder.

Ich hatte die Bekanntschaft eines Schweizers gemacht, der mich mit seinem Auto öfter auf seinen Fahrten an die Küste mitnahm. Eines Tages stand ich mal wieder am Strande, um die Pelikane beim Fischen zu beobachten. Die großen Vögel hatten sich die aus dem Wasser ragenden Felsen als Standort gewählt, um von hier aus ins Wasser und auf ihre Beute zu schießen. Sie kehrten regelmäßig auf ihren Felsen zurück, um den erbeuteten Fisch mit hocherhobenem Schnabel in den Sack unter dem Hals fallen zu lassen. Auf diesen Moment hatten die kleinen Möwen gewartet. Kurz entschlossen übernahmen die Möwen den Fisch, bevor er in den Sack des Pelikans gleiten konnte. Das Gesicht des Pelikans machte mir besondere Freude. Glaubte ich doch ähnliche Gesichter bei Menschen gesehen zu haben, die für andere arbeiten müssen. Heute bin ich in BRIDGETOWN auf BARBADOS, eine Stadt von 90 000 Einwohnern. Sie wirkt fast südländisch, hat englische Architektur. Ich bin dabei, ein Stadtbild zu malen. In zwei Tagen geht die Reise weiter nach LA GUAIRA, somit bin ich rund, und wesentlich Neues gibt's nicht.

Westindien, 1955
Am Sonnabend, 30. Juli verlassen wir den Hafen von SAN JUAN PUERTO RICO mit neuem Ziel. Es ist heiß, heiß. Ruhige, grünblaue See. Vom Bootsdeck, wo es durch einen leichten Fahrtwind erträglich ist, genieße ich die herrliche Silhouette HAITIS (indianisch: Bergland). Am frühen Morgen des 1. August kann ich einen Sonnenaufgang bewundern, wie ich ihn toller nie erlebt habe. Die See ist bewegt und gleicht einem Kaleidoskop; es ist ein wirklicher Tanz von Farben, auf grünem Wasser blutrot, schwefelgelb, dunkelviolett, ein

ganz feines Emailleblau. Mit einem Streifen indischgelb beginnt der Himmel hart ohne Übergang, eine Wolke aus schwarz und karmin setzt sich darüber, meisterlich gemalt ist sie. In toller Freude sind rote Tupfen auf lichtblaugrünem Grund gemalt. Schwarz heben sich die Palmen der Riffs vor dem Gelb des Himmels ab.

Mittags um 14.00 Uhr kommt die Südküste CUBAS in Sicht. Der Lotse kommt an Bord, um uns durch die gefürchteten Riffs nach YUCARO zu bringen und am nächsten Tag nach ST. MARIA, wo wir vierzig Neger mit allem „Komfort" übernehmen, um Zucker für NEW ORLEANS zu laden. Da das Wasser an der Südküste Cubas nur geringe Tiefe hat, müssen die Seeschiffe weit draußen auf Reede liegenbleiben. Flachgehende Leichter bringen den Zucker an die Schiffe heran, und unsere vierzig Neger sorgen für die Verstauung. Eine furchtbare, kaum zu ertragende Hitze brütet über dem Wasser, den mit Mangroven bewachsenen Riffs und über unserem Schiff. Über der ganzen Landschaft, die mir den Eindruck macht, als sei hier die Welt erst im Entstehen begriffen, flimmert ein feuchtheißer, grünseidener Schleier, ohne Kontur, angefüllt mit fauligem Gestank der Mangroven und der süßen Melasse. Ich weiß nicht, wo ich auf dem Schiff bleiben soll. Überall ist es heiß. Selbst wenn ich an der Reling lehne, schrecke ich sofort zurück, weil Holz und Eisen zum Verbrennen heiß sind. Die Nächte sind unerträglich, die Moskitos arbeiten auf vollen Touren.

Dazu die Neger mit ihrem Palaver, das sie ausgerechnet nachts unter meinem Fenster austragen. Für die Zeit der Zuckerübernahme wohnen, kochen, arbeiten und schlafen sie an Bord. Eine für diese Gäste an Bord befindliche Toilette wird von ihnen nicht benutzt, vielmehr dient die Reling als Knüppel, was den Vorteil hat, daß alle vierzig Neger gleichzeitig sitzen können ... Als Schlafstätte suchen sich manche die Lukengänge, andere spannen Hängematten auf oder haben Gestelle wie Krankentragen. Das Gros findet unter meinen Kabinenfenstern den Platz als geeignet, und da meine Fenster Gazerahmen haben, fühle ich mich ganz unter Negern.

Die Matrosen raten mir, unbedingt einmal Essen von den Eingeborenen geben zu lassen, es schmecke besser und sei auch gesünder als das Essen aus unserer Küche. Da ich mir sage, man soll auch die fremde Küche kennenlernen und die Spezialitäten anderer Länder an Ort und Stelle essen, habe ich mir mein Teil geholt, und es hat ge-

schmeckt. Sehr schmackhaft durch die mir unbekannten Kräuter und Früchte.

Am nächsten Vormittag kann ich es nicht lassen, den Koch – eine Gestalt wie Buddha – bei der Zubereitung des Mahles zu beobachten. Die Küche ist im Lukengang aufgeschlagen. Als Dach und Schutz gegen die Sonne sind einige Bretter und Latten mit Schilf belegt. Darunter stehen drei ausgediente Benzinfässer, die als Herd zusammengebunden sind, also ein Herd mit drei Kochstellen. Holzkohle dient als Heizmaterial. Hier bereitet der Neger das Essen mit einem Anstand, mit einer leichten und gefälligen Bewegung, ja Eleganz, daß ich begeistert hinsehen muß, wie er mit seinen großen weißen Händen (wenn Negerhände sehr dreckig sind, erscheinen sie weiß) auf den Speisen streichelt und tupft. Zu bewundern, wie weich dieser schwarze Buddha die in Wasser getauchten Papiersäcke ausdrückt, um sie dann über dem dünstenden Reis auszubreiten. Trotz allem habe ich am Essenempfang beim Buddha nicht mehr teilgenommen, weil er mir den Papiersack, worauf ich oft gestanden habe (Papier isoliert gut gegen die heißen Schiffsplanken!), genommen hatte, um damit die Speisen abzudecken ... Ich sehe bei der Zubereitung von Essen und Trinken nicht mehr zu, weil ich auf das Beste, den schwarzen Kaffee, nicht verzichten will und kann. Durst und Kopfschmerzen begehren diesen Kaffee, so dick und so süß. In bester Erinnerung werden mir bestimmt die herrlichen Cuba-Zigarren bleiben, wovon ich immer eine Kiste in Arbeit habe, ebenso der weiße Rum mit Eiswasser! Diese drei Dinge, Cuba-Zigarren, Kaffee und weißer Rum, waren mir behilflich, drei Bilder zu malen; „Drei Neger im Schiff", „Korallenriff" und „Die Zuckerübernahme".

New Orleans, August 1955

Schon längst, bevor man die Küste LOUISIANAS erreicht, hat das Meer eine schmutziggelbe Färbung. Zuweilen treibt ein Baum, oft Gräser und die Zweige dickfleischiger Blätter im Wasser. Der Seefahrer weiß, daß er sich vor dem weiten Delta des Mississippi befindet. Seine ungeheuren Wassermassen trägt er vom weiten Minnesota bis in den Golf von Mexico. Der große River ist imstande, eine gewaltig herrliche Landschaft zu schaffen, die von den dort siedelnden Franzosen zu Ehren des Sonnenkönigs Louis XIV. ihren Namen erhielt.

Wir fahren mit halber Kraft. Für Seeschiffe gibt es drei Einfahrten mit genügender Wassertiefe. Der Kapitän hat den Südpaß, den mittleren der drei großen Wasserwege, gewählt. Bald kommt der Lotse an Bord, und mit voller Maschinenkraft geht es den Fluß hinauf. Als Junge habe ich Gerstäcker und Mark Twain gelesen. Jetzt bin ich gespannt und in Aufregung, wie unser Schiff in den abenteuerlichen Fluß fährt.

Meine Malerutensilien habe ich auf dem Vorschiff alle so geordnet, daß ich ohne langes Suchen das Notwendigste sofort zu Hand habe. Tümmler begleiten uns einige Meilen. Große Überseeschiffe aus aller Welt kommen uns entgegen. Das Wasser rauscht an dem fetten Boden der Ufer, wo im nahen Schilf Palmen und Zwergakazien wachsen, in deren Schatten ganze Rudel von Rindern stehen. Hin und wieder schneiden kleine Gruppen von Palmen die horizontale Linie der weiten, flachen Landschaft. Das feine Gitterwerk der Bohrtürme wird von der Sonne aufgefressen, die unbarmherzig über dem weiten Delta-Dschungel brennt. Dort, wo der Ochsenfrosch schlaff im heißen, fauligen Wasser hängt, als ruhe er sich aus, um bei plötzlich eintretender Dunkelheit den Moskitos das Signal zum Angriff auf die wehrlose Menschheit zu geben.

Nach vierzig Kilometern Fahrt stromaufwärts haben wir den eigentlichen River erreicht. Hier vereinen sich Südwest–, Süd- und Nordpaß. Bei vierzig Meter Wassertiefe und tausend Meter Breite ist das Befahren des Flusses für größte Hochseeschiffe möglich. Unübersehbare Moräste voller Schilf und Wasserlilien, Reihern, Schlangen, Moskitos, Kröten – das sind die Delta-Sümpfe!

Nun, da die drei Pässe zum großen River geworden sind, beginnt auch der Wald. Gelbgrüne Wände mit wunderbaren großen Bäumen. Riesige Eichen mit dunklem Laub und langen Moosgirlanden, die wie graue Bärte von den knorrigen Ästen herabwallen. Korallenrote Blumen leuchten neben weißen und gelben Blüten der Schmarotzer hoch oben in den Kronen der Riesen. Die von der Sonne getroffenen Baumstämme leuchten rosaviolett. Und darunter ein ungemein leuchtendes Gelbgrün, mit tausenden stark duftender Blumen übersät. Eine tropische, feuchte Hitze und ein feuchter, mooriger Schwammboden lassen diese Wunder wachsen, der Wald wächst bis in den Fluß. Nur flache, gelbe Ufer, von Laub und Buschwerk überdeckt, sind zu sehen. Wenn aber ein kleiner Strand aus Sand und Schlick da ist, kann man sich an den vielen schönen Vögeln er-

freuen, die nahrungssuchend umherstelzen. Mir am liebsten ist der Louisiana-Reiher mit seinem schimmerndweißen Gefieder.

Nach ungefähr hundertfünfzig Kilometern nähern wir uns der Hauptstadt Louisianas, NEW ORLEANS. Immer zahlreicher werden die Lichter, hell leuchten die roten Abbrände der Ölgase. In der Höhe des modernen Elektrizitätswerkes gehen wir vor Anker. Im Geflimmer der Sonne liegt New Orleans an einer Schleife des Mississippi vor mir – wie ein ganz zartes Pastell.

An den Anlegekais mit langen Lagerhallen liegen Schiffe aus aller Welt. River, Schiffe und die Silhouette der Hochhäuser beherrschen das Landschaftsbild. Auf Cuba hatten wir uns der Hoffnung hingegeben, hier so eine Art Mittelmeerklima vorzufinden, aber es sollte ein frommer Wunsch bleiben. Am Abend scheint die Sonne nicht mehr so unsinnig. Mit dem ersten Offizier habe ich das Schiff verlassen. Schweißtriefend die große Halle mit den Baumwollhalden durcheilend, stehen wir nun auf dem Damm. Dahinter Häuser im Tropenstil. In hellen Farben gestrichen, die großen Veranden durch Gaze vor den fliegenden Bestien geschützt, so machen sie auf mich einen begehrenswerten Eindruck, nicht zuletzt wegen ihrer schönen Gärten mit Palmen und Blumen. Schön finde ich es, daß nie ein Zaun die einzelnen Grundstücke trennt. Es sieht aus, als ob hier Menschen in einem großen Park wohnen.

Ich stelle mir vor: hier könnten lauter Maler leben, in jedem Haus ein Atelier – eine wundervolle Welt!

Bis zum Dunkelwerden habe ich skizziert, der Seemann geduldig neben mir. Er ist keine Ausnahme. Ich habe auf meinen Reisen kaum ein Bild gemalt, bei dem nicht ein Seemann mit Ausdauer neben mir saß. So war es auf dem Fyäll in Norwegen, an den Lagunen der märchenschönen Inseln Martinique und Guadeloupe, in den Hütten der Eingeborenen an der Mosquito-Küste, in den Mangrovensümpfen Cubas und Puerto Ricos, in Italien, Spanien, Madeira, Teneriffa – so auch hier am großen River. Wir schlendern weiter bis zu einer großen Hauptstraße mit viel Verkehr und vielen zuckenden Lichtern. Vor ihren Häusern sitzen Neger, entweder im Schaukelstuhl auf der Veranda oder auf Treppenstufen. Der Weg zur City ist noch sehr weit.

Am nächsten Morgen sehe ich wieder das schöne Bild der Stadt mit den hellen Hochhäusern, fast aufgelöst im Sonnenlicht.

Nachmittags bin ich wieder mit meiner Malerei beschäftigt, da nähert sich ein riesiger Apparat. Bald kann ich erkennen, daß es ein richtiger Mississippi-Dampfer ist, mit Schaufelrädern an beiden Seiten. Schnell habe ich mein Skizzenbuch und gehe sozusagen auf Anschlag, aber es wird nicht viel daraus. Ein Tropengewitter mit allem Drum und Dran veranlaßt das Schiff beizudrehen. Wie ich höre, ist es der „President", ein Original-Mississippi-Dampfer, der mit Tanz- und Barbetrieb nachmittags und abends Fahrten auf dem River macht.

Inzwischen habe ich immer mehr Boden gefaßt. Immer wieder geht es raus, raus in die Romantik New Orleans. Mit dem Bus fing es an, jetzt geht es nicht mehr ohne Taxi. Nur die malerischsten Viertel, dort wo Franzosen und Spanier einen Baustil schufen, den man wohl nicht wiederfindet, dort, wo es die reizenden schmiedeeisernen Balkongitter gibt, dort, wo Negerkapellen einen Original-Jazz vorlegen können und wo die Milchkaffee-Schönheiten hinter Jalousien lächeln, nur dort bin ich zu Fuß gegangen.

Habana, August 1955
Das Ms „Seewanderer" läuft im Golf und im Karibischen Meer auf Charter, was bedeutet, daß unser Schiff nach kurzer oder längerer Zeit dieselben Häfen anlaufen wird, zudem wird das Schiff zunächst für ein Jahr in Westindien bleiben. Ich habe mich entschlossen, falls sich die Chance bietet, nach Europa zurückzufahren. Meinen Kapitän habe ich schon auf See wissen lassen, daß ich heimfahren möchte. Vor Habana sieht der Kapitän mein fix und fertig gepacktes Gepäck in meiner Kabine liegen und meint lachend: „Mein lieber Duttmann, glauben Sie wirklich, daß in Habana eigens für Sie ein Schiff bereitliegt, um Sie nach Europa zu bringen?"

„Will mal sehen, Herr Kapitän, es könnte ja möglich sein."
Langsam nähern wir uns der cubanischen Hauptstadt, HABANA, Perle der Antillen. Malerisch, in hellen gelbweißen, rosagrünen und grauen Pastellfarben liegt es im vollen Sonnenschein vor uns. An der Hafeneinfahrt grüßen alte spanische Forts. Altspanische Straßen durchschreite ich bis zum Capitol. Herrliche Parks mit Lorbeerbäumen, mit Kokos- und Königspalmen, Mango- und Aquacatebäumen. Hibiskusblüten in glühenden Farben. Tiefblauer Himmel. Am Strandboulevard habe ich mir brennendheiße Füße gelaufen. Weil ich weiß, daß auf Cuba die Arbeit nicht sehr

hoch im Kurs steht, sondern vielmehr als unehrenhaft betrachtet wird, lege ich mich auf die Mauer an der Strandpromenade. Ich male nicht – betrachte Neger, Chinesen und Mulatten, Militär, Polizei und Zoll.

An Bord zurückgekehrt, ruft mich der Kapitän einige Stunden später. Der Agent habe ihm mitgeteilt, daß in einigen Tagen das MS „Niedersachsen" von Habana auslaufen wird. Es ist genau das Schiff, das ich suche. Ich eile an Bord der „Niedersachsen", bin kaum fünf Minuten dort, da liege ich dem Chief des MS „Seefahrer" in den Armen. Mit ihm bin ich vor zwei Jahren in Venezuela, Honduras, Nicaragua, sowie auf verschiedenen Inseln der Kleinen Antillen gewesen ...

Westküste Südamerikas, auf See, im Oktober 1956
Nachdem unser Schiff am 9. und 10. Oktober einen schweren Kampf mit der See zu bestehen hatte, wurde es hinter den Azoren (Santa Maria) allerschönstes Wetter. Die Matrosen klopften Rost, und alles war wieder schön – vergessen die himmelhohe See, vergessen der Tanz der Stühle und das Geklirr der Teller und Tassen. Ich bewohne eine Luxus-Kabine mit eigenem Salon und Badezimmer, eine Kammer mit zwei Betten, schöne breite, weiche Betten mit Schaumgummimatratzen (Eignerkabine).

Tage später waren auch die letzten weißen Wolken verschwunden, der Atlantik war fast glatt. Fliegende Fische glitzerten silbern in der Sonne. Das treibende Seegras aus der Sargasso-See glich einer Stickerei in Altgold auf königsblauem Grund. Die Matrosen setzten Sonnensegel, wir hatten die Tropen erreicht.

Am 18. Oktober passierten wir GUADELOUPE, die schöne französische Antillen-Insel. Auf dieser Insel malte ich vor drei Jahren ein Aquarell mit Lagunen im Vordergrund, schmalen, mit Schilf und Palmen bewachsenen Inselchen, im Hintergrund die violette Silhouette vulkanischer Berge, und über allem ein tropischer Himmel in Gelb und Rot.

Am 20. Oktober, nach genau zwei Wochen Seefahrt, lag die holländische Insel CURAÇAO vor uns. Das erste Ziel der Reise war erreicht. Hier sollte meine Arbeit beginnen. Einige weitere Stationen, die folgen sollen: Cristobal (Panama), Buenaventura (Columbia), Guayaquil (Ecuador), Paita, Callao und Mollendo (Peru), Arica, Antofagasta und Valparaiso (Chile) usw. Es geht also bis etwa 35

Grad Süd! Aus irgendeinem Hafen an der Pazifik-Küste melde ich mich wieder.

Am 20. Oktober vormittags passierten wir die zu den holländischen Antillen gehörende Insel BONAIRE (Buenos Aires: die guten Winde), eine Koralleninsel, das ist Klein-Curaçao. Nun folgte die Hauptinsel CURAÇAO, wie Aruba eine Ölinsel, d. h. hier wird das Öl aus Venezuela in den riesigen Raffinerien verarbeitet. Tanker aus aller Welt kommen und gehen nach schneller Abfertigung. Zuweilen habe ich über 30 Schiffe im Hafen gezählt, darunter Supertanker. WILLEMSTAD ist die Hauptstadt. Die Bauten sind im spanischholländischen Tropenstil errichtet. Manch schöner Winkel und ein malerischer Segelschiffhafen haben mich begeistert. Die Boote bringen Bananen und Früchte aus Venezuela, denn auf Curaçao wächst nichts, da der Regen drei Viertel des Jahres ausbleibt. Malerisch ist auch der moderne Ölhafen bei Emmastad mit der großen Raffinerie, den Ölbehältern, den Tankern, dem Wasser und den Korallenfelsen – über allem die große Ölqualmwolke.

Etwas sehnsüchtig sehe ich an der Backbordseite die Küste des schönen Venezuela. Dann folgt Columbia. Der Rio Magdalena treibt aus den Urwäldern große Inseln aus Schilf und Strauchwerk, ja manchmal Baumstämme ins Meer. Die Luft wird feuchter – und ich werde schlapp. Die Lippen schmecken nach Salz. Rechts lassen wir die Mosquito-Küste liegen. Nicaragua mit der grünen See, dem weißen Strand und den netzetragenden Negern! Dort, wo ich die schönsten Muscheln fand – dort finden wir Haie und Rochen, dort mußten fünfzehn Schildkröten, von den Eingeborenen gefesselt, zwei Wochen lang auf dem Rücken in unbarmherziger Sonne liegend, ein elendes Ende finden. Schöne und andere Erinnerungen. Weiter liegt Honduras.

Cortes, Bananen, herrliche Schmetterlinge. In brütender Mittagshitze ließ der blau-gelbe Ararauna im schattigen Gebüsch seinen Schnabel hängen. Hier saßen damals auf den Wellblechhütten die Geier und hielten Ausschau nach Aas – aber auch in den Hütten saßen Geier, genauso schwarz und zerzaust wie die Rabengeier auf dem Dach und hielten Ausschau. Schöne und andere Erinnerungen!

Vor uns liegt der Panama-Kanal und ein neues großes Meer: der Pazifik.

Gegen Mittag des 25. Oktober liefen wir den Hafen CRISTOBAL an. Wenn man den Hafen Cristobal verläßt, befindet man sich vor der Einfahrt des PANAMA-KANALS. Die Fahrt durch den P. K. gehört für mich zu dem Schönsten, was ich an Landschaft gesehen habe. Zunächst erfreute ich mich der herrlichen Urwaldlandschaft beiderseits des Kanals, der tropischen Bäume, wilden Bananen und Blumen, die bis ins Wasser reichen, aber auch der Vogellaute, die fremd und schön klingen. Der Urwald war eben erwacht und ist am schönsten im ersten Licht und frischen Tau.

An den Telfers-Inseln vorüber, wo noch die Reste der 1889 gescheiterten Kanalbau-Gesellschaft zu sehen sind, ging die Fahrt den Schleusen entgegen. Hatte ich vorhin die Natur bewundert, so jetzt die Menschen, die dieses technische Wunder vollbrachten. Um die Höhe des Gatun-Sees zu erreichen, sind dreimal 300 Meter lange und 40 Meter breite Schleusenkammern zu passieren, was in zwei Stunden geschehen ist. Damit alles bestens klappt, sind zwölf gut ausgebildete Neger bei uns an Bord. Jeder Matrose wird begeistert sein, mit welcher Sicherheit die Kanalmatrosen mit den Wurfleinen umzugehen wissen. An jeder Seite wird das Schiff mit drei E-Loks (Mulas genannt) dirigiert, und es sieht lustig aus, wenn die Mulas die 30 Grad hohe Steigung von einer zu anderen Schleusenstufe hochklettern. Wenn der GATUN-SEE erreicht ist, befindet sich das Schiff 27 Meter über dem Atlantik. Der Gatun-See ist künstlich gestaut und bietet mit einer Unmenge von Inseln eine reizvolle Landschaft. All die Wälder sind gelb-grün, ja eine tolle Abstufung von gelb und grün. Nur die herausleuchtenden, von der Sonne angeblendeten Stämme der Bäume sind rosa und fein weißlich-grau. Die Lehmböschungen leuchten ocker und rot. Erst bei GAMBOA, wo der Kanal das felsige Gebirge durchschneidet und das Gestein sichtbar wird, ist das ewige Grün durch grau-violette Farbtöne unterbrochen.

Nach der Ausschleusung bei Pedro-Miguel überquerten wir den Mirofoloves-See, und bald ist der Pazifik erreicht. Vom Peildeck aus halte ich Rückschau. Ich sehe die vulkanischen Berge in ihren reichen Formen und schönen, jetzt blauen Farben. Ich sehe Balboa, die Stadt am Pazifik mit den tropischen Bergen und Wäldern Panamas. Noch einige vorgelagerte Inseln und ein paar dicke „Steine" lassen wir links und rechts liegen – dann brist ein frischer Wind über unser

Schiff – Kurs Süd-Südost – Buenaventura/Kolumbien. Ein Regen, wie man ihn sich nicht vorstellen kann, ging über BUENAVEN-TURA nieder. Es war schon spät, nur wenige Menschen standen mit Schirmen und Regenmänteln am Kai. Eines der regenreichsten Gebiete der Erde, deshalb waren große Ausflüge nicht ratsam.

Valparaiso, 23. November 1956
Inmitten hoher Berge liegt in einer Bahia der malerische Hafen MATARANI. Die Berge gelbrosa, eine blaugrüne See brandet an die Felsen. Nackte braune Mädchen baden im klaren Wasser vor einer Grotte, wo noch die Anlagen der spanischen Ruinenstadt ISLAY vorhanden sind, die 1887 von den Bewohnern wegen der hier wüten-den Pest verlassen wurde. Eine verfallene, trostlose, völlig versan-dete Stadt. Ohne Grün, nur Sand und Fels, soweit das Auge reicht. Noch sind Straßen zu erkennen, und dort, wo der Wind den Sand weggefegt hat, finde ich Fußböden in den Häusern mit schönen Mustern aus faustgroßen rosa und grüngrauen Steinen. Einen gan-zen Tag habe ich in den Ruinen herumgestöbert, bei trockener Hitze und trockener Kehle, ich habe gezeichnet und gebuddelt und mich er-schreckt vor meinem eigenen Atem – in dieser toten Stadt in Peru.

An der Küste Perus, Anfang Dezember 1956
In einem großen Halbkreis von hohen Bergen liegt VALPARAISO. Hoch oben in den Cordilleras kleben die Hütten der sehr armen Bevölkerung. Mir wurde fast schwindlig auf den Pfaden und Felsen. Eine sehr nette, holländische Familie hatte den Kapitän und mich zu einer Autofahrt eingeladen. Die Fahrt führte uns die Küstenstraße entlang nach VINA DEL MAR, der Riviera Chiles, und weiter. Hier stehen die Sommerhäuser der Reichen aus Santiago. An felsiger Kü-ste brandet das ewige große Meer, und die Kalla wächst hier wild und schön. Aber all dies vergaß ich vor der einzigen in Chile stehen-den Plastik der Osterinseln. Nichts hat mich mehr beeindruckt als diese einzigartige, primitive Kunst. TALCAHUANA ist der süd-lichste Hafen, den ich an der chilenischen Küste sah. Hier habe ich die Gegend durchstreift und gemalt, ich habe Muscheln gesucht und ein Fischerdorf besucht. Mit Hamburger Fischersleuten, die schon seit fünf Jahren hier fischen, habe ich chilenischen Wein getrunken.
In SAN ANTONIO war Herr H., der Holländer, schon am Kai, während wir anlegten. Bald verließen wir den Hafen. Von einer hö-

her gelegenen Autostraße warfen wir noch einen Blick auf unser Schiff und einige hier stationierte Walfangboote. Immer wenn Wale gesichtet wurden, gab mir der wachhabende Offizier Nachricht, und mit Staunen und Freude habe ich mir die größten Lebewesen angesehen.

Durch die schöne Landschaft mit Palmen und Eukalyptus, den Blick auf das blaue Meer, erreichten wir das herrlich gelegene CARTAGENA. Von hier ging es landeinwärts durch wilde, urwüchsige Steppen und Wüsten. Manchmal begegneten wir riesigen Viehherden, von Gauchos in prächtigen Ponchos auf Pferden bewacht. Ein schönes, fremdes Land. Manchmal habe ich das Gefühl gehabt, daß diese Landschaft nicht auf unserem Planeten liegen könnte.

Wir sind in COQUIMBA. Gewaltige Felsblöcke, kahl und abgewaschen, bizarr, manchmal rund und hohl wie ein Totenschädel. Um alles noch mystischer zu machen, saßen Geier regungslos auf den Felswänden. In den Nischen und Höhlen rief hin und wieder eine Eule. Eidechsen huschten lautlos über die heißen Steine, und ein Wüstenfuchs verschwand irgendwohin.

Ich hatte mich einige Male arg verstiegen. Mühselig mußte ich dann einen anderen Weg suchen in dieser stillen großen Steinwüste mit diesem verwirrenden Licht. Meistens war aber ein Gewinn dabei, wenn ich z. B. in den Felsnischen die herrlichen, zartgelb blühenden Kakteen oder mir völlig fremde Blumen in glühenden Farben mit betäubendem Duft antraf. Angefaßt habe ich die Blumen nicht, denn diese Schönen sind hier zu oft hinterhältig. Nur einen Augenblick noch waren die feinen Wolken von der untergehenden Sonne in rosa verwandelt, dann war alles dunkel. Ich habe Chile verlassen!

Wie die Erlebnisse eines modernen „August Weltumseglers" muten diese poetischen Schilderungen an. Kostbare Briefe! Und von jeder Reise brachte Duttmann uns ein Skizzenbuch mit hinreißend aquarellierten oder mit Rohrfeder gezeichneten Kunstwerkchen als Stenogramme seiner Eindrücke mit.

Die unmittelbare Sicht, so frisch und unvoreingenommen gewonnen, verhindert eigentlich das Perfekte, das bereits Insichabgeschlossene. Erst was im Atelier späterhin gemalt und gezeichnet wird, bedarf stets eines starken und echten Erinnerns, aus dem dann gereifte Bilder entstehen können.

Um dieser Einsicht Wirkung zu verschaffen, wurden die Ergebnisse solcher Reisen in regelmäßigen Ausstellungen „Maler auf großer Fahrt" vorgestellt. Vor allen Dingen wurden sie verkauft, wobei die angereisten Reeder selbst zu wahren „Meisterkäufern" avancierten.

Es war eine ungetrübte Freude, die Aquarelle, Gemälde, Temperas, Federzeichnungen zu betrachten, mit Genuß nachzuerleben, wie die einzelnen Maler-Temperamente das irdische Kunterbunt phantasievoll zu vergegenwärtigen verstanden.

GROSSE EREIGNISSE
WERFEN IHRE SCHATTEN VORAUS

Die Würfel fielen am 13. Januar 1954! Nachdem die Verhandlungen wegen des Bauplatzes mit der Stadt Hameln abgeschlossen waren, wurde der Bau des Studios in der Jahreshauptversammlung einstimmig beschlossen. Hodler, der inzwischen als Regierungsbaudirektor nach Hannover berufen worden war, blieb uns treu. Er entwickelte ein detailliertes Konzept für den begrenzten Wettbewerb, zu dem sieben Architekten, die – obwohl sie in Hannover, Köln, Hildesheim, Berlin und Hameln ansässig waren – zur Mitgliedschaft gehörten, aufgefordert werden sollten. In der Ausschreibung war vorgesehen: ein großer Ausstellungsraum (etwa 150 qm), ein kleinerer Ausstellungsraum (etwa 50 qm), der mit dem größeren vereinigt werden konnte, ein Eingangsraum (etwa 25 qm), ein Büro (etwa 10 qm), eine Garderobe, Toiletten, Heizkeller und Lagerraum, der zugleich als Stuhlmagazin dienen kann. An Unterlagen wurden Zeichnungen vom Grundriß, von sämtlichen Ansichten und den Schnitten im Maßstab 1:100, der Lageplan i. M. 1:500, ein Modell i. M. 1:200 und eine Kostenberechnung gefordert. Die Entwürfe sollten unter Kennziffer eingereicht werden, die Namen der Verfasser mußten bei dem Rechtsanwalt und Notar Dr. Faehndrich, Hameln, hinterlegt werden.

Am 11. Dezember trat der Gutachterausschuß in Thiemanns Hotel zusammen, für den Rolf bedeutende Persönlichkeiten gewonnen hatte.

Fachgutachter: Prof. Dr. Fiederling, Technische Hochschule
    Hannover
    Stadtbaurat Prof. Hillebrecht, Hannover
    Regierungsbaudirektor Hodler, Hannover
    Stadtbaurat Dr. Schrader, Hameln
Laiengutachter: Landeskonservator Prof. Dr. Karpa,
    Hannover
    Museumsdirektor Dr. Keiser, Oldenburg
    Ministerialdirigent Dr. Flemes, Hameln
Protokoll: Charlotte Flemes

Die Verhandlung wurde von Hodler geleitet, der die Aufgabe des Ausschusses folgendermaßen darlegte: die für den Auslober in künstlerischer, wirtschaftlicher und ausstellungstechnischer Beziehung besten Arbeiten auszuwählen und danach einen Entwurf zur Ausführung zu empfehlen. Die Begutachtung sei nach folgenden Gesichtspunkten vorzunehmen: Lage und städtebauliche Einfügung, Baukörper und äußere Formgebung, Grundrißgestaltung, Erfüllung der funktionellen, d. h. ausstellungstechnischen Forderungen, Wirtschaftlichkeit der Anlage, hierbei die Höhe der Baukosten des umbauten Raumes. Keiser fügte diesen Ausführungen noch grundsätzliche Fragen für die Anordnung der Räume, insbesondere der Belichtung bei.

In dem anschließenden Prüfverfahren wurde jeder Entwurf nach den dargelegten Gesichtspunkten im einzelnen begutachtet. Diese Durchsicht erfolgte in mehreren Prüfgängen. Hierbei wiesen die Gutachter auf die Vor- und Nachteile der einzelnen Vorschläge hin und erläuterten alle Argumente von wesentlicher Bedeutung. Nach übereinstimmendem Urteil des Gremiums wurde für jeden Entwurf eine Beurteilung schriftlich fixiert.

Der Ausschuß trat darauf in die Bestimmung der Rangfolge der Entwürfe ein, die einmütig festgelegt wurde.

Die Gutachter waren natürlich nicht vorher über die Namen der beteiligten Architekten unterrichtet worden. Die Entschlüsselung nahm der herbeigebetene Notar Dr. Faehndrich vor. Die Gutachter empfahlen dem Auslober, die Projektbearbeitung dem Verfasser des an erster Stelle benannten Entwurfes zu übertragen: Entwurf Nr. 754, Professor Dieter Oesterlen, Dipl. Ing., Architekt, Hannover, Königstraße 7. Dieser Entwurf Nr. 754 erhielt vom Gutachterausschuß folgende Beurteilung:

„Städtebaulich gelungen ist die klare denkmalartige, körperliche Erscheinung des Entwurfes. Schon die quadratische Grundrißform bringt Ruhe in die Vielgestaltigkeit der Umgebung. Die städtebaulich gut isolierte Stellung wird noch betont durch die Farbgebung und die ungefähr gleich hohe Umwandung des Gartenhofes. Die Lage des Einganges in der Nähe der Straßenkreuzung, aber mit Hinrückung auf das Theater, ist gut. Die Nischenform und Zurücklegung der gläsernen Eingangswand gibt die Möglichkeit, Kunstgegenstände günstig auszustellen. Eingang und Halle haben einen einladenden Charakter und lassen durch Blick in den Garten eine reiche Raumfolge erahnen. Vielleicht ist der Eingang zur großen Halle neben dem tiefen Blick in den Garten etwas zu nebensächlich. Dafür ist aber nach Durchschreiten der großen Halle der im Achsenbruch erscheinende Garten um so reizvoller. Zu loben ist die Abgeschlossenheit des Gartenhofes. Besonders beachtlich sind die verschiedenen Ausstellungs- und Belichtungsmöglichkeiten. Interessant sind die Variationsmöglichkeiten der Räume für Ausstellungszwecke. Wirtschaftlich steht der Entwurf sehr günstig."

Am 28. Dezember wurde eine Anzahl von Persönlichkeiten des öffentlichen Lebens, die Mitglieder des Rates der Stadt Hameln, die Presse, der Vorstand und Beirat des Kunstkreises zu einer Vorbesichtigung der Entwürfe eingeladen. Da die Veranstaltung in einer von Prof. Oesterlen erbauten Schule in Afferde bei Hameln stattfand, gewann sie den intimen Charakter eines Atelierbesuches. Außerdem wurde sie dadurch zu einer Art Ehrung für den erschienenen Preisträger, der schon durch Großbauten, wie kürzlich die Wiederherstellung der zerstörten gotischen Marktkirche und des Landtagsgebäudes in Hannover, sich einen Namen gemacht hatte. Gespannt folgten alle Geladenen den Erläuterungen des Architekten, der für den Bau glatte Ziegelwände ohne Fenster vorgesehen hatte. Das Oberlicht durch Shed-Dächer würde den idealen Lichteinfall für Kunstwerke erzielen. Er führte weiter aus, daß der Eintretende einen Blick in die gesamte Anlage gewinnt. Das Studio sei gegliedert um einen gläsernen Büroraum, von dem aus alle anderen Räume einsichtig seien, den Innengarten eingeschlossen, der auch als Ausstellungsraum für Plastiken mitbenutzbar sei und damit auch die Sicherung der ausgestellten Werke bei geringem Personalbestand erleichtere.

Zur Eigenart dieses Architekten schien zu gehören, daß er sich um alles nur Alltagsmögliche Gedanken gemacht hatte: wie er, bevor er auch nur einen Strich des Entwurfes zu Papier brachte, zunächst Museumsleute nach ihrem Ideal von einem Ausstellungsbau gefragt hatte und wie er dann ein Dutzend ganz verschiedener, teils widersprüchlicher Wunschvorstellungen – ein Chaos im Kopf – sinnvoll zu ordnen begann. Vor allem: mehr sein als scheinen! Die Form nirgends aus einer ornamentalen Idee, sondern allenfalls zu ihr hin, sie aber aus der dienenden Funktion entwickeln. Da rechtes Dienen Sache der Ehrfurcht sei, so verlange dieses Ideal den Weg dorthin, wo die gemeinsamen Wurzeln allen Handwerks und aller Kultur liegen. Man nehme diesen Ausdruck in seiner phrasenlosen Schwere: heute mehr denn je müsse wieder reinen Herzens gebaut werden.

Hodler konnte die Geladenen davon überzeugen, daß dieses Studiogebäude unter den modernen Bauten dem Ideal „moderner Klassizität" am nächsten kommen würde. (Wie recht er behalten sollte!)

Zwischen dem 13. Januar und dem 28. Dezember 1954 lag ein volles Jahr! Was würde das nächste bringen?

Auf alle Fälle galt es, das neue Jahr fleißig zu nutzen, um im Herbst das Studio einweihen zu können.

So dachten wir, so hofften wir. Hoffen und Harren hält manchen zum Narren! Eine Volksweisheit von hohem Wahrheitsgehalt. Besser hätte Rolf sich an die Lichtenbergsche Maxime gehalten: „Man soll seine Hoffnungen und seine Schienbeine nicht zu weit vorstrecken."

Wer hätte denn damit rechnen können, daß die Genehmigung für den fest zugesagten Bauplatz wieder entzogen würde? Welche destruktiven Kräfte im Spiel waren, wer mag das heute noch zu Protokoll geben? Ein Knüppel zwischen die Beine war dieser Bescheid aber allemal! Das Hamlet-Zitat „... und ist es gleich Wahnsinn, so hat es doch Methode" zügelte Rolfs ohnmächtige Empörung. Die verständnisvolle, freundschaftliche Ausdauer von Eta Wellershaus, geb. Oetker, war es, die Rolf moralisch immer aufs neue stützte, und als Industrielle sorgte sie wie selbstverständlich dafür, daß der Karren nicht im Dreck stecken blieb.

Damals hätte man nämlich auf dem vorgesehenen Baugelände neben der Festhalle nicht nur anfangen, sondern auch fertig bauen können, zumal das Geld vorhanden war.

Eine endlose Zeit verstrich mit Verhandlungen über einen anderen Bauplatz. In der Zwischenzeit liefen die Baupreise so weg, daß mit einem Preis von 85.– DM je cbm umbauten Raumes gerechnet werden mußte. Dem Wettbewerb war aber ein Preis von 55.– DM je cbm umbauten Raumes zu Grund gelegt worden.

Betrachtet man diese leidige Affäre aus heutiger Sicht, war der letztendlich gestattete Bauplatz am Rande des zukünftigen Bürgergartens – gegenüber der Festhalle – nicht ganz ungünstig. Der Sedanplatz selbst wurde nämlich in den 70er Jahren im Zuge einer neuen Verkehrsführung in einen Rathausplatz umgewandelt, der eine große Tiefgarage erhielt, so daß der Parkplatz, auf dem das Studio eigentlich stehen sollte, wegfiel. Zwar wurde durch eine Tunnelanlage und eine Verkehrsampel der Zugang zur historischen Altstadt ermöglicht, dennoch entwickelte sich die Situation für die Festhalle und für den Kunstkreis dergestalt, daß beide praktisch an die nahe Peripherie zentrifugiert wurden.

Wie auch immer! Wieder einmal mußte Rolf sich erklärend an die Mitglieder wenden und ihnen mitteilen, daß – wenn nicht gar zu große Rückschläge auftreten sollten – im Frühjahr 1956 mit dem Bau begonnen werden könnte. Wegen der erhöhten Baupreise bat er herzlich darum, daß jeder mithelfen könne, auch wenn er selbst nicht über Reichtümer verfüge. Für den Neubau brauche man einen großen Mitgliederkreis, der die regelmäßigen Veranstaltungen wirtschaftlich mittrage. Wenn jedes Mitglied nur einen neuen Kunstfreund werbe, brauche der Vorstand sich in dieser Richtung keinerlei Sorgen zu machen. Er führte dabei wieder vor Augen, daß der Kunstkreis nur durch die uneigennützige Arbeit eines besonders interessierten Kreises lebe.

Seinen Humor bewies er in einer Jahresschlußbotschaft. Er stellte als Jahresgabe die Lithographie „Der Swinegel" (die Abbildung davon befand sich auf der Titelseite des Faltblattes) vor mit den Worten: „So etwa wie dieser köstliche Swinegel unseres Freundes A. Paul Weber, dessen Graphiken wir von der Ausstellung im März 1954 noch in guter Erinnerung haben, sich die Nase wischt, ergeht es unseren Kunstkreismitgliedern, die glaubten, in diesem Jahr endlich den Studio-

Neubau einweihen zu können. An ihrer Spitze natürlich dem Präsidenten, der – auch darin dem Igel gleich – auf einem beachtlichen Neubaufond sitzt, die Stacheln immer abwehrbereit, einen kräftigen Trunk tun muß gegen all die Mißhelligkeiten, die bisher auf dem Wege zum Neubau aufgetreten sind. Ja, und dann die bezeichnende Handbewegung nach der Einnahme des tröstenden Tropfens! Es ist die unerschütterliche Zuversicht weltweiser Überlegenheit, die letzten Endes über Mißgunst und Schadenfreude triumphiert."

EIN MEISTER SEINES FACHES

Keine Generation hat jemals so viel zu bauen gehabt, wie die nach 1945. Ohne Zweifel haben Jahrhunderte und Jahrtausende in einer ans Wunderbare grenzenden Anspannung ihrer geistigen und materiellen Kräfte unvergängliche Monumente aufgerichtet. Aber kein Zeitalter hat so vor der Notwendigkeit gestanden, den ursprünglichen Sinn des Bauens zu verwirklichen: dem Menschen ein Dach über dem Kopf zu geben. Es galt zunächst, Millionen von Heimkehrern und Flüchtlingen, denen der Krieg bis auf das nackte Leben und ein paar Habseligkeiten alles genommen hatte, Wohnung zu schaffen, aus Unbehausten wieder Menschen zu machen, die wußten, wohin sie gehörten. Die finanziellen Mittel, das Aufgebot an Arbeitskräften (man denke an die Trümmerfrauen) für den Wiederaufbau bereitete außerordentliche Schwierigkeiten. Ungleich verwickelter waren jedoch die geistigen Probleme, die die riesige Baustelle Deutschland – Bundesrepublik und Sowjetzone – täglich neu ins Bewußtsein rief. Im Gegensatz zu vergangenen Epochen wurden Bauherren und Architekten nicht mehr getragen von einer organisch gewachsenen, in sich sinnvoll gegliederten Gesellschaft; nach 1945 mußte, auch im geistigen Bereich, in ein Trümmerfeld hineingebaut werden. Mehr denn je zuvor war ein Architekt berufen, durch seine Bauten das allmähliche Reifen einer den Erfordernissen seiner Zeit entsprechenden Ordnung zu fördern.

Das war die Situation, der sich auch der 1911 geborene Architekt Dieter Oesterlen gegenüber sah. Er war in Hannover zur Schule gegangen, hatte dann in Stuttgart bei Professor Schmitthenner und in Berlin bei Professor Tessenow und Professor Poelzig Architektur studiert. Nach dem Examen war er zunächst im Staatsdienst tätig. Von 1939 an arbeitete er als selbständiger Architekt in Berlin. Nach dem Zusammenbruch ließ er sich in Hannover nieder, und seit 1953 wirkte er außerdem als ordentlicher Professor für Gebäudelehre und Entwerfen an der Technischen Hochschule Braunschweig.

Die Arbeit Oesterlens ist nicht denkbar ohne die Revolution der Kunst, die in den ersten beiden Jahrzehnten dieses Jahrhunderts auch das Bauwesen erfaßt hatte. Der krasse Bruch mit der Tradition um 1900 war 1945 nahezu gegenstandslos geworden. Denn von den meisten Bauwerken der Vergangenheit standen nur noch Ruinen, die niederzulegen das Auslöschen jeglicher Überlieferung bedeutet hätte, wie das beispiels- und sträflicherweise dem Schloß in Ost-Berlin widerfuhr.

Das aber war für Oesterlen ganz unvorstellbar. Kein Wunder, daß er einige der bedeutendsten Baudenkmäler früherer Jahrhunderte hierzulande aus dem Schutt des Krieges neu erstehen ließ. Er tat das mit außerordentlicher Einfühlung in die Vergangenheit. Die Marktkirche und das Leineschloß in Hannover sind zwei hervorragende Beispiele dafür.

Der Wiederaufbau von Denkmälern war jedoch nur ein geringer Teil der vielfältigen Aufgaben, die Oesterlen übertragen wurden. Mehrere Kirchenbauten, Museen, Kinos, Krankenhäuser, Schulen, Bauten der Verwaltung und Industrie gehörten zum breiten Spektrum.

In jedem Fall blieb er seinem Vorsatz treu, daß Bauwerke im Ganzen wie in ihren Teilen den Zweck, zu dem sie errichtet wurden, klar zum Ausdruck bringen sollten. Dadurch gelang es ihm, eine persönliche Handschrift sichtbar zu machen.

Daß der Kunstkreis es 1956/57 nicht nur mit einem Baumeister, sondern auch mit einem Baukünstler zu tun bekam, empfanden wir – speziell Rolf – gewissermaßen als Belohnung für alle ausgestandenen Sorgen.

Zwischen Rolf als Bauherr und Oesterlen als Architekt entwickelte sich ein von gegenseitiger Hochachtung getragenes Vertrauensverhältnis, das sich im Laufe der Jahre zu einer gediegenen Männerfreundschaft entwickelte.

Es blieb nicht aus, daß Oesterlen – außer zur Baustelle – mit seiner Frau Eva häufig in unser Haus kam, um hier mit Rolf die nächsten Schritte zu beratschlagen. Der so sympathische Mann konnte allerdings ganz ungemütlich werden, vor allem, als er von der Bauplatz-Affäre hörte. Schroff prangerte er die Verlegung des Platzes an, der ja verbindlich als Grundlage für den Wettbewerb gewesen war.

Wohl oder übel mußte er das andere in Aussicht gestellte Grundstück sich neu erschließen. Er umrundete und beobachtete das Gelände des zukünftigen Bürgergartens, zu dem die Stadtverwaltung einen Zugang vom Studio aus wünschte. Das lehnte Oesterlen bedingungslos ab! Recht hatte er! Die Stimmung eines Refugiums wäre für den Gartenhof absolut verlorengegangen. Er entdeckte bei seinen Erkundungen prächtige alte Kastanienbäume ganz in der Nähe des Bauplatzes. Wie eine Lokomotive setzte er sich in Gang und erreichte, daß vier Bäume direkt außen an die Mauer des zukünftigen Gebäudes und ein fünfter in den Gartenhof versetzt werden durften. Damit hatte er zusätzlich eine grüne Oase schaffen können. Vor dem gedachten Eingang stand ein Prachtexemplar von Japanischem Ahornbaum; den ließ er einschalen, damit Kräne und Baufahrzeuge ihn nicht beschädigen konnten. So konnte er zu der inneren Schönheit des Hauses noch eine äußere intime Aura schaffen.

Oesterlen entsandte den in seinem Architekturbüro angestellten Diplom-Ingenieur Gäbel als leitenden Bauaufsichtführer. Täglich – außer an den Wochenenden – war Herr Gäbel schon zur Stelle, bevor die Handwerker erschienen. So kontrollierte er deren Pünktlichkeit und verschaffte sich darüber hinaus bei ihnen ein hohes Ansehen. Da er jeden Teilabschnitt, jedes Gewerk minutiös koordinierte, entlastete er Rolf als Bauherrn in absoluter Zuverlässigkeit.

Gäbel sorgte auch dafür, daß zügig angeliefert, daß die Ziegel anständig verfugt, daß die Platten aus Anröchter Marmor in Halle und Gartenhof sauber verlegt wurden und daß die Einpassung der riesigen Glasscheiben am Eingang und im großen Saal zum Gartenhof bruchlos vor sich ging.

Am Dienstag, 23. April 1957 um 16.00 Uhr, konnte der Richtekranz hochgezogen werden. Im Grundstein wurde eine Kassette eingemauert, in die das Gründungsprotokoll, eine Liste sämtlicher Spender, alle acht Jahresberichte und die Kataloge der vier Ausstellungen „Maler auf großer Fahrt" eingelegt wurden.

Hugo R. Bartels übertrug am Mikrophon für den NDR dieses Richtefest. Oesterlen schilderte die Eigenarten des Baues, der inmitten der Stadt liege und später von einem Bürgergarten eingerahmt sein werde. Die Stadt Hameln zeige damit, daß sie es mit ihrem Kulturstreben und mit deren Kunstschaffenden ernst meine. Der Bau habe auch in anderen Städten kein Vorbild. Äußerlich sei das Gebäude sehr schlicht gehalten. Der Besucher solle sich ganz auf die Betrachtung der Kunstwerke konzentrieren können.

Rolf verhehlte in seiner Ansprache nicht seine Freude, daß er neben dem Vorstand und dem Beirat des Kunstkreises auch alle Gründer begrüßen konnte. Der Stadt Hameln, insbesondere dem Senator Fritz Seifert, dankte er für die Unterstützung des Vorhabens. Man wolle kein rauschendes Fest feiern, weil der Bau zum Teil aus kleinsten Spenden ermöglicht worden sei. (Er dachte dabei an die pensionierte Krankenschwester Tilla Meyer, die über eine Rente von 126,50 DM verfügte, und die für den Bau 5,– DM spendet hatte. Relativ gesehen war das die größte Spende!) Er ließ den Handwerkern durch die Poliere Geldbeträge für das Richtefest überreichen. Die Ehrengäste prosteten mit den Handwerkern aus dem Stammende.

Volles Vertrauen sprach Rolf dem Architekten Oesterlen aus und betonte, daß es ein Glücksfall sei, einen derartig besonnenen und unvergleichlichen Baumeister für sein „Sorgenkind" als Partner im Geiste gewonnen zu haben.

AM MUT HÄNGT AUCH DER ERFOLG

Preisend mit viel schönen Reden vollzog sich am 26. Oktober 1957 die mit Hochspannung erwartete Einweihung. Der Festakt fand im angemieteten „Kleinen Haus der Festhalle" gegenüber statt, da erst danach das Studio in jungfräulicher Unberührtheit betrachtet werden sollte.

Es war wie bei Goethes Reineke Fuchs: „Pfingsten, das liebliche Fest war gekommen! Nobel, der König (Rolf), versammelt den Hof (Mitglieder); und seine Vasallen eilen gerufen herbei mit großem Gepränge; da kommen viele stolze Gesellen von allen Seiten und Enden, Lütke, der Kranich (Oesterlen) und Markart, der Häher (Minister), und all die Besten (Ehrengäste). Denn der König gedenkt mit allen seinen Baronen Hof zu halten in Feier und Pracht; er läßt sie berufen alle mit einander, so gut die großen wie die kleinen. Niemand sollte fehlen! Und dennoch fehlte der eine, Reineke Fuchs, der Schelm (OSD Wilke), der viel begangenen Frevels halben des Hofs sich enthielt. So scheuet das böse Gewissen Licht und Tag, es scheute der Fuchs die versammelten Herren ..."

Für uns hatte der Tag schon unerwartet spannend begonnen. Um acht Uhr früh begehrte ein bärtiger Herr Einlaß, stellte sich als Professor Kallmann vor. Er war aus München gekommen.

„Ja, wie denn? Mit dem Schlafwagen, oder haben Sie in Hameln übernachtet?" fragte Rolf.

„Übernachtet, damit ich rechtzeitig um 11 Uhr zur Feier zur Stelle bin."

Er dachte wohl, daß es kein Fehler wäre, sich bereits als erster für weitere Ausstellungen bestens empfohlen zu halten. So frühstückte er mit uns und entpuppte sich dabei als guter Erzähler.

Analog zur Lichtenbergschen Überlegung „Die unterhaltendste Fläche auf Erden ist für uns immer noch die vom menschlichen Gesicht" hatten wir mit Keisers Hilfe die Ausstellung „Künstler in Bildnissen" zusammengestellt, und Kallmann war mit Portraits von Theodor Heuss, Elisabeth Flickenschildt und Bert Brecht dabei vertreten. Höchst amüsant erzählte er, genüßlich den niedersächsischen Schinken kauend, von den Sitzungen mit Theodor Heuss. Das paßte hervorragend ins Konzept, zumal Heuss als Bundespräsident in einem Glückwunschbrief ausgedrückt hatte, daß er es beispielhaft finde, was hier aus privater Initiative in wenigen Jahren geschaffen worden sei.

Einen besseren Einstieg als diesen Brief konnte es für Rolf gar nicht geben. Zudem hatte er noch einen anderen Überraschungseffekt: Er hatte lange im voraus davon gehört, daß am gleichen Abend das Leipziger Gewandhausorchester unter Leitung von Franz Konwitschny ein Konzert in der Festhalle geben würde. Wie es ihm gelungen war, vier Musici als „Gewandhaus-Quartett" für unsere Matinee zu engagieren, bleibt besser unerzählt, da in der Folge eine Republikflucht mit im Spiele war. Der Auftakt mit Beethovens Streich-Quartett c-Moll, op. 18, Nr. 4, konnte nicht festlicher sein. Trotz aller Reden und Grußworte verging die Zeit wie im Fluge. Das lag auch am Festvortrag „Vom Ort der Kunst", den Prof. Dr. Georg Hoeltje, Ordinarius für Kunst- und Baugeschichte an der TH Hannover, hielt. Dieser höchst bedeutsame, philosophisch von Heidegger angeregte Vortrag begann mit großartiger Einfühlung in unseren „Tempelbau" mit dem weiten Portal, mit Innenhof und Hallen, um dann die Idee kühn ins Allgemeine zu erweitern.

Dann konnten Mitglieder und Gäste hinüber geleitet werden. Rolf schloß das Portal auf, der verhüllende Vorhang wurde rasselnd zur Seite gezogen. Man verteilte sich in Haus und Gartenhof, und möglicherweise wußte manch einer zuerst nicht, ob er das alles schön finden sollte. Nachdem man auf den Bildern berühmte Gesichter erkannt hatte, gab das einen Anhaltspunkt. Als man gar Namen wie Kokoschka und Purrmann las, begann man, sich überrascht und erfreut gegenseitig auf die Kunstwerke aufmerksam zu machen. Einige Maler und Bildhauer waren gekommen, die mal sehen wollten, wo und in welchem Neubau ihre Bilder und Plastiken eigentlich ausgestellt wurden. Nach und nach meldeten sie sich bei Rolf und bei Keiser. Sie waren einfach baff!

Zu bedenken ist, daß immerhin achtzig deutsche Maler und Bildhauer aufgefordert worden waren; und insgesamt einhundertfünfundzwanzig Kunstwerke konnten gehängt und aufgestellt werden. Die bloße Aufzählung einiger Werke müßte langweilen, wäre sie nicht ein qualitätvoller Querschnitt und zugleich ein zuverlässiges Spiegelbild zeitgenössischer Kunst jener Zeit:

„Selbstbildnis"	Oskar Kokoschka
„Selbstbildnis"	Otto Dix
„Selbstbildnis"	Franz Radziwill
„Selbstbildnis"	HAP Grieshaber
„Selbstbildnis"	Alfred Kubin
„Selbstbildnis"	Karl Kluth
„Selbstbildnis"	Karl Schmidt-Rottluff
„Gustav Gründgens"	Eduard Bargheer
„Bert Brecht"	Hans Jürgen Kallmann
„Elisabeth Flickenschildt"	Hans Jürgen Kallmann
„Theodor Heuss"	Hans Jürgen Kallmann
„Ivonne Georgi"	Ewald Mataré
„Otto Mueller"	Erich Heckel
„Ernst Blass"	Oskar Kokoschka
„Frau E.M. im grünen Kleid"	Hans Purrmann
„Gerhart Hauptmann"	Ivo Hauptmann
„Wilhelm Furtwängler"	Fritz Klimsch
„Max Pechstein"	Richard Scheibe
„Carl Hofer"	Bernhard Heiliger
„Stefan Andres"	Ivo Beucker
„Hans Purrmann"	Gerhard Marcks
„Werner Gilles"	Gerhard Marcks
„Maria Goris"	Ursula Querner
„Erich Heckel"	Alexander Zschokke
„Maria Wimmer"	Hans Wimmer
„Karl Schmidt-Rottluff"	Emy Roeder
„Theodor Heuss"	Karl Kluth

Rolf hatte sich besonders in eine Radierung von Ewald Mataré verliebt. Quer über das Blatt trug sie die handschriftliche Eintragung: „Doris Hoffmann nach einer Aufführung als Amor in Orpheus i. d. Unterwelt" Mataré 1953. Ich fragte bei ihm an, ob das Blatt verkäuflich sei, da nur der Versicherungswert von DM 1000,– angegeben worden sei, ich würde die Radierung

gern meinem Mann zu Weihnachten schenken, falls er sich davon trennen könnte. Er antwortete: „Gute Frau, schicken Sie mir 300 Mark und geben Sie Doris Ihrem Mann, über beides freut sich Mataré".

Daß man in der Provinz ein Kunsthaus mit einer so hochkarätigen Ausstellung eingeweiht hatte, erregte in der Presse ziemliches Aufsehen. Heutzutage, wo zum Glück die Kunst in neuen und bedeutenden Museen ein großer Anziehungspunkt geworden ist, würde man möglicherweise nicht in solchem Umfang Notiz davon nehmen. So aber erschienen in der lokalen und überregionalen Presse ausführliche Artikel mit großformatigen Abbildungen in den Feuilletons: Dr. Gottfried Sello „Porträt war immer ein Wagnis" für „Die Zeit", Dr. Rudolf Lange „Hamelns neues Kunst-Studio" für die Hannoversche Allgemeine Zeitung, Friedrich Rasche „Hameln hat ein Herz für die Kunst" für die Hannoversche Presse, Dr. Wilhelm Fischdick „Der Mensch im Bildnis" für die Deister- und Weserzeitung, Dr. Hanns Theodor Flemming „Hameln hat geschafft, was Hamburg nicht gelingt" für das Hamburger Abendblatt, „Ein Glücksfall für Hameln" in der Frankfurter Allgemeinen Zeitung und so weiter und so fort.

Mich dünkt, daß der am 20. November in der Hannoverschen Presse als zweiter Artikel erschienene Bericht „Das Geheimnis liegt im Innern" ein Zitat wert ist:

Die Gemüter haben sich noch nicht beruhigt über Hamelns „Kunsttempel", wie man im Volksmund sagt, und die Meinungen scheinen nach wie vor geteilt zu sein, wenn man so herumhorcht in der Stadt. Die Nörgler aber sollten zunächst eines tun, bevor sie den zweiten Satz sagen: sie sollten hineingehen in das neue Kunstkreisstudio, sie sollten sich umsehen und dann ihren Eindruck wiedergeben. Sie werden wahrscheinlich zu demselben Schluß kommen wie viele Kunstfachleute und viele Kunstkritiker, die von weit her, auch von Hamburg und Frankfurt, nach Hameln kamen. Das Studio ist ein großer Wurf, und Hameln kann stolz sein. Mit dem äußeren Eindruck des Gebäudes wird man sich allmählich vertraut machen, aber auch das wird gelingen. Bleiben wir zunächst beim äußeren Bild, das ja für viele Menschen (man möchte sagen, leider) der einzige Eindruck des Kunstkreis-Studios bleibt. Die kahlen, glatten Ziegelwände, das Shed-Dach, der freie Plattenplatz vor dem Gebäude, der quadratische Grundriß, die strenge Linienführung – all das sind Dinge, die mit dem Begriff, den viele von uns von der Kunst haben, nicht vereinbar scheinen. Wer aber tagtäglich vorübergeht, gewöhnt sich an das Bild und beginnt allmählich, dies Gebäude auch von außen zu begreifen. An der Umgebung und am Gegenüber, dem Sedanplatz, wird noch einiges zu geschehen haben, um das Bild zu vervollkommnen.

Vollends versteht aber erst der Betrachter die Anlage dieses im besten Sinne modernen Gebäudes, der durch die breite Glasfronttür in das Innere tritt. Schon der Vorraum hält den Blick gefangen, und dann ruht das Auge bereits auf dem Ausstellungsraum, der den Besucher magisch anzuziehen scheint. Ruhig und gleichmäßig flutet das Licht herein, ebenso gleichmäßig und diffus wird auch das abendliche Kunstlicht reguliert. Klare Linien und helle Flächen, Glas und glatte geschlämmte Ziegel beherrschen auch den Innenraum, so daß das Auge ganz den ausgestellten Kunstwerken zugewandt wird, ob man nun will oder nicht: diese innere Magie des Raumes ist das

Geheimnis dieses Hauses, das Professor Dieter Oesterlen bewußt von innen nach außen schuf.

Sehr schnell meldeten sich Abgeordnete der Stadtverwaltung von Bremerhaven. Sie bräuchten auch ein Ausstellungshaus, und ob sie sich unser Studio einmal angucken dürften. Natürlich waren sie willkommen, und natürlich gaben wir Auskunft über den Weg des Wettbewerbes bis zum fertigen Haus. Man hält es kaum für möglich, in welcher Weise gute Beispiele Wirkung zeigten. Es dauerte gar nicht lange, da hatte Bremerhaven sich auch einen Klinkerbau als Kunsthalle zugelegt.

Hameln – Bremerhaven, das war Provinz. Darum war die Erwägung von Hans Kinkel in „Die Welt" so wirkungsvoll:

Daß die Provinz keineswegs immer provinziell sein muß, hat man jetzt in Hameln demonstriert. Aus privater Initiative entstand hier eine moderne Kunsthalle, um die manche Großstadt Hameln beneiden wird.

Der „Kunstkreis Hameln", dem dieser Neubau zu verdanken ist, wurde 1948 gegründet und begann seine Ausstellungszyklen in einem Möbellager. Fünfzig Künstler wurden in den vergangenen acht Jahren gefördert, Großbetriebe und Reeder gewonnen, die Freiplätze für Studienfahrten zur Verfügung stellten und zu den Ausstellungen ihr Scherflein beitrugen. Für über 100 000 DM wurden Verkäufe erzielt, eine stattliche Summe bei der heute üblichen Kunstbewertung.

Jetzt konnte Prof. Oesterlen, Hannover, dem „Kunstkreis" endlich ein vorbildliches Ausstellungshaus erbauen: das fensterlose Quadrat mit dem weiträumigen Innenhof erhält alles Licht durch das gläserne Dach. Die weiß gekalkten Backsteinwände geben gerade nur soviel Gliederung und Bewegung, daß sie niemals störend wirken können.

Die erste Ausstellung „Künstler in Bildnissen" nimmt den Faden wieder auf, der vor einer Generation gewaltsam abgerissen wurde: sie zeigt Werke von 80 lebenden deutschen Malern, Bildhauern und Graphikern. Gerade das Nebeneinander noch unbekannter und so bekannter Namen wie Mataré, Kubin, Kokoschka, Dix, Hartung, Gotsch, Lehmann, Heckel u. a. gibt einen faszinierenden Querschnitt durch Stile und Temperamente, gibt eine Zusammen-

schau der vielfältigen Möglichkeiten, das menschliche Antlitz zu entschleiern und zu gestalten.

Bundespräsident Heuss schrieb dem „Kunstkreis", er finde es beispielhaft, was hier aus privater Initiative in wenigen Jahren geleistet wurde.

Gestalten und Planen – das war die Aufgabe, die uns mit acht Ausstellungen pro anno nun Jahr für Jahr beschäftigen sollte.

DAS WIRKLICHE UND DAS ÜBERWIRKLICHE

Als wir den Neubau des Kunstkreises, den wir immer schlicht als „Studio" bezeichneten, obwohl er eigentlich eine kleine Kunsthalle ist, einweihten, erschien unter den festlich gestimmten und gewandeten Geladenen auch ein etwas grimmig dreinschauender Mann im zerknitterten Anzug, einen Rucksack über den Schultern. Da wird sich mancher gefragt haben, wer denn dieser Waldschrat wohl sein möge. Er stand immer lange schweigend vor jedem Bild und umkreiste aufmerksam die auf hohen Sockeln stehenden Portraitbüsten.

Dann stellte es sich heraus, es war kein Geringerer als Franz Radziwill, ein bedeutender Maler, dessen Selbstbildnis an bevorzugter Stelle in der Ausstellung hing – Keiser hatte ihn erkannt. Er hatte sich kurz entschlossen auf die Reise gemacht, um zu kontrollieren, was die Leute in Hameln da auf die Beine gestellt hatten. An sich waren alle 80 ausgestellten Künstler zu dieser Feier eingeladen worden, so natürlich Radziwill auch. Aber wie Künstler nun mal sind, die Unabhängigkeit und die Freiheit ihrer Entschlüsse wissen sie sehr zu schätzen, wie Figura zeigte.

Nach Beendigung seines Rundganges nickte er zustimmend und ließ sich in ein Gespräch ein. Wiederum ganz spontan entschloß er sich, den Tag hier verbringen zu wollen. Er nahm unsere Einladung gern an und wurde noch für zwei weitere Tage Gast in unserem Hause. Ihn interessierte wohl auch die Matinee, die für Sonntag, den 27. Oktober vorgesehen war, in der Dr. Keiser sowohl eine Führung durch die Ausstellung als auch Gespräche mit Künstlern vornehmen wollte.

Nachdem die Wogen des festlichen Rummels sich etwas gelegt hatten und wir uns auch beruhigt hatten, konnten wir uns unserem Gast etwas mehr widmen. Das schien ihm zu gefallen, jedenfalls lud er uns zu einem Besuch nach Dangast ein. Obwohl Rolf beruflich sehr stark eingespannt war, sagte er einstweilen zu.

Im Frühjahr 1958 mußte Rolf zu Besprechungen zu Industrieansiedlungen und Hilfsmaßnahmen im Rahmen des regionalen Förderungsprogrammes nach Nordenham und Varel fahren. Da Dangast nur einen Katzensprung von Varel entfernt liegt, nahm er mich mit, damit wir gemeinsam ein Wochenende am Meer verbringen und dabei Franz Radziwill den versprochenen Gegenbesuch machen konnten.

Dangast liegt recht malerisch am Jadebusen, der sich als riesiges Wattenmeer kreisförmig gebildet hat, bevor die Jade bei Wilhelmshaven in die Deutsche Bucht fließt.

Hier in der Sielstraße 3 lebte der Maler seit 35 Jahren in einem alten Fischerhaus. Er sei bereits 1921 hier zu Studienzwecken gewesen, erzählte er, sei 1922 abermals hierher gekommen und habe sich dann entschlossen, ganz dorthin überzusiedeln. 1923 habe er dieses Haus erwerben können, er habe geheiratet, aber seine Frau sei schon 1942 gestorben. So lernten wir seine zweite Frau Ingeborg und das zehnjährige Töchterchen Konstanze kennen.

Die Familie lebte ganz zurückgezogen, Besuch schien selten zu kommen. Die Freude über unser Kommen war offensichtlich. In aufgeräumter Stimmung erzählte der sonst eher einsilbige Maler seinen Werdegang. Bei starkem friesischem Tee mit Kluntjes und Sahne hörten wir von Reisen, die Radziwill in den dreißiger Jahren auf Schiffen der Kriegsmarine als Gast zu den Karibischen Inseln, nach Brasilien, Nordafrika, Spanien und den skandinavischen Ländern unternommen hatte.

Das war d a s Stichwort, Rolf war wie elektrisiert. Er berichtete von seiner Aktion „Maler auf großer Fahrt", die er 1952 ins Leben gerufen habe, und daß bis jetzt 26 Maler bereits freie Passagen auf Frachtschiffen gehabt hätten. Fast ungläubig hörte Radziwill zu. Und uns kam es selber abenteuerlich vor. Ob denn die Kollegen immer Geld für die Fahrten zu den Häfen gehabt hätten, wollte er wissen. Nein, oft natürlich nicht, räumte Rolf ein, das habe er durch Spenden (aber meistens hatte Rolf selber diese Unkosten aus eigener Tasche finanziert) regeln können. Als Dank hätten die Maler lediglich ihrem Reeder und ihrem Kapitän ein Bild zu verehren. Voller Befriedigung und Staunen vernahm Radziwill, daß die Ergebnisse der Fahrten nach Nord- und Südamerika, Westindien, Kanada, Afrika in höchst erfolgreichen Verkaufsausstellungen gezeigt würden. Nein, nein, winkte er ab, er als Jahrgang 1895 könne nun keine solche Reisen mehr unternehmen.

Nach diesem Intermezzo begannen wir, uns im Haus und Atelier umzusehen, zumal wir nun endlich ausführlich die Bilder betrachten wollten. Bereits in den zwanziger Jahren hatten Radziwills Arbeiten – unter dem Vorzeichen des Surrealismus als „Magischer Realismus" – starken Widerhall gefunden. Damals hatte er zu seiner künstlerischen Sprache gefunden: handwerklich grundsolide und altmeisterlich genaue Wiedergabe der Gegenstände einer realen und einer visionären Welt. Er führte aus, daß er immer nur die Welt, in der er lebe, darstellen wolle, außerdem sollten seine Bilder Beschwörungen an Zeitgenossen sein, damit sie Bedrohungen erkennen und ihnen begegnen könnten. Der magische Charakter, mit dem er Katastrophen mit abstürzenden Flugzeugen, zerfallenden Häusern und geborstenen Mauern vergegenwärtigte, hatte seinen Ursprung in seiner Teilnahme am Ersten und am Zweiten Weltkrieg. Im Dritten Reich wurde er bereits 1935, nach einem kurzen Professorenlehramt an der Kunst-Akademie in Düsseldorf, zur Unperson erklärt und auch mit Ausstellungsverbot belegt. Danach sei es still um ihn geworden. Er sei nach Dangast zurückgekehrt, habe sein Haus erheblich ausgebaut und sich in seine Malerei des Wirklichen und des Überwirklichen vergraben. Und nach 1945 habe auch kein Hahn nach ihm gekräht. Drum habe ihn auch unsere Aufforderung, sich an der Ausstellung „Künstler in Bildnissen" zu beteiligen, in großes Erstaunen versetzt. So vergessen war er also nicht? Nun zeigte er uns die hervorragenden Portraits von seiner Frau, seinen Eltern, der „Frau zwischen roten Stühlen" (die inzwischen als berühmte Gemälde in großen Museen hängen), leider habe keines von ihnen zu unserem Thema gepaßt. So habe er lediglich sein „Selbstbildnis mit roter Bluse", das er 1930 gemalt habe, zur Verfügung stellen können. Aber überhaupt dabei gewesen zu sein, das habe ihn doch recht erfreut.

Er äußerte sich kopfschüttelnd über die Gleichgültigkeit der Menschen, die er allenthalben beobachten könne. Nicht von ungefähr habe er die Breughelsche Intention übernommen und einen „Sturz des Ikarus" gemalt. Wir erinnerten uns sicher, daß bei Breughel der Bauer ungerührt von diesem Sturz seine Furchen weiterzieht. Genauso kümmere sich die arbeitende Bevölkerung kaum um Katastrophen ringsum. Er bezweifle zwar, daß sein Thema irgend eine bessernde Wirkung haben werde. Er sei halt ein grüblerischer Mensch, voller Melancholie, Skepsis und mit einem Schuß Spökenkiekerei außerdem, setzte er verschmitzt hinzu.

Seltsamerweise trugen Radziwills Menschen keine Kleidung wie der Mann auf der Straße, sie wirkten eher wie kostümiert, und nie traten sie als Verursacher der Katastrophen auf, immer waren sie Statisten.

Das Überwirkliche kam immer aus flackernden Sphären, über einem magisch illuminierten Horizont rotierte häufig ein Satellit, halb Gestirn, halb tellurische Scheibe.

Das Wirkliche bestand in Motiven aus dem Oldenburger Land, aus Wassertürmen, Hochleitungsmasten, Umspannhäuschen, aus Deichen, geschlossenen Sieltoren, über denen Flugzeuge rasten. Doppeldecker, Flugboote gehörten überhaupt zum Radziwillschen Vokabular, dazu Schiffe, Boote und immer wieder rotglühende Sonnenscheiben in blauschwarzen Himmeln.

Eines der bedeutendsten Bilder von 1953 „Der Kosmos kann zerstört werden, der Himmel nicht" hat inzwischen prophetische Bedeutung erlangt: ein grauer Himmel wird von einem schwarzen Keil bis auf das Meer aufgerissen, ein Flugzeug und ein Vogel stürzen herab, und eine rasende Maschine – einem Jumbotriebwerk vergleichbar – kreist über einer taghell beleuchteten Dreimastbarke in nachtblau aufgewühlter See. Es gibt keine untergehenden Menschen, lediglich auf einer Düne steht ein Mann in rotem Ölzeug und Südwester. Wie in einem Stilleben blühen aus einem Priel Schilf und Wasserpflanzen, eine Idylle als Bild im Bilde.

Solche Elemente fanden wir auf fast allen Bildern. Radziwill bekannte sich auch zu diesen altmeisterlich lasierend gemalten Phantasielandschaften mit akribisch dargestellten Einzelheiten. Er betonte, daß er sich zum Malen eine solide handwerkliche Voraussetzung schaffe, indem er die Leinwände sorgfältig auf Holzplatten leime, das habe sich aus farbtechnischen und konservatorischen Gründen bewährt.

Auf unsere Bitte ließ er das Bild „Die Schönheit des Alleinseins" auf der Staffelei stehen; er hatte längst bemerkt, daß mein Blick immer wieder an ihm haften blieb. Leider wollte er es uns nicht verkaufen. Eine lange Ziegelmauer in verblichenem Rosa erweist sich als Friedhofsmauer, hinter der Kreuze und ein Kapellengiebel sichtbar werden, sie grenzt an einen in die Tiefe des Bildes führenden zugefrorenen Kanal, auf dem ein Mann in großem Schwung Schlittschuh läuft. Ein Quadrat zum Fischefangen ist aus dem Eis gesägt. Das Bild strömt Totenstille aus: Und doch müssen von zwei heranbrausenden Doppeldeckern Geräusche kommen. Eine glühende Sonne steht reglos am Himmel; diagonal zur Bewegung des Schlittschuhläufers sinkt ein lichter Engel herab. Eine einzelne schwebende Feder verbindet das reale und das irreale Geschöpf.

In diesen bühnenartigen Inszenierungen, seinen Lichterscheinungen, gehört immer eine Dingwelt, zu der Werften, Molen, Siele und der Rhythmus von Ebbe und Flut gehören.

Er wolle seinem einmal eingeschlagenen Weg treu bleiben, gestand Radziwill, wenn man auch – von einigen Ausnahmen abgesehen – keine Notiz von ihm nehme. Doch hörte er mit Genugtuung, daß wir ihm eine Einzelausstellung anboten.

Zu unserer, vor allem zu Radziwills Freude änderte sich 1963 diese Isoliertheit. Nach 25 Jahren fast völliger Vergessenheit durch die Ächtung der Nazis und die Alleinherrschaft der abstrakten Kunst erhielt der von uns Verehrte die erste offizielle Anerkennung. Er wurde Ehrengast der Deutschen Akademie „Villa Massimo" in Rom.

Und darüber hinaus konnte Rolf seinen Einfluß geltend machen, so daß Franz Radziwill 1970 den Großen Niedersächsischen Staatspreis entgegennehmen konnte.

DER GESCHLAGENE CATCHER

Uns waren die Umstände bekannt, die mit der Übersiedlung von Gustav Seitz von Berlin nach Hamburg verbunden waren. Der unhaltbare Zustand, in Westberlin zu wohnen, an den Hochschulen in Ost- und Westberlin zu lehren, das Pendeln der Gefühle in dieser politisch so hochempfindlichen Zeit, die immer weiter divergierenden, immer feindlicher sich gestaltenden Rivalitäten, an denen Seitz in dieser geteilten Stadt zunehmend litt, waren der Grund. Willkommen war ihm daher der Ruf an die Hamburger Hochschule der Bildenden Künste: mit einem Schlage konnte er die Zerrissenheit seiner Lebens- und Künstlersituation ändern. Zudem hatte man ihm ein großes Atelier in der Hochschule zugesagt. Ideale Schaffensjahre sah er jetzt voraus.

1958 begann das erste Semester. Als Bildhauer genoß er hohes Ansehen, dennoch mußte er mit freundlicher Beharrlichkeit bei einigen Kollegen die „Zwiespältigkeit" seines Ansehens ausräumen. In Berlin und in der Kunsthalle Bremen hatte ich Ausstellungen seiner Plastiken gesehen. Es war sowieso die erklärte Absicht, in jedem Jahr einen bedeutenden deutschen Bildhauer dem Kunstkreispublikum vorzustellen. So lag es auf der Hand – nun, da wir ein eigenes Ausstellungshaus mit dem Gartenhof besaßen –, den Versuch zu wagen, Gustav Seitz nach Hameln zu locken.

Telefonisch lud er mich ein, ihn im Atelier in der Hochschule zu besuchen. Einfach so, ohne Umschweife. Meinen Brief mit der Anfrage, wann ich ihm einen Besuch machen dürfe, hatte er damit schnell beantwortet, schneller als ich erwartet hatte. Nun war ich verdutzt und etwas verunsichert, weil ich sofort kommen sollte, jetzt, im Februar 1959.

Da stand ich nun vor der ehrwürdigen Hochschule am Lerchenfeld, fragte mich nach dem Seitzschen Atelier durch. Viel zu früh war ich da, darum spazierte ich auf dem langen Gang auf und ab und wartete, daß es 11 Uhr würde. Dabei überlegte ich mir, wie ich diesem berühmten Bildhauer am besten begegnen sollte, ich, die ich eine eher nichtssagende Person aus der Provinz war.

Die hohe Doppeltür öffnete sich, Gustav Seitz trat heraus und guckte sich suchend um.

„Da sind Sie ja, hereinspaziert! Sie werden doch hier nicht ante portas stehen!"

Aha, dachte ich, nun hat er meine Verlegenheit bemerkt. Na, nicht zu ändern.

Gleich neben dem Eingang des riesigen hohen Raumes war eine Sitzecke installiert, in die er mich komplimentierte.

„Sie trinken doch einen Sherry mit mir? Morgens um diese Zeit sehr bekömmlich! Fällt Ihnen etwas Besonderes auf? Sie schauen ja so erstaunt", eröffnete Seitz das Gespräch.

„Ja, natürlich. Ich habe noch nie gesehen, daß ein Künstler nur Werke anderer Künstler an seinen Wänden hängen hat."

„Das halten Sie für etwas Besonderes?" fragte er verblüfft.

„Jawohl! Diese Zeichnungen von der Kollwitz, von Lehmbruck, Barlach und hier, die von Giacometti, erwartet man ja überhaupt nicht."

„Was haben Sie denn erwartet? Da bin ich aber mal neugierig."

„Bestimmt ausschließlich Ihre eigenen Bildhauerzeichnungen und natürlich jede Menge Plastiken."

Seitz lachte amüsiert, wurde dann ernst und gestand, daß ihm diese Zeichnungen seiner Kollegen unentbehrlich seien, ihr Geist begleite ihn. „Hier, zum Beispiel, ganz wichtig, die ,sitzende Kollwitz', die ich vor zwei Jahren gemacht habe. Kommen Sie, wir gehen hin zu ihr, dann kann ich Ihnen auch gleich die ,junge Käthe Kollwitz' zeigen."

Er wies mich auf die Unterschiede hin zwischen jung und alt und sitzend und auf die formalen Probleme. Ich fragte, ob die Kollwitz ihm tatsächlich persönlich gesessen habe und ob sie ihm als Typus oder als Kollegin so wichtig gewesen sei, daß sie mehrfach zum Modell geworden sei.

„Gute Frage! Ich glaube, es war ihr unverwechselbares Gesicht, auch meine Verehrung für sie und für ihre soziale Einstellung."

„Da hängt ja eine Maske von Bert Brecht. Oh, darf ich mal?" Seitz nahme sie vom Haken und legte sie mir in die Hände. Nun waren wir schon ganz vertraut miteinander geworden, es bedurfte überhaupt keiner Überlegung mehr, wie ich mich hier oder da äußern sollte. Ich durfte einfach reden, fragen und meinem Enthusiasmus Luft machen. „Gefällt Ihnen eigentlich die freche, zynische Balladenpoesie von François Villon oder mehr sein Vaganten- und Gaunertum, daß Sie ihn zweimal geschaffen haben?"

Solche ungenierten Fragen schien Seitz zu genießen, zumindest lachte er immer öfter, gab aber bereitwillig Auskunft, warum er Villon einmal als Gewandfigur und einmal als Kopf mit bübischer Physiognomie modelliert habe.

Schier unglaublich war die Fülle und Vielfalt der Bronzen. Seine Phantasie und deren künstlerische Umsetzung schienen unerschöpflich zu sein, von der antiken „Danae" bis zur anekdotischen „Rosa im Bett". Als er mir erlaubte, die „Glückliche Amme" in die Hand zu nehmen, mußten wir beide lachen; ich konnte mich gar nicht beruhigen über das absolut Runde in dieser durchweg gestalteten Sitzfigur.

Wir waren bei aller gründlichen Betrachtung so fröhlich geworden, als wären wir schon alte Bekannte. Daß ich mit einer bestimmten Absicht gekommen war, konnte Seitz sich natürlich denken.

„Ja, das machen wir! Eine Ausstellung in Hameln! Wo stellen wir denn die Plastiken hin? Haben Sie denn ein Lokal?"

Als ich ihm erzählte, daß wir kein Lokal, sondern ein großartiges Ausstellungshaus besitzen, das just vor zwei Jahren eingeweiht worden sei, staunte er. Als er gar hörte, daß Prof. Oesterlen es gebaut habe, rief er aus: „Der Oesterlen? Sie meinen den Oesterlen aus Hannover? Na, Ihr seid ja tolle Leute in Eurem Hameln. Da wird sich aber Luise, meine Frau, freuen; sie hat nämlich mit dem Oesterlen zusammen in Berlin bei Tessenow studiert, und später hat sie mit Hans Scharoun in Berlin gearbeitet. Das muß ich ihr sofort erzählen."

Temperamentvoll rief er seine Frau an und erzählte brühwarm von unseren Plänen.

„Wir kommen alle zur Eröffnung. So, der Keiser soll den Einführungsvortrag halten? Ist mir recht. Ich kenne ihn ganz gut. Er ist ein Freund von Herbert von Buttlar, der sich, als ich im letzten Jahr hier anfing, sehr um mich und um eine gute Atmosphäre bemüht hat. Und das war überhaupt nicht selbstverständlich."

Wir schieden wie gute Freunde voneinander.

Um die Ausstellung im Mai-Juni 1961 zu bewerkstelligen, mußte ich mehrfach nach Hamburg fahren, und Seitz kam nach Hameln, um sich das Studio anzusehen. Auf diese Weise gelang es, einen interessanten Querschnitt – von den frühen bis zu den jüngsten Plastiken – zusammenzustellen.

Nun einmal gute Freunde geworden, kam das Ehepaar Seitz öfter in unser Haus. Rolf schätzte Seitz als Mensch und als Bildhauer so hoch, daß er ihn als Fachjuror von der Stadt Hameln auffordern ließ. Es ging um die Ausschreibung für den geplanten Rattenfängerbrunnen. Leider war es kein begrenzter Wettbewerb. So mußte bei den 262 Entwürfen, die eingereicht worden waren, die Jury tagelang arbeiten.

Seitz wohnte bei uns; da erzählten er und Rolf (der als Laienjuror fungierte) abends beim Wein die wunderlichsten Dinge. Endlich hatten sich aber doch drei Preisträger herauskristallisieren lassen. Ausgeführt wurde später das Modell des Strümpfelbacher Bildhauers Karl Ulrich Nuß.

Verschiedentlich mußte ich in den sechziger und siebziger Jahren nach Hamburg fahren, da es sich als „gute Weide" erwiesen hatte, mit einer Reihe ganz ausgezeichneter Maler und Graphiker, die ich in ihren Ateliers aufsuchte. Ich mußte versprechen, immer in der Mörikestraße 6 als Hausgast einzukehren. Nichts lieber als das! Zumal das Ehepaar Seitz, Rolf und ich eine Wahlverwandtschaft eingegangen waren.

So wurden auch unvorhergesehene Wiedersehen gefeiert, wie zum Beispiel die Eröffnung einer Ausstellung, die Gustav im April 1964 in Hannover hatte. Danach verkrümelten sich die Veranstalter und das Publikum; Gustav und Luise standen etwas ratlos mit ihren Freunden Oesterlen herum, überlegten, was sie mit dem angebrochenen Tag anfangen könnten.

„Kinder, wißt ihr was? Wir rufen bei Flemes' in Hameln an und fragen, ob wir kommen können", schlug Gustav vor.

In unserem Sieben-Personen-Haushalt wurde zum Wochenende immer soviel gebacken und für sonntägliche Leckerbissen gesorgt, daß die Bewirtung der vier Freunde kein Problem wurde. In aufgeräumter Laune beschlossen wir, nur ja keine Gelegenheit in Zukunft vorübergehen zu lassen, uns wiederzusehen.

Mit Sorgen hörten wir aber, daß Luise sich seit einiger Zeit Gedanken über Gustavs zunehmende Herzbeschwerden machte. Die Ärzte hätten zur Schonung geraten, möglichst keine Plastiken zu arbeiten, mit denen körperliche Anstrengungen verbunden waren. Ganz niedergeschlagen kam Rolf Anfang 1969 von einem Besuch in der Mörikestraße nach Haus. Er habe Gustav im Liegestuhl im Garten angetroffen. Er habe auf die Boccia-Bahn gewiesen und nachdenklich geäußert, daß dieses Vergnügen wohl passé sei. Vielleicht könne er in Zukunft nur noch kleinere Plastiken schaffen. Luise sei sehr beunruhigt gewesen, sie fürchte, daß Gustav wohl für eine Weile ins Krankenhaus gehen müsse, dort könne man ihm doch anders bei seinen Anfällen von Atemnot helfen.

Zu Rolfs 60. Geburtstag kam ein Paketchen an, aus dem er eine kleine Bronzeplastik „Stehende mit Gewand" auspackte. Obenauf lag ein mit Bleistift geschriebener Brief vom 18.9.1969: „Lieber Flemes, im Falle, Ihre liebe herzallerliebste Frau nicht zu Hause ist, wollte ich Ihnen zum 60sten diese Bronzedame schenken. Ich liege noch und vielleicht noch länger. Aber die Ärzte haben mir schon gut geholfen. Ich bin zuversichtlich. Ich wünsche Ihnen mit Wagenfelds eine schöne Ferienzeit in Badenweiler. Beste, beste Grüße Ihr Gustav Seitz"

Dreiundsechzigjährig starb er am 26. Oktober 1969. Ein schwerer Verlust für die Bildhauerkunst und für den Freundeskreis eine nie geschlossene Lücke!

Arme Luise! Sie schrieb mir, daß sie nichts sehen wolle, keinen Baum, keinen Himmel, sie mache sogar die Gardinen zu, weil ihr die Schönheit im Garten wie eine Beleidigung vorkomme. Zum Trost schrieb ich ihr, ob sie nicht versuchen wolle, ihr Herz mit Dankbarkeit zu füllen. Ihr Gustl habe doch noch mit voller Freude und auch Genugtuung erlebt, daß seine Plastiken, vor allem „Der geschlagene Catcher", auf der Biennale in Venedig 1968 neben den Werken von Richard Oelze und Horst Janssen ausgestellt wurden. Zumal es einen Eklat von Mißgünstigen gegeben habe, die seine traditionsverpflichteten, gegenständlichen Plastiken als reaktionär bezeichnet hätten. An den Spruch, daß die Zeit alle Wunden heilen könne, würde ich zwar nicht glauben, könne mir aber vorstellen, daß die Arbeit für Ausstellungen, die nun posthum vorzubereiten wären, ihrem Leben einen wichtigen und schönen Inhalt geben würde, und sie bliebe mit Gustav auf das engste verbunden. Tatsächlich hatten sich Museen und Kunstvereine an Luise Seitz gewandt, weil sie große Gedächtnis-Ausstellungen veranstalten wollten.

Nun, da Luise allein war, entwickelte sich zwischen uns ein intensiver, ja inniger Briefwechsel. Sie liebte es, wenn sie mit der Bahn unterwegs war – möglichst immer im Speisewagen –, schnelle Kartengrüße zu schicken, dabei unterdrückte sie ihre Trauer nicht. Zu der Abbildung des Gemäldes „Pyramus und Thisbe" von H. B. Griehn schrieb sie: „... und nun grüßen Sie Ihren lb. Mann herzlich. Der meine liegt auf diesem Bild von Hans Baldung schlafend oder tot? Es war eine typische Schlafstellung von Gustl, beide Hände geöffnet – portraitähnlich und mir so ungemein lieb."

Ein andermal „... danke, danke für Ihren lieben langen Brief. Ohne auf alles eingehen zu können, soll diese schnelle Antwort kommen, gleich einer Umarmung. Große Freude, daß ich Sie in 4 Wochen sehen darf und daß Sie einige Tage bei mir wohnen werden. Hier werden Sie auf Spuren ungeheuren Fleißes stoßen. Frau Dr. Ursel Grohn marschiert mit Riesenschritten auf den Werkkatalog zu. Es arbeitet sich fabelhaft mit ihr."

Ich atmete auf, sie hatte Balance in ihr Leben bringen können. Zum Glück ging sie auf in dem Wust an Arbeit, der auch viele Kurzreisen zu Ausstellungsorten und Veranstaltern notwendig machte.

Damit sie einmal in Ruhe und Gelassenheit eine ihrer Lieblingsstädte und deren Kunstschätze genießen konnte, verabredeten wir uns 1976 zu einem Aufenthalt in Florenz. Für uns handelte es sich um die 19. große Studienreise, die wir mit Kunstkreismitgliedern unternahmen. Luise freute sich vor allem darauf, an den Exkursionen mit Prof. Dr. David Sante aus Florenz teilnehmen zu können, von dessen fabelhaften, geistvollen Führungen und Interpretationen ich Luise schon manchmal erzählt hatte. Sante lehrte deutsche Literatur und Sprache in Siena, die er als emigrierter Deutscher perfekt beherrschte. Wir hatten schon das Glück gehabt, mit ihm 1958 in

Florenz und in der Toscana zu reisen, gefolgt von Rom, der Lombardei und Venedig. Samt und sonders Höhepunkte in unserem Leben!

Amerikanische Verwandte von mir gesellten sich dazu, so daß wir nach der Tage Sehens- und Denkwürdigkeiten eine gesellige Runde bildeten, bei abendlichen köstlichen Mahlzeiten und angeregten Gesprächen. Kein Wunder, daß wir in dieser ausgefüllten, ungetrübten Zeit auf die Idee kamen, eine Gedächtnisausstellung für Gustav Seitz zu planen, ein Zeichen, wie wir ihn vermißten. Rolf als Präsident beschloß: „Jawohl, das schieben wir gar nicht auf die lange Bank. In diesem Jahr hat die Kunsthalle Bremen zum siebzigsten Geburtstag ihre Seitz-Ausstellung, da sollten wir uns den Sommer 1977 vornehmen."

Kernpunkte sollten die Gewandfiguren, die Großplastiken aus seinen letzten Jahren bilden. Als Kontrapunkt die Portraitbüsten von Bertolt Brecht, Ernst Bloch, Thomas Mann, Tadeusz Kantor, Oskar Kokoschka, Jan Bontjes van Beek und Käthe Kollwitz.

Der „Geschlagene Catcher" beherrschte in seiner Versehrtheit monumental den Gartenhof. Wie man Monumentalität in kleinster Form gestalten kann, bewies die 31 cm große Sitzfigur von Käthe Kollwitz, die als einzige, außer dem Catcher, auf einer hohen Stele die ganze Bandbreite der Seitzschen Absichten dokumentieren sollte. Das Schicksalhafte beider Skulpturen war eine erschütternde Aussage.

Durch die Fülle der Bildhauerzeichnungen, der Vorstudien zu den ausgeführten Arbeiten, den riesigen Formaten der „Danae" und der „Großen Lauschenden" entstand eine Spannung, die durch die vielen kleineren, insgesamt 61 Plastiken ergänzt wurde. Die Reliefs zur „Porta d'Amore" (die sich jetzt als Portal im Museum für Kunst und Gewerbe in Hamburg befindet) nahmen eine ganze Stirnwand des großen Saales ein.

Dr. Günter Busch, der Direktor der Bremer Kunsthalle, hielt den Einführungsvortrag. Er, der beste Kenner des Seitzschen Oeuvres, deutete zunächst die skulpturellen, konventionellen Entwicklungslinien, die mit Seitz, Grzimek, Marcks den Endpunkt erreicht hätten, Linien, die sich von Maillol, Lehmbruck, Barlach, Marini herleiteten. Als radikalen Einschnitt deutete er die letzten Lebensjahre im Seitzschen Werk, mit ihren stetig und behutsam entwickelten, von der Ruhe des abgerundeten Volumens erfüllten Figuren. Die späten Plastiken würden wie Ergebnisse eines Kraftaktes wirken, wie ein Aufbäumen der Vitalität, die der kranke Künstler gegen den physischen Kräfteverfall mobilisiert habe. Die angestaute Energie habe sich noch einmal in einer unvorstellbaren archaisch-wuchtigen Körperhaftigkeit entladen. In dieser Polarität habe das plastische Schaffen von Gustav Seitz zuletzt noch einen konträren Höhepunkt gewonnen.

Luise war – sehr zur Enttäuschung und Verwunderung vom Ehepaar Busch und uns – nicht zur Eröffnung geblieben, obwohl sie eine ganze Woche bei uns gewohnt und die Ausstellung mit aufgebaut hatte.

Sie wollte auf keinen Fall als „Künstlerwitwe" gefeiert werden. Sie hatte kein Geltungsbedürfnis; das große Werk ihres Mannes hatte allein im Rampenlicht zu stehen!

Liebe Frau Filemes,
haben Sie vielen Dank für Ihre Post.
Die Wogen haben sich geglättet. Der
Hüter steht vor der Polizei, aber man
weiß nicht was noch kommt. Sollte
noch mal was kommen, dann landet
die Plastik in der Kunsthalle.
Ich würde mich ja doch freuen wenn
Herr Oberbaudirektor Wiechert an mich
herantreten würde. Übrigens habe ich,
mit einigen neuen Arbeiten, in der
Kunsthalle Kiel ab 7. Januar eine
Ausstellung. Vielleicht kann er *richtig* die
Ausstellung in Braunschweig ansehen
die dort im April gezeigt wird. Das
wäre *wohl* ~~vielleicht~~ das Beste.

16.12.61

Meine Frau und ich denken auch noch
viel an Hameln. Es war zu schön!

Wir grüssen Sie, Ihren
Mann und die Kinder
Ein glückliches, gesundes
Neues Jahr wünscht Ihnen

Günter Seiz u. Frau

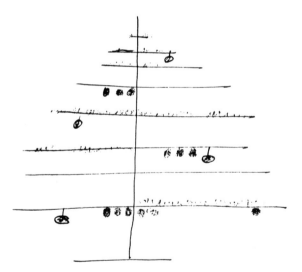

EINE INSEL IM MITTELMEER

Die ehemaligen Burgenfahrten hatten sich auf Wunsch vieler Mitglieder in mehrtägige Studienfahrten verwandelt. Das begann schon 1954 mit einer dreitägigen Busfahrt nach Amsterdam „Zu den niederländischen Meistern". Selber noch ungeübt, hatten wir eine Kustodin des Münsterländischen Kunstvereins gebeten, die Führung zu übernehmen, die zu unserer Enttäuschung sich als ganz unzulänglich erwiesen hatte. Nach der Heimkehr gestanden Rolf und ich uns das auch ein und beschlossen: „Nie wieder!" Rolf allerdings meinte nach einer Weile: „Es sei denn, wir machen es besser."

Natürlich fragte ich, ob er denn jemanden wisse, der das besser machen könne.

„Du kannst mal zeigen, was du damals in Hamburg gelernt hast." (Er meinte die Seminare und Vorlesungen, die der Verein der Freunde der Kunsthalle Hamburg e. V. im Hörsaal des Museums regelmäßig abhielt und an denen ich sechs Semester lang teilgenommen hatte, bis die Luftangriffe auf Hamburg das vereitelten.)

„Also hör mal, ich habe doch lediglich, was Reisen anbelangt, die Exkursionen zur ‚Backsteingotik in Norddeutschland' mitgemacht. Woher soll ich das denn können?"

Rolf betraute mich trotz meiner Einwände mit der Aufgabe und empfahl als nächstes, die Fahrt „Ins historische Flandern" vorzubereiten.

An dieser Reise hatten wir nichts auszusetzen. Durch den Erfolg mutig geworden, unternahmen wir nun in jedem Jahr Busfahrten: nach Paris, in die Provence, bis wir auf die Idee kamen, einen ganzen Zyklus von Italien-Studienreisen in Aussicht zu nehmen.

Ich muß gestehen, daß mir die Ausarbeitung und die Durchführung immer immense Freude gemacht hat, zumal ich von Mal zu Mal Erfahrungen sammeln konnte. Ein gewisser Ehrgeiz, daß alles reibungslos und perfekt zu funktionieren habe, war unbewußt bestimmt auch damit verbunden. Vor allen Dingen hatte ich gelernt, daß man für jede Reise eine Persönlichkeit gewinnen mußte, die speziell mit dem in Aussicht genommenen Land, der Kunst und Geschichte vertraut war. Auf diese Weise gerieten wir 1958 an Prof. Dr. David Sante, der uns in unnachahmlicher Brillanz in die Geschichte der florentinischen und toscanischen Kunst der Renaissance einführte.

Nun sollte die siebente, die Studienreise nach Rom 1959, angetreten werden. An Flugreisen dachte man damals überhaupt nicht, die langen Strecken wurden mit der Bahn zurückgelegt.

Auf Anraten von Prof. Sante, der uns in Rom erwarten wollte, hatte ich in Mailand bei der Bahnhofsgaststätte sogenannte „Cestini" bestellt, die dort in vortrefflicher Güte zubereitet würden. Nicht etwa ein Lunchbeutel mit trockenen belegten Broten. Weit gefehlt: heißes „Pollo arrosto" (gebratenes Hühnchen in Rosmarin), heiße „Cannelloni al forno" (fleischgefüllte Nudelröllchen im Ofen überbacken), Peccorino-Käse, eine Birne, und ein Fläschchen Wein sollte diese erwarteten Köstlichkeiten abrunden.

In Mailand angekommen, sprang ich gleich aus dem Zug, der 22 Minuten Aufenthalt haben sollte, eilte auf dem Bahnsteig entlang und suchte den Mann, der – so dachte ich mir – an den vielen Tüten zu erkennen sein müßte. Richtig, dahinten stand er mit seiner großen Karre, hochaufgetürmt die weißen Cestini-Tüten. Ich begrüßte ihn erfreut und wollte ihn zu unserem Waggon führen. Mit ohrenbetäubendem Krach quasselte eine Stimme aus dem Lautsprecher soviel Unverständliches, daß meine frohgemute Stimmung etwas sank. An sich kann ich mich auf italienisch ganz gut verständigen, drum war ich etwas verunsichert, was durchgegeben wurde. Unser Zug rollte langsam aus der Halle; aufgeregt fragte ich meinen Cestini-Signor, ob der Zug wohl nur rangieren müsse? Der verstand bei dem Lärm aber nichts, er war nur besorgt, daß er zu seinem Gelde kam. Er hatte auch kapiert, daß ihm das mit dem enteilenden Zug entschwinden würde. Dummerweise hatte ich keine Handtasche, kein Billett und schon gar kein Geld mitgenommen, ich hatte nur mich selbst! Ich versuchte, den Signor zu vertrösten, weil ich bei meiner Rangiervorstellung blieb. Er bellte immer weiter aufgebracht schlimme Verwünschungen wie „Maledetti tedesci! Moneta, moneta!" Nach verzweifelten 10 Minuten erblickte ich weit hinten auf den leeren Gleisen als winzige Liliput-Figur meinen lieben Rolf, der seine Arme über dem Kopf zusammenschlug und damit signalisierte, daß er und unser Zug noch vorhanden seien. Tatsächlich wurde er an einen auf dem gegenüberliegenden Bahnsteig stehenden Zug angekoppelt.

Erleichtert fiel ich Rolf in die Arme und zerrte überglücklich den Signor „Cestini" zu unserem Abteil. Die Lunchbeutel flogen durch der Hände lange Kette in die Abteilfenster, und das „moneta" konnte ich endlich dem braven Mann mit einem gehörigen Trinkgeld übergeben. Etwas entnervt war ich; wurde in die Polster gedrückt und mit einem tüchtigen Schluck Wein gelabt. Dann begann ein bacchantisches Schmausen, die Hühnerbeine flogen aus den geöffneten Fenstern, und mit dem Wein stellte sich bei allen Teilnehmern übermütige Lebensfreude ein.

Einige Monate vor Antritt der Reise hatte ich mit der Bildhauerin Ursula Querner korrespondiert. Sie hatte das Glück, als Stipendiatin der „Villa Massimo" in Rom auserkoren zu sein, das heißt, ein Jahr lang in Rom leben und arbeiten zu können. Im Verlauf einer Ausstellung „Norddeutsche Künstlerinnen" waren von Ursula Querner drei Plastiken verkauft worden. Das teilte ich ihr nach Rom mit. Sie antwortete begeistert, daß sie nun mit dem überwiesenen Gelde imstande sei, Plastiken gießen zu lassen. Sie habe nämlich in Rom einen fabelhaften Bronzegießer entdeckt, der sich sogar auf das Wachsausschmelzverfahren verstehe und der auch halbwegs bezahlbar sei. Unbedingt müßten wir sie in der Villa Massimo im Oktober besuchen. Wir würden schon sehen, wie schön sie es dort habe. Die Stadt, die Menschen und überhaupt alles habe sie so inspiriert, daß sie nur noch „mediterran" arbeiten könne.

Da wir der „ewigen Stadt" 18 Tage widmen wollten, gab es wichtige freie Nachmittage. An einem solchen machten wir uns auf den Weg in die Via Nomentana, in der die prachtvolle Villa Massimo liegt. Auf unser Klingeln huschte ein altes Weiblein herbei, öffnete das große barocke, schmiedeeiserne Portal und ließ uns unter fortwährendem Gerede, bei dem wir wegen der Zahnlosigkeit nicht viel mehr als „La grande artista

Urs-sula Querner" verstanden, und führte uns an einer Reihe von Atelierwohnungen vorbei, bis sie an die letzte Tür klopfte. Ursula trat heraus, schloß uns – die Menschen aus der deutschen Heimat – in ihre Arme und zog uns ins Atelier. Ein hoher, großer Saal mit Nordfenster, in dem etliche Arbeitstische, Tiegel mit Wachs, Drehscheibenböcke standen. „Ecco!" sagte sie mit unverhohlenem Stolz. Ungläubig bestaunten wir, was sie in diesen wenigen Monaten bereits alles fertig oder in Arbeit hatte.

„Da können Sie gleich sehen, was ich mit ‚mediterran' gemeint habe."

Auf einer Syrinx blasend saß ein großer Pan auf einem antiken Kapitell, das sie in der Via Appia gefunden und mitgenommen hatte. Viel antike Bezüge, wie „Orpheus und Eurydike", gab es zu besichtigen. Daneben die in Bronze gegossenen Erlebnisse, die sie mit der Bevölkerung gehabt hatte. „Il piove" (es regnet), zum Beispiel: eine Bäuerin, seitlich auf einem Esel sitzend, hält einen Regenschirm über sich. „Eilige Nonnen", die mit großen Flügelhauben angetan zu huschen scheinen. Oder „Massimo", von dem Ursula eine Geschichte erzählte. Gern gehe sie frühmorgens auf diese herrlichen, von Obst, Gemüse und Blumen strotzenden Märkte und beobachte dort skizzierend das Leben. Auf dem Campo del fiori sei ihr mehrfach eine dicke Signora aufgefallen, die mit gellender Stimme „Pesce, pesce fresco" gerufen habe. Stets habe sie auf ihrem geräumigen Schoß einen großen Fisch demonstrativ den Kauflustigen hingehalten. Von Zeit zu Zeit habe sie den Ruf „Massimo" ausgestoßen. Auf Ursulas Frage habe sie geantwortet, damit sei ihr fauler Sohn gemeint, der endlich aus dem Bett steigen und ihr helfen solle.

Überglücklich zeigte Ursula uns ihre Wohnung, schritt die paar Stufen in den verwilderten Park hinab, wo sie einen Tisch und Stühle zurecht gerückt hatte, damit wir bei Schinken und Käse und einem guten Frascati-Wein den Nachmittag ausklingen lassen konnten. Im Gespräch über ihre nächsten Pläne sprachen wir auch über eine Ausstellung im Kunstkreis.

Falls wir mit den Ergebnissen ihres Villa-Massimo-Jahres zufrieden wären, würde sie natürlich liebend gern damit nach Hameln kommen. Dann wollte sie von unserem Besichtigungsprogramm hören und fragte uns nach unseren Eindrükken. Natürlich kannte sie Rom schon viel besser, als wir es in diesen ersten Tagen erkunden konnten. Aber in den frühchristlichen Kirchen „Santa Prassede" und „Santa Pudenziana" sei sie noch nicht gewesen, ob sie sich einmal anschließen dürfe. Auf diese Weise könne sie auch den vielgerühmten Professore kennenlernen. Vielleicht könnten wir hinterher zusammen essen, sie wisse etliche typische Lokale, in denen vor allen Dingen Italiener einkehren würden.

Im Ristorante „Da Gigetto al Portico di Ottavia" am Forum Argentino nahmen wir auf dem Bürgersteig Platz. Der Padrone kam und bot uns seine Delikatessen an, indem er die Naturalien mit großem Stolz vorführte. Artischocken, die er in heißem Öl ausbacken, Pilze, die er knoblauchgewürzt im Pfännchen zubereiten wollte. Als seine Spezialität schlug er „abbacchio arrosto" vor. Von nie gegessener Köstlichkeit, Zartheit und Würze war diese Lamm-Keule.

Nach unserer Reise wechselten wir mit Ursula viele Briefe, die ihren waren meistens mit Zeichnungen versehen. Dann kam Post aus Hamburg – das Villa-Massimo-Jahr war Mitte 1960 zu Ende gegangen. Ursula schrieb, daß ihr römischer Schaffensrausch unvermindert anhalte, die Freude auf die Ausstellung beflügele sie enorm.

Im Sommer 1961 war es soweit. Sie besuchte uns in Hameln, um alles zu besprechen. Kaum dem Zug entstiegen, verkündete sie bereits auf dem Bahnsteig, daß sie eine Insel gekauft habe. Ich glaubte, mich verhört zu haben und ging nicht weiter darauf ein. Beim Frühstück fragte sie verwundert, warum ich mich überhaupt nicht gefreut habe, daß sie jetzt eine Insel besitze. Ihr Mann, der Maler Claus Wallner, hatte nicht in der Villa Massimo wohnen dürfen. Da er aber in der Nähe seiner Frau bleiben wollte, trieb er sich derweil am Meer herum, malte, genoß Italien, während Ursulas Schwester die kleinen Töchter in Hamburg hütete.

Beide Künstler waren dieser „terra italiana" derartig verfallen, daß sie darauf sannen, sich in einem Dorf am Meer eine Atelierbleibe zu suchen. Dabei gerieten sie auf die Insel Ponza im Golf von Neapel. Es gefiel ihnen so gut dort, daß sie beschlossen, nach beendetem Stipendium zwei Wochen auf der

Insel zu bleiben. Es ergab sich von selbst, daß man mit der Inselbevölkerung ins Gespräch kam, zumal beide fließend italienisch sprachen. Sie fragten nach einer kleinen abgespaltenen Insel, auf der ein Leuchtturm stand, und vernahmen, daß sie einer Erbengemeinschaft in Amerika gehöre.

Der Bruder ihres Wirtes, der Maurer Antonio, ruderte sie in einem Schlauchboot hinüber. Zusammen stiegen sie die in Felsen geschlagenen Stufen hinauf und befanden sich auf einem kleinen Plateau, das einen Panorama-Blick über die im Halbrund hingelagerte Insel Ponza bot. Hier war der Ort, an dem sie sich ansiedeln wollten, beschlossen sie. Antonio versprach, mit den Amerikanern wegen des Verkaufes zu telefonieren, der auch bewilligt wurde. Der Preis betrug 5000.– DM; mit Handschlag wurde der Kauf besiegelt, und die Insel ging in Ursulas Besitz über. Antonio hatte versprochen, bald nach Hamburg zu kommen, um die Pläne für das Atelierhaus vorzulegen und alles Weitere zu besprechen.

Das war der Stand der Dinge, als Ursula uns besuchte.

„Per Handschlag, sagen Sie?" fragte ich ungläubig.

„Ja, ich vertraue Antonio. Kommen Sie bloß nicht auf die Idee, nicht daran zu glauben! Unsere Hamburger Freunde meinen alle, wir hätten uns besser für das Geld einen Volkswagen kaufen sollen als eine Insel im Mittelmeer!"

Aber es passierten noch Wunder: bald danach rief Ursula an und verkündete, daß Antonio tatsächlich gekommen sei. Er habe in der letzten Woche vom Altonaer Bahnhof aus angerufen. Er habe die Pläne mitgebracht. Nun würden sie sich doppelt auf ihr neues Domizil freuen, da Antonio gleich nach seiner Rückkehr mit dem Bau beginnen wolle. Um es vorweg zu sagen: die Familie Querner-Wallner verlebte mit den kleinen Töchtern glückliche Arbeitszeiten auf ihrer Insel, immer vom Frühjahr bis Herbst; den Winter verbrachten sie in ihrem Haus in Klein-Flottbek.

Als Ursulas Ausstellung am 1. April 1962 im Kunstkreis eröffnet wurde, kannte das Entzücken des Publikums keine Grenzen. Im Gartenhof erhob sich am schilfbestandenen Brunnenbecken überlebensgroß der Pan, im Saal stand der riesige Luftballonmann, den Ursula immer in Rom auf dem Pincio getroffen hatte. Römische Torsi, Massimo, die eiligen Nonnen, il piove, Portraits italienischer Kinder, Taucher und Schwimmer bevölkerten das Studio. Die Regierungspräsidentin Theanolte Bähnisch erwarb gleich drei Plastiken, und der große Pan wurde von einer Hamburger Wohnungsbaugesellschaft gekauft.

Eine Fülle von Handzeichnungen und Lithographien gab außerdem die Möglichkeit, für wenig Geld ein rares Blatt, da es keine Auflagen gab, von dieser ungewöhnlichen Künstlerin zu erwerben.

Rolf hatte ohne mein Wissen eine kleine Plastik, einen liegenden Pan, in Auftrag bei Ursula gegeben, den ich entzückt und überrascht aus dem Päckchen nahm, das nach Abschluß der Ausstellung eintraf.

Ein dickes Bündel von illustrierten Briefen, von Zustandsschilderungen sammelte sich an. Gegenseitige Besuche vertieften unsere Freundschaft, und so oft ich in Hamburg zu tun hatte, machte ich einen Atelierbesuch, um die neuen Arbeiten kennenzulernen.

Hamburg, 9.5.4
62

Carissimi amici! Die Post
überschüttete uns mit ~~noch~~ die
Herr Hammelus sagen – Dank
für alles – Der schönen Brief,
die Nyuszka, die uns schon
beim ersten Hineinschmiegen so
sehr gefiel, daß sie mit ins
auserwählte Ponza-Säcklein
soll. und das Photo von der
Porträtausstellung, das ja ein
wahres Dokument ist! Die Tage bei und mit Ihnen waren
so voller Freude und Menschlichkeit, daß sie uns fast
wie im geliebten Süden fühlten! Merkwürdiges mußten haben
auch alle, die von außerhalb kamen, diese herzliche Atmosphäre

85

sehr deutlich zu spüren. – Die Blumen leben noch und erfreuen
mich in meiner Stockdichten Zeit,
denn mein armer marito
mußte plötzlich zu einem
„Spieß-Gastor" nach Braunschweig. Die Bambini habe ich
gestern aus Kiel geholt, sie sind
munter wie die Vögel und ... sehen
... die ... Plastik.

Ich habe nun am 14. 4. ... nach
„11 Uhr ein appuntamento mit
der ehrwürdigen Harburger Wohnbau-
gesellschaft, den Panos besichtigen,
im Kunstkreis. Mögen die Pan
den Patron besiegen, daß die
Sonne scheint, dann ist viel
gewonnt. Ich werde mich auf jeden Fall vom Kunstkreis aus
telefonisch bei Ihnen „sehen lassen".

vielleicht dauert die Sache ja nicht
zu lang und ich kann noch einen
Sprung zu Ihnen.

Ich schicke, falls Sie sie noch
nicht haben, die „Zeit" mit, bzgs.
den Kunstkalender. Wir haben
uns gefreut, wie gut das Foto gekommen ist, auch über die Kritik
selbst, die eine ganz schöne, in-
direkte Antwort auf das Fischdicke
Lokalkolorit ist, das uns im übri-

gen im Detail „Italien ist scheut,
der Norden arbeitet" „der Spanier
vor dem Erfolg, „Thüringen die Wachs-
schmelz-Methode" ... Köstlich er heitert
hat - mehr als das Abendblatt
mit seinem Linschen - Müller titel!
Nun, es ist so schön, daß ich bei
Ihnen alles in so liebevoller Betrachtung weiß und ich sicher bin,
daß nicht nur die vordergründige
echte Schicht gesehen und beurteilt
wird! Adesso - Cari saluti e
mille grazie Ihnen, Ihrem Mann und
den besonderen figlie Ihr Paul witter
87

LAUDATIO AUF EINEN GÖTTERBOTEN

Vom „Mediterranen" so angesteckt, planten wir eine Studienreise „Das klassische Griechenland und seine Inselwelt", die
als Osterkreuzfahrt vom 24. März bis 9. April 1961 dauern
sollte. Privat hatten Rolf und ich bereits 1957 mit Rolfs Onkel
Arthur Kutscher, dem berühmten Münchner Theaterwissen-
schaftler und legendären Gründer der ‚Studienfahrten deutscher Akademiker' an solch einer griechischen Kreuzfahrt
teilgenommen. Kutscher war damals an Bord, hielt glänzende
Vorträge und führte uns in den antiken Theatern.

Als Charly Brotze, der Assistent von Kutscher, erfuhr, daß
wir für unseren Kunstkreis auch Studienreisen durchführten,
bot er uns an, falls wir eine Teilnehmergruppe von mindestens
25 Personen zusammenkriegen sollten, günstige Konditionen
einzuräumen. Im Klartext hieß das, freie Bahnfahrten und
zwei Übernachtungen in München.

So wurde die Reise ausgeschrieben, und 28 Mitglieder
wollten daran teilnehmen. Kutscher war zu unserem Leid-
wesen nicht mehr mit von der Partie, er war 82jährig 1959 gestorben. Dafür stand Prof. Dr. Dölger am Bahnhof in München, um uns zu begrüßen. Er staunte bewundernd, daß wir
allein in Hameln solch eine große Gruppe bilden konnten und
sprach vom „Mitchartern" der M.S. ‚Jugoslavia'. Das verschaffte uns obendrein noch einen wichtigen Vorteil. Wir
konnten lange vor Antritt der Reise unter den sechs Archäolo-
gen und Kunsthistorikern, die als Reiseführer vorgesehen waren, eine Persönlichkeit aussuchen. Wir hatten uns für Prof.
Dr. Heinz Kähler, Ordinarius für Archäologie an der Universität Köln, entschieden. Er galt als einer der bedeutendsten Ar-
chäologen in Fachkreisen. Daß er sich außer seiner Kompetenz
noch zu einer Art „Götterboten" für uns entpuppte, konnten
wir allerdings nicht ahnen. Auf alle Fälle stand ihm unser
Spitzname „Hermes" sehr gut.

Wir hatte Gelegenheit, ausführlich mit ihm zu korrespon-
dieren, so daß ihm Näheres über die Absichten des Kunstkreises bekannt war. Er seinerseits begrüßte es, eine homogene
Gruppe übernehmen zu können, was wir ihm durchaus nach-

fühlen konnten. Die einschlägigen Erfahrungen hatten wir während der 1. Kreuzfahrt gemacht. Wenn aus verschiedenen Orten verschieden interessierte Menschen zu einer Gruppe zusammengeschlossen werden, ist Einmütigkeit und Disziplin gemeinhin erst am Schluß der Reise eingetreten.

Unser oberstes Gebot hieß: Pünktlichkeit! Rolf ging sogar so weit, daß er zu sagen pflegte: „Pünktlich sein, das ist schon fünf Minuten zu spät gekommen!"

Unser Schiff lag in Venedig am Kai, um 22 Uhr sollte es ablegen. Wir warteten solange, um das Auslaufen des Schiffes zu beobachten; anschließend gingen wir noch in die Bar, um bei einem Campari auf eine glückliche Reise anzustoßen. Ich machte Rolf auf eine Flasche aufmerksam, die im Flaschenregal stand und das Etikett „Wehlener Sonnenuhr" trug.

„Das kann doch gar nicht sein, du hast dich bestimmt verguckt, was tut ein Mosel hier auf einem jugoslawischen Schiff?"

Er ließ sich vom Barkeeper die Flasche reichen und war baß erstaunt: „Tatsächlich, du hast recht! Wehlener Sonnenuhr, Spätlese, Jahrgang 1949. Das muß ja ein Tröpfchen sein!"

Er fragte den Keeper, wie diese Flasche denn in seine Bar gekommen sei. Der erzählte, daß ein Passagier auf der letzten Reise eine Kiste mit diesem Wein habe an Bord bringen lassen; er sei aber erkrankt und habe gleich zu Anfang das Schiff verlassen müssen, und den Wein habe er ihm dagelassen.

„Was kostet denn diese Flasche?" fragte Rolf.

„Ich weiß nicht so recht, ich kenne mich besser mit anderen Getränken aus, aber fünf Mark müßte ich wohl dafür haben."

Rolf gab mir einen gelinden Rippenstoß und fragte weiter: „Und wieviel Flaschen haben Sie noch davon?"

„Es sind noch 19 in der Kiste."

„Ich nehme alle! Reservieren Sie mir die Kiste." Er bekam ein gutes Trinkgeld, und Rolf bat ihn, nach vorheriger Absprache den Wein behutsam kühlen zu wollen.

Die Kreuzfahrt begann mit einem adriatischen Meerestag, also ohne Besichtigungen. Durch das Bordmikrophon wurden alle 180 Teilnehmer in einen Speisesaal gebeten, da die Reiseleiter vorgestellt werden sollten. Nach dem Begrüßungscocktail des Kapitäns hatten wir uns am Nachmittag mit Kähler verabredet. Ein großer, schlanker Herr erschien. Etwas herablassend rief er seine zukünftigen Kunstbeflissenen auf und musterte sie eingehend. Ein wenig arrogant, fanden wir. Von seiner Redekunst wurden wir dann allerdings überzeugt. Sein Vortrag am Abend „Die Heiligtümer der Griechen" mit hervorragenden Dias und erläuternden Plänen war so glänzend aufgebaut, daß wir alle sicher waren: „Wir haben den richtigen Mann erwischt."

Danach verkündete Rolf, er habe Geburtstag (was gar nicht stimmte), deshalb wolle er alle Kunstkreisler und den Professor zum Wein einladen. Sprach's und ließ die Wehlener Sonnenuhr kredenzen.

Korfu wurde als erste Insel angelaufen. Noch ohne Kähler, ein örtlicher Führer geleitete uns zum Pulvermagazin. Man sollte es nicht für möglich halten, daß man wegen des Museumumbaues die Giebelfiguren des Artemistempels auf dem staubigen Fußboden ausgebreitet hatte. Unheimlich grinste im Halbdunkel die riesige, zähnebleckende Fratze der schlangengegürteten Gorgo.

Ithaka, die Heimat des Odysseus, erwies sich als langgestreckte Insel, auf der wir viel Zeit hatten, allein herumzuspazieren.

Dann kam man zur Sache. Mit fährenartigen Schaluppen wurden wir nach Katakolon ausgebootet, und nach einer Stunde Busfahrt waren wir in Olympia.

Kähler hatte uns beim Kennenlernen schon um Einverständnis gebeten, immer eine Stunde früher als die übrigen Teilnehmer starten zu können. Das hätte den Vorteil, daß wir überall allein, gewissermaßen alles unberührt sehen könnten und auch, damit er ungestört seine Ausführungen machen könnte. Das Museum, in seiner Architektur einem griechischen Tempel angeglichen, barg die Funde aus den Giebelfeldern des Zeustempels; es waren so überraschend viele aufgestellt, daß man sich mit Kählers Hilfe gut eine Vorstellung der intakten Giebelfelder machen konnte. Er interpretierte zunächst mit verhaltener, fast ehrfürchtiger Stimme. Winzige Details, wie die zarte Neigung des Kopfes einer Lapithin oder die brutale Hand eines Kentauren deutete er mit nachformenden Händen. Zu ansteckender Begeisterung steigerte er sich vor den zwölf Metopen, auf denen in archaischer Formensprache die zwölf Taten des Herakles dargestellt waren. Er bezweifelte sodann, daß die große Marmorplastik des Götterboten Hermes mit dem Dionysosknaben im Arm ein griechisches Original sei, das man sogar dem Praxiteles zugeschrieben habe. Kein griechischer Bildhauer habe es je nötig gehabt, einen Verbindungssteg zwischen der Lende des Hermes und einer seitlichen Stele anzubringen. Er nahm an, daß es sich um eine römische Kopie handeln müsse.

Im Eingang zur Altis stand die Stele, in der das Herz des Pierre Coubertin beigesetzt ist. Daneben die riesige Bronzeschale, aus der das olympische Feuer entzündet wird. Kähler fragte, ob wir auch beim Eintritt in diesen heiligen Hain solch ein seltsames beklommenes Gefühl hätten, das ihn hier jedes Mal beschleiche. In der Antike habe man keine Rekordsucht gekannt, die berühmten antiken Spiele seien zum Lobe und zum Wohlgefallen der Götter ausgetragen worden. Ein Kranz aus Ölbaumzweigen sei die Belohnung gewesen, die Einladung zum Festessen im Prytaneion habe als höchste Ehre gegolten. Erst bei mehrfachem Sieg habe man für die Götter ein Weihgeschenk aufstellen dürfen, da man offensichtlich mit ihrer Gunst gesegnet war. Vor dem Heratempel ging uns auf, warum Kähler allein und zuerst in diesem heiligen Bezirk sein wollte. Er entfaltete einen großen Plan von der gesamten Altis und demonstrierte die Lage der ehemaligen olympischen Anlage. Mit Hilfe eines anderen Grundrisses vom Heratempel wies er auf die gewaltigen Trümmer hin, die so ausgedehnt waren, daß wir allein ziemlich hilflos gewesen wären. In weitausholenden Gebärden, den Plan in der linken Hand, erklärte er eindringlich die Bauordnung eines griechischen Tempels. Durch Abschreiten der Anten, der Säulenreihen, der Cella, entstand vor unserem geistigen Auge ein heiler Tempel, obwohl lediglich zwei Säulen aufrecht standen.

Auf die Sinnfälligkeit einer Quellenanlage des Nymphäons am Eingang des Stadions deutete er hin; sie müsse ein wahres Labsal für Spieler und Gäste gewesen sein, da die Spiele stets im Sommer bei großer Hitze stattgefunden hätten. Im Stadion wühlten riesige Bagger; es sollte zur Eröffnung der Olympischen Spiele im Herbst wiederhergestellt sein. Kähler vermutete nichts Gutes!

In einer langen Steinschwelle lief eine Wasserrinne entlang, aus der man auf dem Weg zum Stadion Trinkwasser schöpfen konnte, jetzt und in antiken Zeiten eine Erfrischung. Der Weg zurück, an der Echohalle entlang, war gesäumt mit zahlreichen Sockeln für die Weihgeschenke, die jedoch verschwunden oder in Museen anzutreffen waren.

Trotz seiner gewaltigen Zerstörung erschütterte uns der ehemals riesige Zeustempel. Bei einem Erdbeben waren die Säulentrommeln von den wuchtigen Fundamenten in die Tiefe gestürzt, und so lagen sie noch da. Kähler zitierte Erhart Kästner: „Da stehen die Säulenstümpfe wie niedergebrannte Kerzen eines Gottesdienstes, der vorbei ist."

Außer der morgendlichen Ungestörtheit hatte Kähler auch dafür gesorgt, daß unser Bus als letzter abends zum Hafen zurückfuhr, damit wir eine Stunde länger Zeit hatten, die Bauten außerhalb der Altis zu besuchen. Auch, um den Naturfreunden Gelegenheit zu gönnen, die baumreiche Landschaft des Alpheiostales in Frühlingswildblumenpracht zu genießen.

Um die Einfahrt in den Hafen von Korinth zu erleben, standen Rolf und ich frühmorgens an der Reling. Kähler trat zu uns und erklärte uns die schneebedeckten Berge der Peloponnes. Seit dreißig Jahren fahre er nach Griechenland, er habe schon als Student ein zweijähriges Stipendium für Griechenland gehabt und sei damals zu Fuß durch ausgetrocknete Flußtäler gewandert, habe bei Tag und Nacht das Land durchmessen. Dieser Blick hier mit der Gesamtheit von Wasser, Gebirge und Tempel sei mit das Schönste für ihn.

In archaischer Wuchtigkeit standen die sieben Säulen des Apollotempels, von der Morgensonne rötlichgelb angestrahlt. Die Sonne allein könne die Farbe allerdings nicht erzeugen, meinte Kähler, ursprünglich habe man diese riesigen Monolithe mit dunkelrotem Putz überzogen; sogar in den Resten schimmere noch dieses Farbphänomen. Wie unvergleichlich stark der Eindruck dieses frühdorischen Tempels gewesen sein müsse, könne man sich vorstellen, weil er über dem Getriebe des antiken Marktes sich erhoben habe. Kähler voran, kletterten wir über Fels- und Marmorblöcke.

Im Quellhaus der Peirene rauschte in den Brunnenschächten das Wasser, wie in alten Zeiten. Vor der Bema, der Redner- und Richtertribüne, habe sich der Apostel Paulus verantworten müssen. Hier habe er bei dem Teppichweber Aquila und seinem Weibe Priszilla lange gewohnt, bevor er nach Ephesos weitergezogen sei. Angeblich soll es hier hunderte von Tempeldirnen gegeben haben, die sich bei ihren Stadtgängen „Folge mir" unter die Fußsohlen gemalt hatten. Kein Wunder, daß Paulus bei soviel Schamlosigkeit als Sittenprediger hier aufgetreten sei.

Die Argolis, eine steinige Landschaft mit felsigen Berghängen war zu durchfahren. Bergrücken und -kuppen schoben sich so voreinander, daß man erst kurz vor der Ankunft Mykene liegen sah. Wieder strebte Kähler nach oben, dabei die gigantischen Mauern und Steinquader berührend; oben auf der Höhe des Burgberges angekommen, schilderte er den Palast, seine Weitläufigkeit, die Uneinnehmbarkeit und zitierte Aischylos und die tragische Geschichte der Orestie. Sprach von Heinrich Schliemann, der hier in den Schachtgräbern seine sensationellen Funde gemacht habe, eilte dann voran zum Schatzhaus des Atreus. Vom Sonnenlicht geblendet, mußten unsere Augen sich erst an das Halbdunkel gewöhnen. Nicht zu sehen, nur zu hören galt es. Ein leises, stetiges Summen ertönte, das sich durch die Akustik in dem hohen Kuppelraum zu einem orgelartigen Ton verstärkte. Bienen? Ja, Bienen! Auf Goldplättchen waren sie zu hunderten eingeprägt, so hatte Schliemann sie hier gefunden. Es blieb ein Rätsel, warum sie heute noch aus der blühenden, duftenden Bergwelt durch das Tor ein- und ausflogen.

In der „mauerumgürteten Turmstadt Tyrins" – wie Homer sie nannte – angesichts der zyklopischen Mauerwerke war Kähler fast persönlich beleidigt, als ein Neunmalkluger von Flaschenzug-Technik redete.

Zum Asklepieion in Epidauros führte eine lange Eukalyptusallee. Ein Mysterium, wie man hier Heilung gesucht hatte, da sie im Traum vor sich ging? Aber die Kraft des Mythos war verlorengegangen! Das Heiligtum mit dem Schlangenbrunnen, den Schlafterrassen, muß von unzähligen Menschen aufgesucht worden sein. Wie könnte man sich sonst in einer einsamen und ernsten Landschaft ein solches Theater, das als das schönste erhaltene gilt, erklären? Wir stiegen sofort die vielen Sitzreihen hinauf; Kähler stand derweil unten in der Orchestra und schilderte die Baugeschichte des Theaters. Er sprach griechische Verse, um die unerhörte Akustik zu vermitteln. Bis zu unserer hohen Sitzreihe hörten wir klar unseren „Hermes", als er aus Goethes „Iphigenie auf Tauris" zitierte: „Das Land der Griechen mit der Seele suchend ..."

Der erste Eindruck von Kreta war, vom Schiff aus betrachtet, gar nicht kretisch, vielmehr ganz venezianisch befestigt. Kähler hatte einmal wieder dafür gesorgt, daß wir zunächst allein in Knossos sein konnten. Er hielt hier zuerst einen Vortrag über die minoische Kultur, die nur durch eine Erdbebenkatastrophe eine Zäsur erfuhr. Er hielt nichts von der Geheimniskrämerei um den Minotaurus, das Labyrinth und den mystischen Stierkult. Er versuchte, die Architektur und die antiken Sagen in den Bereich des Glaubhaften zu rücken. Er dozierte lange über die raffinierte Klimaanlage des siebenstöckigen Palastes, der verschachtelten Treppenhäuser, die er für das Labyrinth hielt. Während einer abenteuerlichen Führung durch die Treppenschächte, über Terrassen, vorbei an Fresken, zu den Speicheranlagen, turnte er in die Vorratskammern zu den mannshohen Pithoi hinunter, sprach von der berühmtberüchtigten Schrift „Linear B" und ließ uns kleine, lattenverschlagene Kammern aufschließen, um unzählige Tontäfelchen vorzuführen, die als Belege der Einnahmen von Getreide, Öl und Wein gedient hatten.

Im Museum in Heraklion erschloß er uns den unvorstellbaren Luxus des knossischen Hofes: hunderte von Sigeln, so unendlich fein in Gold gegossen oder in Edelsteine geschnitten, Schmuck, goldene Becher und bemalte Vasen.

Auf der Fahrt vom Norden zum Süden der Insel, nach Phaistos, ließ unser „Hermes" den Bus halten, in Gortyn wollte er uns eine Besonderheit zeigen. An der Außenwand einer kleinen byzantinischen Kirche waren antike Steinplatten eingelassen, die mit einer griechischen Inschrift versehen waren; sie war so angeordnet, wie der Pflug geht: hin und zurück; es war ein Bustrophedon, die sogenannte Rinderschrift.

Während des Picknicks in einem Olivenhain kamen Kinder und boten selbstgefertigte Panflöten an. Keiner von uns konnte ihnen angenehme Töne entlocken. Nur Kähler zauberte aus diesen hübschen Dingerchen schöne, melodische Klänge. Der Wind hatte sein Haar so um den Kopf geweht, daß er wie ein Faun oder wie ein Pan aussah, zumal er zwei Flöten zu gleicher Zeit spielte.

Vom Kapitän hatte er erfahren, daß wir auf der Fahrt nach Rhodos morgens gegen 4 Uhr an Lindos vorbeifahren würden. Dieses und den Sonnenaufgang sollten wir uns nicht entgehen lassen. Er stand schon an der Reling und schaute schweigend gebannt auf das Himmelsschauspiel, das Eos, die Göttin der Morgenröte, zauberte. Die meisten Passagiere kamen erst an Deck, als wir längst am Kai lagen und die Stadtmauern von Rhodos sehen konnten. Wir zogen unserem Götterboten nach durch die Festungsmauerwerke der Malteserstadt. Auf der Fahrt nach Lindos ließ er wieder halten, um anhand eines Apollotempels, eines reizenden Theaterchens und eines tiefergelegenen Stadions die griechische Einheit von Tempel – Theater – Stadion zu erläutern; die höchste Vollendung dieser Ordnung verhieß er uns in Delphi.

Lindos wies eine besonders einheitliche Insel-Architektur auf. Die weißgekalkten Häuser hatten alle Flachdächer mit leichtem Gefälle, so konnte das kostbare Regenwasser dort aufgefangen und in Zisternen geleitet werden. Per pedes oder per asino zog man durch die Gassen steil hinauf zur Akropolis. Ein riesiges Treppenwerk führte zu den Propyläen, immer weiter über breite Treppen, über Terrassen. Endlich, hoch oben angekommen, hatte man das Tempelchen der Athena Lindia erreicht, das auf einem schroff zum Meer abfallenden Felsen steht. Frühmorgens hatten wir es winzig klein über uns gesehen. Delos, die berühmteste, die kleinste Insel der Kykladen, war unser nächstes Ziel. „Delos zu sehen, war jetzt mein Begehr, weil sein Name berühmt war. Träge nur bahnte das Schiff, wie es mir schien, sich den Weg ..."

Die Verse des Ovid kamen mir in den Sinn, während unser Schiff zwischen Delos und der Toteninsel Rhenania Anker warf. Wir waren die ersten Ankömmlinge und wurden dementsprechend von einem Haufen wild gestikulierender

Griechen mit lauten „Oriste"-Rufen begrüßt und an die Bazartische gezerrt. Kähler aber eilte unangefochten leichtfüßig in seinen Mokassins die hohen Stufen zum Gipfel des Kynthos hinauf. Sofort war er bereit – wenngleich mit etwas knappem Atem – all die Inseln, die unser kleines Eiland im Rund umgaben, zu weisen: Paros, Syra, Tinos, Andros, Mykonos (das nachmittags angelaufen werden sollte) und Naxos. Marmor aus Naxos!

Ein Torso der Kolossalstatue des Apollo lehnte in einer Mauerecke der Trümmer des Artemistempels. Der riesige Sockel mit der Inschrift „Ich bin vom gleichen Marmor, Statue und Basis" und eine Marmorhand standen im Museum; ein Fuß sollte sich in London befinden. Die Venezianer hatten das enorme Bildwerk auseinander gesägt und vergebens versucht, es fortzuschleppen. Auf den Stufen des größten der drei Apollotempel sonnten sich Geckos. Die Quarzteilchen im naxischen Marmor der fünf archaischen, verwitterten Löwen am heiligen See – Weihgeschenke der Naxier – glitzerten in der Sonne. Neun sollen es gewesen sein! Einer steht vor dem Arsenal in Venedig! Spuren des reichen, antiken Delos fanden wir in Säulenhöfen, mosaikgeschmückten Atrien, Marmorbögen, im Theater, aber alles war durch Verlassenheit verfallen.

In fast allen Stadtteilen von Athen öffnet sich ein Blick auf die Akropolis. Kähler, der nicht müde geworden war, in allen Ruinenstätten für uns jeden Tempel abzuschreiten, deren ehemalige Schönheit und Größe zu demonstrieren, gab hier am Parthenon vorerst keine Erklärungen. Jeder sollte sich dem ergreifenden Anblick des gewaltigen Tempels still hingeben. Er versprach uns, angesichts des lindwurmartig sich über die Propyläen heraufwälzenden Touristenstromes, es zu ermöglichen, daß wir am nächsten Morgen ganz allein noch einen Akropolisbesuch machen könnten. Im Museum sprach er so behutsam, mit zarten Gebärden ein unsagbar liebliches Korenköpfchen nachformend. Daß ein Fachgelehrter noch so ergriffen sein kann!

Trotz der Menschenmassen umrundeten wir das Parthenon. Kähler schlich über den Stufenunterbau wie ein Kater entlang, lagerte sich darauf und forderte uns auf, das gleiche zu tun, nur so könnten wir die leichte Wölbung erkennen. Die genialen Einfälle der Baumeister waren Stoff genug, einen glänzenden Vortrag über die einwärts geneigten Säulen und den gewölbten Fundamentbau des Tempels zu halten. Über Vermessungen, die diese raffinierten Feinheiten erklärten, daß zum Beispiel jede Säulentrommel eigens für den Ort, an dem sie steht, gearbeitet worden ist, daß sie durch keine andere an diesem Ort hätte ersetzt werden können. Über die in der Distanz sich verjüngende Perspektive der Säulenreihen, aus der sich im Durchblick eine Art hohe „Rosenvase" ergebe. Vom Panathenäen-Zug, vom plastischen Schmuck der Giebelfelder sprach er, er sei nicht für den Betrachter geschaffen worden, sondern allein für die Augen der Götter bestimmt gewesen, nur das Kultbild sei den Griechen im Opfer und im Gebet verehrungswürdig gewesen.

Er hatte Wort gehalten! Am nächsten Morgen um sieben Uhr fuhren wir als einzige Passagiere vom Piräus nach Athen hinein. Zuerst ließ Kähler zum Hügel des Philippapos fahren, der etwa in gleicher Höhe wie die Akropolis liegt. Die riesige Stadt lag noch ganz im Morgendunst versunken. Nur die Akropolis tauchte im ersten zartesten Sonnenlicht daraus auf.

Um acht Uhr waren wir bereits an den Propyläen, nun wirklich ganz allein, uns und unseren Eindrücken überlassen. Nur das Hämmern der Steinmetze, die Marmorblöcke zum Ausbessern des Parthenonfundamentes zurichteten, hörte man auf dem sonst lautlosen Felsen. Veilchenfarben schloß der Hymettos den Blick nach Osten ab. Es war wirklich ein großes Geschenk, stundenlang allein auf den Tempelstufen sitzen oder ungestört umhergehen zu dürfen.

Um zehn Uhr wurden wir „Bevorzugten" im Museum erwartet.

Vor Aigina warf das Schiff Anker in der Bucht von Hagia Marina; es war kein Dorf, nur ein paar Häuschen und eine Töpferwerkstatt sah man am Meer. Esel standen bereit, um die Teilnehmer zum Alphaiatempel hinaufzutragen. Wir gingen zu Fuß, obwohl die Mittagshitze glühte. Ein sanfter Pfad schlängelte sich durch die Kiefernhaine empor. Von weitem sah man schon den Tempel. Hier war Kähler der Vortragende für die gesamte Gesellschaft – und das wußte er auch zu schätzen! Er bot den Leuten etwas! In weitausholenden Sprüngen zeigte er das ausgegrabene Propylon, durch das man früher den heiligen Bezirk betrat, bevor man den Tempel über eine noch erhaltene Rampe erreichte. Er schritt die riesigen Altarmaße ab und zelebrierte – gewissermaßen selbst ein Priester – das imaginäre Opfer in den erhobenen Händen haltend, die Kulthandlung und schritt in die Cella und zurück.

Angesichts des weiten Blickes über den saronischen Golf nach Athen und nach Salamis fragte mich Rolf, ob ich hier glücklich sei. Welchem Sterblichen ist es schon vergönnt, derartige Eindrücke zu erleben?

In perlmutterfarbenes Frühlicht war Itea getaucht, als unser Schiff anlegte. Als wir durch die berühmten Ölbaumhaine von Krisa fuhren, bedauerte Kähler, daß wir keine Zeit hätten, zu Fuß ins Gebirge nach Delphi zu steigen. Vor dreißig Jahren, als er zum ersten Mal hier gewesen sei, habe er – kaum in Itea angekommen – gleich einen Fußmarsch in der Nacht gemacht und sei gerade zum Sonnenaufgang in Delphi angekommen. Er habe diesen Ort niemals wieder so schön erlebt, wenngleich er Delphi immer, bei jedem Wetter als den Höhepunkt in Griechenland empfunden habe.

Zwischen emporragenden und jäh abstürzenden Felsen liegt der Apollotempel auf einer Bergterrasse, dessen Stürzmauer aus polygonalen Blöcken perfekt aufgesetzt ist; auf ihr steht der wiederaufgebaute riesige Apollonaltar, neben dem Zeusaltar in Olympia der heiligste Altar der griechischen Welt. Kähler bat uns, das Wasser aus dem Kastalischen Quell, das in einem breiten Becken gesammelt wurde, nicht mit der Hand zu schöpfen, man dürfe es nur mit dem Munde berühren. Er kniete nieder, stützte sich mit den Armen ab und sog behutsam einige Schlucke ein.

Vorbei an den Schatzhäusern gelangten wir zum Museum, in dem der Wagenlenker aufgestellt war. Von vielen Abbildungen bekannt, war man doch nicht gefaßt auf diesen Anblick. Erhart Kästner schildert seinen Eindruck: „Es sind die Augen des zügelhaltenden Jünglings. Daß er sehend war, hatte ich gewußt und doch nicht gewußt – jetzt trifft mich sein Blick." Vor den monumentalen Skulpturen des Kleobis und Biton erwähnte Kähler die antike Sage: „Eine Priesterin fürchtete, zu spät nach Eleusis zu kommen. Ihre beiden Söhne Kleobis und Biton spannten sich selber in die Deichsel und brachten in schnellem Lauf die Mutter zum Tempel. Sie betete dort und bat die Gottheit, ihren Söhnen das höchste Glück zu schenken. Als sie im heiligen Hain die schlafenden Söhne suchte, fand sie beide tot."

Oberhalb des Theaters führte ein schmaler, kieferngesäumter Pfad zum Stadion hinauf, die Sitzreihen auf der Bergseite waren noch erhalten, die Stufen der Talseite größtenteils abgestürzt. Eine alte Inschrift verbot bei Androhung einer Strafe von 6 Drachmen das Mitbringen von Wein ins Stadion. Über der steilen Phädriadenwand kreisten Adler, von denen Pindar in seinen delphischen Hymnen schon sprach. Weiter stiegen wir ins Gebirge. Dann kam der herrliche Blick in das Pleistos-Tal, über die Ölbaumwälder bis hinunter zum Meer.

Im Theater wieder angekommen, forderte Kähler uns auf, Platz zu nehmen. Die gewaltige Gebirgslandschaft bot einen einzigartigen Abschluß für unsere feierliche Stimmung. Kähler begann mit einer Rückschau über das gemeinsam Erlebte, vor allem über die Tempel-Theater-Stadion-Plätze. Hier in Delphi empfinde wohl jeder von uns die Besonderheit der griechischen Geistes- und Kultwelt.

Einem solchen Erlebnis könne er nichts hinzufügen. Mit ergriffener Stimme sprach er zum Abschied Hyperions Schicksalslied.

SINDBAD DER SEEFAHRER

Zur Vorbereitung seiner ersten Ausstellung im Studio entwik-
kelte sich ein reger Briefwechsel. Die Ausdrucksweise des
30jährigen Malers Gerhard Ausborn war so originell, daß
Auszüge aus diesen Briefen seine Persönlichkeit besser vorstellen, besser auch die Geschehnisse darstellen können, als es
eine Schilderung vermöchte:

Hamburg, 16.8.63
*Inzwischen habe ich meine Heerscharen (Bilder) geordnet. Alles ist
bestens vorbereitet, und ich werde die ganzen Dinge absenden, wenn
ich von Dr. Keiser das Verzeichnis der Oldenburger Leihgaben erhalten habe. Machen Sie mir bitte keinen Vorwurf, daß ich so maßlos
ordentlich und pünktlich bin, da man ja fast daraus schließen
könnte, daß ich kein „Künstler" bin.*

Hamburg, 31.8.63
*Gestern konnte ich mich in Hameln über die fabelhafte Ausstel-
lungsmöglichkeit selbst überzeugen. Das Ganze ist so überzeugend
schön, daß ich Ihnen dieses ganz spontan mitteilen möchte. Ich hoffe,
daß ich in diesen Räumen mit meinen Dingen bestehen kann.*
*Die Vorfreude auf die Ausstellung ist jedenfalls eine große, ist es
doch das erste Mal, daß ich mich in solchem Umfang „ausbreiten"
kann. Besonders gespannt bin ich auch auf die „Große Fahrt", zu der
mich Dr. Gottfried Sello freundlicherweise vorgeschlagen hat. Wenn
es sich möglicherweise einrichten ließe, würde ich gern mit dem
Maler Fritz Kreidt zusammen losreisen, der, ich glaube, auch von
Dr. Sello vorgeschlagen wurde. Aber natürlich richte ich mich nach
Ihren Plänen, bez. Möglichkeiten.*

Hamburg, 5.9.63
*Halten Sie mich bitte nicht etwa für schreibfleißig oder gar redselig.
Ich wollte mich nur für Ihren schönen Brief bedanken, Ihnen fortschreitende, möglichst umgehende Genesung wünschen und mitteilen, daß ich inzwischen in Hameln war. (Ich befand mich zur Kur
in Bad Wildungen.) Und es kommt noch schlimmer! Die Werke
sind – mit Ausnahme der Oldenburger Leihgaben – auch schon*

dorten. Ich hatte eine nie geahnte PKW-Gelegenheit und ergriff dieselbe. Bei meiner langsamen Produktion hätte ich doch nichts vor der Ausstellung machen oder fertigmachen können.

Die Ausstellungsräume sind fabelhaft und dem protzigen Neubau in Hamburg turmhoch überlegen. In Hameln kann man ja gar keine schlechte Ausstellung machen! Am Donnerstag vor der Eröffnung werde ich nach Hameln reisen, um alles „schön" zu arrangieren.

Wenn überhaupt, so gehe ich sicher als der „Malende Buchhalter" in die Historie ein.

Hamburg, 11.10.63

Daß das Ganze doch offenbar ein Erfolg ist, hätte ich in diesem Umfang gar nicht erwartet. Es ist ja doch so, daß man manchmal selber ahnt, was man kann und könnte. Dann kommt die schöne Selbstzerstörung, von Selbstkritik einmal ganz zu schweigen, und im allgemeinen sehen die Betrachter nicht das, was man selber gesehen haben möchte.

Jedenfalls macht mich das viele Lob so froh und mißtrauisch zugleich. Das und die gehabte Reise könnte einen ganz schönen Arbeitszorn ergeben ...

Die Eindrücke der letzten Zeit waren wahrhaft Keulenschläge! Hameln, Basel mit der ungeheuren Kandinsky-Ausstellung, Brüssel „Das Zeitalter Breughels", Impressionisten in Paris – und ein fürchterlicher, unfaßbarer Schlag mit dem Tode Gründgens'.

Hamburg, 17.10.63

Das sind ja ungeheuerliche Dinge, die sich da in meiner Ausstellung tun. Wer hätte das je gedacht.

Heute las ich in „Die Zeit" Sellos Kommentar. „Die Welt" läßt sich entschuldigen, es soll aber in den nächsten Tagen etwas erscheinen. Hoffentlich reut es einen nicht, daß man so lange gewartet hat?

Inzwischen habe ich mich richtig in die Arbeit gestürzt. Die epoque bleue dürfte endgültig vorbei sein.

Ich gedachte, am Sonnabend, 26.10. – sogar in Damenbegleitung – nach Hameln zu reisen. Würde Ihnen das passen? Ankunft: 17.02 Uhr. Wir würden dann zunächst die exposition besichtigen und Sie von dort zwecks weiterer Verabredung anrufen.

Die „ungeheuerlichen Dinge", die sich in der Ausstellung des jungen Malers taten, waren Verkäufe, mit denen weder er noch wir im Traume gerechnet hatten. Von den Aquarellen gingen nur wenige nach Hamburg zurück. Ein Ehepaar, das die Musik Debussys besonders liebte, war von den Gemälden „De l'aube à midi la mer" so fasziniert, daß es sich nicht für eines entscheiden konnte, so erwarb es beide Bilder.

In den Umsetzungen jener berühmten Gemälde „Die gescheiterte Hoffnung" von Caspar David Friedrich und „Die Hoffnung" von William Turner, in denen Ausborn sie auf neue Weise in Abwandlungen, mit Zitaten als „Bilder im Bilde" malte, drückte sich die große Verehrung für diese Meister aus. Er betonte öfter, daß er sich als legitimer Nachfahre von Caspar David Friedrich fühle, und das meinte er ganz ernsthaft. Sein delikater Farbsinn, in dem das frappante Talent sich offenbarte, verschaffte ihm hier eine Gemeinde von Sammlern, die man zu ihren Erwerbungen nur beglückwünschen konnte.

Hamburg, 7.2.64
Einen Gruß aus dem schönen Hamburg und vielen Dank für Ihren Brief zum Neuen Jahr. Nach einigen Tagen, in denen ich noch recht gelähmt war, habe ich neue Bilder in Angriff genommen (mit sparsamstem Blauverbrauch). Bis Ende des Monats hoffe ich, noch alles im Rohbau abschließen zu können, denn dann kommen große Veränderungen. Ab 1.3. werde ich in HBG 19, Ottersbekallee 9 (Eimsbüttel) eine riesige Altbauwohnung beziehen und Mitte des Monats den Familienstand ändern. Das Ganze ist insofern etwas anstrengend, als ich die ganze 4 1/2 Zimmer-(+ Abstellräume)-Wohnung renovieren werde (selbst), so daß ich für einige Zeit zum Flachmaler werde.

Wenn ich an Bord der „Carl Fisser" geblieben wäre, hätte ich nie diese Wohnung bekommen und wäre bei der eigenen Hochzeit abwesend gewesen. Denn die „C.F." lag noch 5 Wochen in Brest, Bayonne, Bilbao und ist bis heute noch nicht in Kapstadt. (Als Ausborn von der Verzögerung erfahren hatte, unterbrach er die Fahrt und verließ das Schiff!)

Das hiesige Kunstleben liegt im Winterschlaf – wie immer.

Hamburg, 6.8.64

Erst einmal herzlichen Dank für Ihren gestrigen Anruf. – Ich habe mich gleich heute morgen mit Herrn Petersen (Seereederei „Frigga")in Verbindung gesetzt. Die Abreise der „Baldur" soll am 23.8. sein, bis ca. 20.9. Hoffentlich wird alles klappen. Am 2.10. habe ich meine Eröffnung in Bremen. Da ich kein Saisonarbeiter bin, könnte ich in den Tagen, die mir noch zur Verfügung stehen, alles Nötige abschließen und vorbereiten. Und dann in See stechen! Ein ausführlicher Brief wird folgen!

Hamburg, 25.9.64

Soeben bin ich heimgekehrt von einer wunderschönen Reise. Die Atmosphäre an Bord (incl. Getränke und Verpflegung), das Wetter und die Reiseziele ergaben eine gelungene Sache. Das Gute war, daß wir 10 Tage vor Tarragona lagen, so konnte ich meinen geheimen Plan realisieren, nach Barcelona, Madrid und Toledo zu reisen: Gaudi, Prado, Stierkampf, Flamenco, Greco etc. mußte ich ja endlich einmal sehen. Und es war herrlich!

Auch Tarragona ist eine sehenswerte Stadt, wo ich auf den Spuren der Antike wandelte und allerdings auch massenhaft gebadet habe. In Melilla lagen wir nur 12 Stunden (Erzladen, Sie kennen sicher diese Staubwolken!), so konnte ich mich nur begrenzt umtun, hatte aber das seltene Erlebnis eines Schiffszusammenstoßes. Wir rammten (schuldlos) einen marokkanischen Seebagger.

Als „Maler auf großer Fahrt" war ich bis zu den Zähnen bewaffnet – mit Aquarell, Kreide, Tusche, Buntstift, Feder, Pinsel, Bleistift ect. und tat doch: nichts. Hoffentlich sind Sie jetzt nicht entsetzt! Aber Sie kennen mich ja oder vielmehr meine Arbeitsweise. Es muß sich erst einmal setzen und kristallisieren; denn die Eindrücke waren dann doch zu neu und fremd. Aber ich habe jeden Moment genützt, die Augen und Sinne offen zu halten.

Und jetzt ist es soweit – 4 Tage nach der Rückkehr: ich bin „Maler I N großer Fahrt". Und ich denke, für Ihre nächste Malerausstellung habe ich etwas Neues zu zeigen, das sich unmittelbar auf diese Reise bezieht ...

Die Hansestadt grüßt die Kunststadt Hameln!
Die unmittelbaren Folgen der „Maler auf großer Fahrt"-Reise
sind jetzt überstanden, d. h. neben einer Serie von Toledo-Aquarel-
len habe ich ca. 25 kleine landschaftliche Ölgemäldchen verfertigt. –
Der Seereederei „Frigga" habe ich als Dank ein mittelgroßes Bild
vermacht (hoffentlich hängt es richtig 'rum?).
Im übrigen kommen wir von einer Prag-Wien-München-Reise
zurück und sind so richtig mit Kunst vollgetankt. Wobei wir aller-
dings die neueren „Meister" zugunsten der „wahren" Kunst ausge-
spart haben. Das hat den Nachteil, daß das Selbstvertrauen, das bei
Betrachtung zeitgenössischer Kunst steigt, etwas angeschlagen ist.
Mit Fritz Kreidt, meiner Frau Hannelore und meinen Werken
stelle ich z. Zt. in München aus. – Schrieb ich Ihnen, daß ich an die
Hochschule Braunschweig sollte? Ob man mich tatsächlich genom-
men hätte, ist natürlich die Frage, aber ich habe verzichtet.
Im Sommer wollen wir für einige Wochen nach oder in die un-
mittelbare Nähe von Venedig. Ich habe eine ungeheure Lust, dort zu
zeichnen & zu aquarellieren. Ich verspreche mir sehr viel davon.

Nach dieser Zeit in Venedig entstanden schimmernde, dem
opaken venezianischen Licht angeglichene Aquarelle und eine
Reihe von Gemälden. Ausborn betrieb seine Methode, die Verehrung für große Meister auszudrücken, daß er sie in Quod-
libets umsetzte, in Variationen zu Turner „Venice, Canaletto
painting" oder „Hommages à Goldoni". In dieser Zeit, also ab
1966 erkannte man deutliche Ansätze, daß er ein Vedutenmaler zu werden versprach.

Mit Vorliebe unterzeichnete er seine Briefe in jenen Jahren
mit „Ihr Doge von Eimsbüttel"!

Wie stetig diese Freundschaft zwischen uns, auch unsere
Bewunderung für seine Arbeiten sich immer weiter steigerte,
beweist ein besorgter Brief:

Werte, liebe, geschätzte, beste Frau Flemes!
Herzlichen Dank für Ihren lieben Brief vom 25.4. Wir sind hier sehr
traurig über die bestürzenden Nachrichten um Ihren Mann. (Rolf
hatte einen schweren Herzinfarkt erlitten und lag in Bad

Oeynhausen in der Klinik.) *Hoffentlich hat sich die Lage inzwischen etwas gebessert, denn so rasch geht es ja wohl leider nicht. Jedenfalls wünschen wir von ganzem Herzen alles Gute oder besser: das Beste.*

Der so erfreuliche Ausgang der Ausstellung (Maler auf großer Fahrt) wurde hier natürlich sehr beifällig aufgenommen. Ist doch jetzt unsere Spanienreise im Sommer gesichert. Sie glauben nicht, wie glücklich wir über die Verkäufe sind. Ich bin Ihnen sehr dankbar für Ihre „Agenten"-Tätigkeit, ohne die es sicher nicht geklappt hätte, soviel abzusetzen. Aber auch ohne äußeren Erfolg wäre ich Ihnen für Ihre selbstlose Kunstliebe und den Einsatz für meine Arbeit dankbar.

Längst war man höheren Ortes auf dieses vielversprechende „Nachwuchs-Talent" aufmerksam geworden. Vom Kulturkreis im Bundesverband der Deutschen Industrie hatte er ein Stipendium bekommen. Mit der Verleihung des Lichtwark-Preises war ebenfalls ein Stipendium verbunden, und die Hochschule zu Braunschweig hatte ihm – dem 33jährigen – eine Professur angetragen. Gewiß hatte er sich seine Ablehnung sorgfältig überlegt. Wer schlägt schon ohne weiteres eine gesicherte Existenz aus? Trotzdem fielen wir aus allen Wolken, als er von seinem Verzicht schrieb. Die Großstadt Hamburg als Lebensort, als Metropole für Opern und Konzerte, die er leidenschaftlich liebte, die Freiheit, seine Zeit zum Malen und zum Reisen nach Belieben einzuteilen, muß ihm wichtiger gewesen sein als die Ausübung einer Lehrtätigkeit in einem festen Plan.

(Eine ähnliche Geschichte hatte sich hier in Hameln ereignet, mein Schwiegervater Bernhard Flemes erzählte sie mit Behagen. Er hatte versucht, in den zwanziger Jahren seinem Freund, dem Meister der Holzschnittkunst Rudolf Riege, einen Posten als Zeichenlehrer zu vermitteln. Als er mit einer Abordnung des Magistrates der Stadt Hameln den Künstler aufsuchte, um ihm die erfreuliche, finanziell so wichtige Nachricht zu übermitteln, überlegte Riege lange und sagte nach einer Weile: „Ach so, ja, aber morgens habe ich doch das beste Licht!" und lehnte dankend ab.)

Ausborn vertraute seinem Genius, seinem Fleiß und seinen Mäzenen. Eine spektakulär verlaufende Malerfahrt führte ihn im April und Mai 1967 nach Afrika und Ägypten. Als das Schiff „Carl Fisser" den Suez-Kanal durchfahren wollte, geriet es in den israelisch-arabischen Krieg. Die israelischen Truppen drangen bis zum Suez vor, der Verkehr wurde unterbrochen, und die „Carl Fisser" konnte nicht passieren. Nach etlichen Kabeln mit der Reederei wurde Ausborn als Emissär auserkoren, mit wichtigen Dokumenten für die Reederei das Schiff zu verlassen (was der Besatzung nicht erlaubt wurde) und zurückzufliegen. Das Schiff mußte zwei volle Jahre im Suez-Kanal liegenbleiben!

Es versteht sich von selbst, daß der mit Eindrücken angefüllte Maler nach dieser abenteuerlichen Fahrt ein ganzes Bouquet von Gemälden mit Seestücken, Landschaften, Städtebildern, arabischen Impressionen, Fata Morganen erarbeitete. Erstmalig gab er eine Mappe mit zehn Holzschnitten heraus, die er „Sindbad der Seefahrer" betitelte.

Im Laufe der Jahre kristallisierte sich immer mehr heraus, daß durch eine Lebenseinteilung zwischen fleißigem Malen und Reisen eine fruchtbare Wechselwirkung entstanden war.

Hamburg, 27.2.72
Nachdem der Winter jetzt vorbei ist, gehen die „Tourneen" wieder los: im März nach Sizilien – im Sommer in die Osttürkei & ins Engadin. Dazwischen bin ich dann sehr fleißig und war es vor allem im Winter ... Die Produktion als solche war in den letzten Wochen eine beachtliche. Nicht zuletzt durch unsere Sommer-Spanien- und Frühjahr-London- und Herbst-New-York-Aufenthalte beflügelt. Und zwar mit neuen „Arrangements" innerhalb meiner bescheidenen Form- und Farbscala. Immerhin sind rote & grüne, und welche Farben Sie wollen, dabei. Und so bin ich auch in der Lage, die derzeit gängigen Stile – ob op, pop oder porno – zu überschlagen. Da ich im Gegensatz zu den Kritikern nicht glaube, daß es „aktuelle" Kunst gibt, kann mir – außer von denselben – gar nichts passieren.

Regelmäßig flatterten von diesen Reisen Briefe oder Karten ins Haus aus Irland, UDSSR, U.S.A., Türkei, Ägypten – in denen immer getreulich von Eindrücken und Wohlbefinden berichtet wurde. Als 1984 eine umfangreiche Werkübersicht mit guten Farbwiedergaben erschien, erfuhr die breite Öffentlichkeit von

Bildern, in die Landschaftserinnerungen Eingang in Ausborns Gemälde gefunden hatten. Diese Naturdetails nahm er wieder zurück durch radikal in die Landschaft einschneidende geometrisch-abstrakte Formen. Wie in einem gerahmten Spiegel stand der rechteckige Ausschnitt einer anderen Landschaft.

In einer langen Abfolge, die noch nicht abgeschlossen ist, entstanden mit der Zeit Städtebilder, in denen Ausborn als neuer „Bellotto", als Vedutenmaler seine Wahrnehmungen der Städte Dresden, Paris, London, Hamburg, Moskau, New York, München, Wien, Venedig in einem breiten Spektrum darlegte.

In seinen Rügen-Gemälden, die er Anfang der 80er Jahre malte, kehrte auch oder gerade hier seine große Verehrung für Caspar David Friedrich zurück. Seinen Kreidefelsen-Landschaften oder Bildern mit weit ausschwingenden Landzungen fügte er Miniaturen hinzu, auf denen akribisch genau jene berühmten Rügen- und Greifswaldgemälde von C. D. Friedrich zitiert wurden. Nach mehrfachen wochenlangen Aufenthalten auf der Insel schloß er dieses Thema „gesättigt" ab.

Ganz folgerichtig zog es ihn weiter und weiter: in den Osten, in den Orient, in den Jemen und zuletzt nach Tibet, in das er nur mit besonderen Genehmigungen gelangen konnte. Man wird neugierig sein, wann China und Japan hinzukommen werden.

Den Ausspruch „Dreiviertel von Genie ist Fleiß" wird man sicher auch auf Ausborn anwenden müssen. Davon werden unsere Kunstfreunde sich überzeugen können. Unser Malerfreund ist inzwischen 60 Jahre alt geworden. Aus diesem Anlaß widmet ihm der Kunstkreis eine Retrospektive.

Als ich ihm kürzlich gestand, daß ich nach dem Anblick seiner Bilder süchtig sei, schickte er mir einen „Orden am Bande". Er hatte einen Holzschnitt verschnippelt, einen Stern davon zusammengeklebt, in dessen Mitte das Schiff „Die Hoffnung" nach William Turner thront und alles auf einer Pappe montiert. Auf einem Schildchen ist vermerkt „Verdienstorden A. B. 1. Cl. für die Verbreitung von Suchtgefahren".

Der Vogel, dünkt mich, hat Humor!

28.4.66.

Werther, liebe, geschätzte, beste Frau Plemes!
Herzlichen Dank für Ihren Brief vom 25.4.
Wir sind hier sehr traurig über die
bestürzenden Nachrichten um Ihren Mann.
Hoffentlich hat sich die Lage inzwischen
etwas gebessert, denn so rasch geht es ja
wohl leider nicht. Jedenfalls wünschen
wir von ganzem Herzen alles Gute oder
besser: das Beste.

—

Der so erfreuliche Ausgang der Ausstellung
wurde hier natürlich sehr beifällig aufgenommen.
Ist doch jetzt unsere Spanienreise im
Sommer gesichert. Sie glauben nicht, wie sehr ich mich
ich über die Sache hin. Ich bin Ihnen
sehr dankbar für Ihre "Agententätigkeit", ohne
die es sicher nicht geklappt hätte, so viel
"abzusetzen". Aber auch ohne äußeren Erfolg
wäre ich Ihnen für Ihr selbstlose
Künstliche und den Einsatz für meine Arbeit
dankbar. Soviel für heute.
Mit den besten Wünschen & Grüssen
immer
Ihr Austrus.

108

VOR ÜBERRASCHUNGEN
IMMER NOCH NICHT SICHER

Den letzten lebenden Künstler des berühmt gewordenen Kreises „die abstrakten hannover", Rudolf Jahns, der im nahen Holzminden zurückgezogen lebte, wollten wir 1966 besuchen. In den zwanziger Jahren hatten die Avantgardisten in Hannover für Aufsehen gesorgt. Dann war es still geworden um diese Gruppen, zu denen auch die Dadaisten mit Kurt Schwitters an der Spitze und die Maler der „Neuen Sachlichkeit" gehörten; alle erhielten im Dritten Reich Malverbot. Davon war auch Rudolf Jahns betroffen. Das aber gehört schon lange der Kunstgeschichte an.

Offensichtlich freute Jahns sich über unser Kommen; ein kaum mittelgroßer, sehr korrekt gekleideter Herr bat uns durch den Garten in das unauffällige Haus. Freundlich-zurückhaltend sagte er: „Ich freue mich, daß Sie den Weg zu mir gefunden haben. Ganz unbekannt sind wir uns ja nicht."

Er musterte uns prüfend durch seine Brille; erstaunlich, wie nahezu faltenlos das Gesicht des 70jährigen sich erhalten hatte.

Der Weg in den ersten Stock, seinem Arbeitsbereich, ging nur stockend voran. Das gesamte Treppenhaus war behängt mit Bildern; so waren wir gleich umstellt von dem Jahnschen lyrischen Kubismus. Geduldig wartete er auf dem oberen Treppenabsatz auf uns, auf dem in einem Regal – ordentlich nebeneinandergestellt – ein ganzes Arsenal kleiner verschlossener Farbgläser stand. Die Atmosphäre des Hauses atmete eine ruhige, eine selbstverständliche Ordnung aus, bei der wir dennoch keine bürgerliche Aufgeräumtheit empfanden. Dafür sorgten außer den Bildern schon die vielen Erinnerungsstücke, die Jahns von seinen Reisen mitgebracht hatte. Auf dem Tisch neben dem Fenster im Atelier war eine seltsame Palette arrangiert: Porzellanschälchen, die er sich in gleicher Größe in der Porzellanmanufaktur Fürstenberg, die ja unweit von Holzminden liegt, hatte anfertigen lassen. Unsere fragenden Blicke beantwortete er gleich: „Das ist meine Arbeitsweise. Ich weiß, es ist nicht ganz alltäglich. Die auf das weiße Porzellan gedrückten Farben erfüllen für mich die Vorbedingungen, wie sie der vorbereitete Bildgrund jeweils erfordert."

Die zum Teil kostbaren Reise-Mitbringsel durften wir in die Hand nehmen und nach ihrem Ursprungsland bestimmen. Griechenland, die Provence? So waren wir in ein angeregtes Gespräch über unsere gemeinsame große Liebe zu diesen Mittelmeerländern verflochten und gelangten über das erste „Fremdsein" hinaus. Wir überlegten zusammen, was die Maler Picasso, Matisse, Renoir außer der schönen Landschaft immer wieder dorthin gezogen haben mochte. Das Licht, die kubistische Architektur, die Menschen, die Stille?

Das ruhige Fragen und Antworten, das Betrachten der Bilder ließ uns Drei unversehens zu Verwandten im Geiste werden. Wir fragten, ob Jahns eigentlich gebürtiger Holzmindener sei und ob er es als zudringlich empfinde, wenn er uns aus seinem Leben erzählen würde; das Authentische sei für uns immer das Wesentliche bei einem Künstlerbesuch.

Nein, er empfand es gar nicht als aufdringlich; nun, da wir über diese sekundären Dinge so vertraut miteinander geworden seien, wolle er gern einiges berichten.

Geboren sei er 1896 in Wolfenbüttel. Der Vater sei Buchhalter in einem Leihhaus gewesen. Er sprach mit Rührung von diesen Kindertagen, in denen seine Eltern und sein Großvater, der unweit von den Eltern in einem uralten Fachwerkhaus aus dem 18. Jahrhundert gelebt habe, seine Mentoren gewesen seien. Großvater habe ihm erzählt von Wolfenbüttels großer Vergangenheit, er habe mit ihm gezeichnet, und zwar immer Feldblumensträußchen oder Gräser, die er in Vasen gestellt habe. Oder Haustiere, Häuser, manchmal auch kleine figürliche Scenen. Hier sei bestimmt die erste Berührung mit der bildenden Kunst gewesen. Vielleicht habe er sogar von ihm, möglicherweise sogar vom Urgroßvater das Zeichentalent geerbt, jener sei Zeichenlehrer am Wolfenbütteler Gymnasium gewesen. Er habe sogar ein Atelier im Hinterhaus gehabt, wo er in den schulfreien Stunden gemalt habe. Diese Schilderungen hätten ihn als Jungen schon so tief beeindruckt, daß er lebhaft gewünscht habe, auch sein Leben in einem Hinterhausatelier verbringen zu können.

Den frühen Hang zum Zeichnen und Beobachten schrieb Jahns zum Teil seiner Mutter zu, und die musikalische Begabung habe er vom Vater geerbt, der ihm das Wunder der Flötentöne erschlossen habe. Schon damals habe er die runden, flachen, hohlen oder schwebenden Töne in Farben umgesetzt. Und niemand habe ihn verlacht oder gestört in seinen seltsamen Farbkompositionen.

Das entscheidende Erlebnis sei in dieser Hinsicht ein Konzert mit dem Klingler-Quartett in Braunschweig gewesen, sie hätten Schuberts „Der Tod und das Mädchen" gespielt. Stundenlang habe er danach dieses Erlebnis in kalligraphische Zeichen umgesetzt.

Als Schüler in Braunschweig habe es eine Art Hochstimmung bei ihm ausgelöst, an den Proben und Aufführungen des Schüler-Orchesters teilzunehmen. Diese orchestralen Erlebnisse mit Brahms, Schubert und Schumann seien bis zum heutigen Tag Erinnerungen, die immer noch Schwingungen in ihm auslösten. Nach dem Abitur 1915 sei er ein paar Wochen später zur Infanterie eingezogen und 1916 zum Train überstellt worden. Im März 1919 habe man ihn als Sanitäter entlassen.

Mit Widerwillen denke er an diese verlorenen Jahre zurück! Ursprünglich habe er Architektur studieren wollen, aber die Ereignisse des Weltkrieges hätten ihm die Lust daran verdorben. Ganz bewußt habe er sich für einen soliden, bürgerlichen Beruf entschieden, der seine Existenz gesichert und ihm doch alle Möglichkeiten zum Malen und Zeichnen gelassen habe. Von Beruf sei er Zöllner gewesen und späterhin Finanzbeamter. Diese Tätigkeiten hätten ihm erlaubt, seine freie Zeit mit seinen künstlerischen Neigungen ernsthaft zu verbringen. Aber beileibe nicht als Hobby, wie man sich heutzutage auszudrücken beliebe.

Er sei Autodidakt gewesen, das wolle er gleich sagen, er habe keinerlei Kunstschulen besucht – gewissermaßen sei der konsequent gegangene Weg der Eigenbildung eine Art Studium gewesen.

Und in den ersten Nachkriegsjahren, im ersten Glückstaumel nach dem schrecklichen Krieg, sei er dann an einen Kreis junger, kunstbegeisterter Menschen geraten, der sich einmal in der Woche abwechselnd in seinem bescheidenen Atelier oder in den Räumen der Freunde getroffen habe, um leidenschaftlich zu diskutieren. Kandinsky, Marc, Macke, also der „Blaue Reiter" hätten den Gesprächsstoff geliefert. Ihm allerdings sei es vor allem auf Feiningers fein abgestimmte Farbigkeit angekommen.

Und Hannover sei ja in schnell erreichbarer Nähe gewesen; die verschiedensten Naturelle hätten sich dort avantgardistisch exponiert. Ja, die Welt sei darüber aus den Fugen geraten, so empört sei man in dieser zu Unrecht als bürgerlich-steif gescholtenen Beamten- und Behördenstadt gewesen.

Kurt Schwitters zum Beispiel sei mit seinen kuriosen Einfällen, seinem manchmal blühenden Unsinn als „Bürgerschreck" verschrieen gewesen.

Aber für ihn sei Hannover damals zu einem Ort fruchtbarer Anregungen geworden. Das Provinzielle und Enge, das ihn in Holzminden umgab, sei hier endlich durchbrochen worden. Hier wußte er sich anerkannt! Und neue ungeahnte Freundschaften seien entstanden. Hier gab es die Kestner-Gesellschaft, die sich ausschließlich der zeitgenössischen Kunst annahm, sofern sie kompositorisch und handwerklich über einigen Rang verfügte. Dort habe es die „Hannoversche Sezession" gegeben, die sich ebenfalls für die Avantgarde einsetzte. Für die jungen, produktiven Geister, zu denen er sich ohne Vorbehalt bekannt habe, seien es mehr als interessante Intermezzi gewesen.

Diese enge Verbindung zu Hannover habe eine Art hochgestimmtes Glücksgefühl ausgelöst. Jede freie Stunde habe er dort verbracht, habe zeichnend die Altstadt durchstreift, ohne dabei zu ahnen, daß ihm das zeichnerische Können einmal aus großer Gefahr retten würde.

1923 habe er geheiratet, mit seiner Frau zusammen habe er die Museen besucht und sich an der vollkommenen Lasurtechnik der italienischen Renaissance-Maler begeistert. Dennoch sei er seinen abstrakten Mal-Vorstellungen weiter nachgegangen. Aus dieser Sturm- und Drang-Periode habe es eine tragikomische Geschichte gegeben. Der Direktor der Holzmindener Baugewerbeschule hatte in Erfahrung gebracht, daß er male und hatte ihm angeboten, im Lichthof der Schule eine kleine Ausstellung zu arrangieren. Der einzige registrierte Besucher sei aber derartig verwirrt von dem ungewohnten Anblick der Bilder gewesen, daß er sein Eintrittsgeld zurückgefordert habe; der Kassierer habe allerdings seine Kasse bereits in Sicherheit gebracht.

Dies habe ihn auch nicht abgehalten, weiterhin seine gegenstandslosen Bilder zu malen. Natürlich sei es nicht einfach gewesen; aber seine Frau, die immer an ihn und sein Talent geglaubt habe, sei der Quell seiner künstlerischen Zuversicht gewesen.

Schlimm sei es erst geworden, als 1933 die unrühmliche Epoche der Verdächtigungen und Schnüffeleien begonnen habe. Er sei gezwungen gewesen, sich zu tarnen, um über die Runden zu kommen. Seine Bilder von vor 1933 habe er bei seiner Schwester in Braunschweig versteckt, da man ja ständig damit habe rechnen müssen, daß die Wohnung durchsucht und seine Bilder konfisziert würden. Für die Nazis seien sie, die „Abstrakten", ja nur entartete Künstler gewesen, also auf alle Fälle suspekt. Er habe versucht, das Beste aus dieser Lage zu machen. Seine Frau sei eine so opferbereite, verständnisvolle Gefährtin gewesen; und in den vielen gemeinsamen Stunden des Musizierens, des Block- und Querflötenspielens hätten sie eine höhere Form des Glücks miteinander gefunden. Er habe angefangen, Landschaften zu malen, habe im nahen Solling, an der Weser, im Lippischen Bergland und im Reinhardswald gezeichnet und gemalt. Dadurch hätten sich sogar seine seelischen Kräfte gesteigert, und die meditativen Anlagen hätten sich weiter entwickeln lassen.

Nach 1945 sei die seelische Befreiung zum elementaren Erlebnis geworden, ein Sturm neuer Einsichten und Zukunftspläne sei über Nacht mit einem Male leidenschaftlich erwacht.

Wir fragten, ob er sehr darunter gelitten habe, daß so viele Jahre ins Land gegangen seien, bis sich die Öffentlichkeit seiner erinnert habe. Er dachte einen Augenblick lang nach.

„Könnte ich nicht ohne Publicity leben, müßte ich das bejahen. Ehrlich gesagt bedeuten mir Augenblickserfolge nicht viel, sie sind doch immer mit einer gerade wertgeschätzten oder propagierten Richtung gekoppelt. Obwohl ich meinen

Weg zu kennen meine und jedes Bild ausreifen lasse, bin ich doch trotz meines Alters vor Überraschungen nicht sicher."

Zur großen Überraschung wurde allerdings die Ausstellung im Studio! Sie stellte überzeugend dar, wie die Kunst von Rudolf Jahns aus sich selbst heraus einen so hohen Rang erlangt hatte. Jenseits vom Kunstbetrieb, ohne Manipulationen des Kunsthandels oder durch Kritikergunst, war hier in aller Stille ein Oeuvre entstanden, das zunehmend Beachtung gefunden hatte.

Die Bilder schienen für unsere intime Kunsthalle gemalt worden zu sein. Vor dem stumpfen Weiß der geschlämmten Steinwände kamen alle Farbbeziehungen zum Klingen, im makellosen Licht ging keine Nuance verloren, auch nicht das feinste graphische Gespinst. Ein nicht alltäglicher Gleichklang von großem ästhetischem Reiz ging hier sinnfällig vor sich. Die geometrisch angelegte „Große Weserlandschaft" mit ihren rhythmisch zueinander gesetzten Farbflächen in Ocker, Braun, Blau und Grün war die Umsetzung von Natur in abstrakte Komposition, zu der Dächer, Felder, Giebel und Wälder angeregt haben mögen. Farbfrische „Frühlingsbilder", auf denen rechtwinklig geschlossene Flächen vorherrschten, waren in köstliche Kleinformate eingegangen. „Schnee im Walde" muß auf einem Wintererlebnis beruht haben; auf einer karreeartig gegliederten Fläche war eine vibrierende Einsamkeit durch dunkle Spuren auf verschwimmendem Weiß entstanden. „Häuser am Berg", eine Entmaterialisierung voll innerer Spannung. Auf dem Triptychon „Morgen – Mittag – Abend" hatten sich die konstruktiven Formeln ins Imaginäre verdichtet. „Nächtliche Stadt", „Akte im Raum", „Stilleben mit blauer Vase", „Krüge im Raum" waren Bekenntnisse einer Auseinandersetzung mit Braque und Picasso.

Wahre Kostbarkeiten die Aquarelle, kleine Blätter von intimem Reiz, in denen Jahns Farbflecke wie Edelsteine behandelt hatte. Und die Zeichnungen stellten ein Kaleidoskop von Einsamkeitsbestimmungen dar, groß und weiträumig auf das Papier gebracht. Wind, Seen, Wälder, Bäume, nächtliche Dörfer, verschneite Siedlungen hatte Jahns darin kristallinisch durchgezeichnet.

Im Gespräch bekannte Jahns: „Ich bin, wie Sie wissen, kein Kämpfer, wie etwa George Grosz oder Otto Dix. Das Leben ist zu kurz, als daß man es unterlassen sollte, den unrastgetriebenen Menschen zur Sammlung und Freude zu verhelfen und ihnen Beispiele innerer Ausgeglichenheit zu geben. Selbstbesinnung! Dazu versuche ich meinen Teil beizutragen! Werner Gilles hat einmal an Oscar Schlemmer geschrieben: ‚Ich male manchmal einen Monat lang an einem Aquarell, immer wieder. Die Erkenntnisse kommen nur in der Arbeit, das heißt, ich male so lange, bis ich es schön finde. Eine andere Richtschnur habe ich nicht.' Sehen Sie, das ist auch meine Richtschnur!"

PERPETUUM MOBILE

Seit langem setzte Rolf sich unermüdlich dafür ein, daß das Kunsthandwerk, das so leicht mit dem Bastelkunstgewerbe verwechselt wird, als eine besondere Art von Kunstgattung ernstgenommen und gefördert würde. Ob nun Weberei, Töpferei, Korbflechterei, Gold- und Silberschmieden, stets war er darauf aus, hochbegabte, fleißige Kunsthandwerker zu entdecken. Viele von ihnen, mindestens in den fünfziger Jahren, lebten am Rande des Existenzminimums.

In Worpswede galt es im August 1962 Bettina Müller-Vogeler, jener Tochter des legendären Heinrich Vogelers, und ihrem Sohn, dem Tischlermeister Hans-Georg Müller, „Im Schluh" – der Vogelerschen Familienheimstätte – einen Besuch abzustatten, damit wir uns einen Eindruck verschaffen konnten, ob beide für den Niedersächsischen Staatspreis in Frage kämen, der ihnen 1964 und 1965 auch verliehen wurde.

Bettina Müller-Vogeler arbeitete an ihren Hochwebstühlen in der großen Diele kostbare Gobelins in Naturwolle, die sie mit selbst zubereiteten Pflanzenfarben färbte. Ihr Sohn entwarf und schreinerte mit 12 Mitarbeitern Möbel nach dem Prinzip „Möbel dürfen nicht modisch sein". Zudem hatte er das fast vergessene Handwerk des Blaudrucks wieder belebt. Die Holzmodeln dazu schnitzte er, häufig nach den Entwürfen seines Großvaters, selbst, färbte die Leinenstücke, und seine Frau nähte Tischdecken, Kissen und Gardinen daraus.

Lange Jahre hatte Worpswede, das vor dem 1. Weltkrieg durch die Maler Paula Modersohn-Becker, Heinrich Vogeler, Hans am Ende, Fritz Overbeck, Fritz Mackensen und Otto Modersohn so berühmt gewesen war, nach deren Tod oder Fortzug an Attraktion verloren. Als wir 1937 unsere Hochzeitsreise in Bremen und in Worpswede auf den Spuren dieser Künstler verlebten, dämmerte der romantische Ort dahin. Das Café „Verrückt" stand in seiner skurrilen Architektur von Bernhard Hoetger als letzte Erinnerung an große Namen da, aber es war leer und unbenutzt. Dieses und das Grab von Paula Modersohn-Becker auf dem Worpsweder Friedhof waren die letzten Zeugen.

Nach dem 2. Weltkrieg hatten sich etliche Kunsthandwerker, Goldschmiede, Hinterglasmaler, Töpfer und die besagte Familie Müller zu einer neuen Gruppe zusammengeschlossen. Es war ein Versuch, das alte Moordorf künstlerisch wieder zu beleben.

Bei Müllers hörten wir, daß sich auch einige Maler niedergelassen hätten. Einer von ihnen, ein Bremer, male ganz seltsame, ungewöhnliche Bilder, „die mögen wir aber!". Er sei ein ganz verdrehter Kauz, der sogar auf der Wiese hinter seinem Haus eine Strecke Schienen verlegt habe und ab und zu dort eine alte Lokomotive unter Ausstoß gewaltiger Pfiffe fahren lasse.

Bei diesen Schilderungen stellten wir uns einen alten Eigenbrötler vor und beschlossen, ihn am Nachmittag zu besuchen.

Es stellte sich zu unserer Verwunderung heraus, daß es sich um einen jungen, sechsundzwanzigjährigen Mann handelte, der mit einem kessen Oberlippenbart einen recht flotten Eindruck machte. Ziemlich wortkarg, dennoch freundlich blinzelnd, lud er uns ein, ins Haus zu kommen. Wie es sich für ein Atelier gehört, hingen an den Wänden großformatige Gemälde, auf einem langen Tisch lagen Stapel von Radierungen, und auf den Fensterbänken standen Töpfe, Gläser, ein „Perpetuum mobile" und als Originellstes ein Klavier, auf dessen Notenbänkchen eine kleine Lokomotive stand. Aha, die Eisenbahn war also seine Musik!

Ganz dröge erzählte er auf Befragen, daß er eine Feinmechanikerlehre absolviert habe, bevor er mit seinem Studium bei Karl Rössing in Stuttgart begonnen habe. An den Motiven ließ sich unschwer eine fabelhafte Phantasie ablesen. Eine alte Sonnenuhr, eine Montgolfiere, ein Raddampfer, ein Nashorn, ein Elefant, dessen Leib aufgeschnitten und nach oben und unten aufgeklappt war, so daß man ein kleines Elefantchen darin erspähen konnte; Kreislabyrinthe, Bergpyramiden, das „Globe theatre in London" waren die wiederkehrenden Themen seiner streng gebauten Kompositionen. Als Geistesgefährte kam möglicherweise der frühe Morandi in Betracht. Stilleben mit Tabaksdosen, Kanistern, Landkarten, Physikbüchern, Zifferblättern, Windrosen und altmodischen Beschriftungen gehörten zu seinem Vokabular. Gemälde, die er in alt-meisterlicher Akribie mit vielschichtigen Lasuren ausführte.

Bei seinen „Sieben Weltwundern" handelte es sich beileibe nicht um die bekannten Klassischen, die man seit der Antike dafür hält. Die „Camera obscura" zum Beispiel oder der „Babylonische Turm" oder das „Perpetuum mobile" oder eine „Bergwerksmine", das waren seine Weltwunder. Und immer wieder tauchte ein Labyrinth mit geheimnisvoll verschlungenen, geometrisch angeordneten Wegen auf, in dessen schwer auffindbarem Mittelpunkt eine Kugel als Symbol der Vollkommenheit lag.

Wir stöberten gemeinsam in den Radierungen, den Zustandsdrucken, die zuhauf auf dem großen Tisch lagen. Eine Kaltnadelradierung von 1957, „Die Gumpelshaimer story", hatte es mir besonders angetan; ein Querformat in den ungewöhnlichen Maßen von 30 × 70 cm. Eine Musik-story! Im linken Drittel das Portrait des Adam Gumpelshaimer, der von 1559 bis 1625 in Augsburg gelebt hatte und geistliche Lieder und protestantische Kirchengesänge komponiert hatte. Im Mittelfeld eine gewaltig große Posaune, die mit dem Maß 3 m[1] angegeben war, aus der Noten entfleuchten, für die er ff / fortissimo eingegeben hatte, dazu – schön aufgereiht – Banjo, Saxophon, Klarinette, Jazzinstrumente. Im rechten Drittel dampfte ein Mississippi-Schiff aus zwei Schornsteinen; auf dem einen saß ein Männchen und blies Trompete, aus dem anderen quollen eine Unmenge Noten: „Schall und Rauch".

Rolf lachte amüsiert, als ich ihn bat, mir diese Radierung zu kaufen, es sei schließlich unser Hochzeitstag, da gehöre es sich sowieso, seiner Frau etwas Schönes zu schenken (der jedoch erst drei Wochen später war!).

„Och nö", meinte Meckseper, „verkaufen will ich eigentlich nichts."

„Warum denn nicht? Wovon leben Sie denn?"

„Na ja! Erst wollen wir mal einen Schnaps trinken, dann sehen wir weiter."

Weil ich mich auf das Bitten verlegt hatte, räumte er ein: „Na schön, das Blatt hat einen kleinen Knick an der Ecke, das können Sie für hundertfünfzig Mark haben."

Ob wir denn mal seine Bilder in unserem Studio ausstellen sollten, fragte Rolf.

„Och nö, ich weiß gar nicht, was ich so im nächsten Jahr vorhabe. Da warten wir man lieber noch ein bißchen, dann habe ich auch mehr zu zeigen."

Dann gestand er, daß er nach Rom fahren müsse, man habe ihm den „Villa-Massimo"-Preis verliehen! So verblieben wir, daß er sich melden solle, wenn er glaube, daß die Zeit für eine Ausstellung reif sei.

Im Sommer 1965 stand er eines Nachmittags in Hameln vor unserer Haustür.

„Herr Meckseper, das ist ja mal eine Überraschung! Kommen Sie rein. Da wird sich mein Mann bestimmt auch sehr freuen."

„Och, ich wollte bloß mal reinschauen, mal sehen, wie's so geht."

„Herr Meckseper, soll ich mal schnell einen guten Kaffee machen?"

„Man bloß nicht!"

„Lieber Tee?"

„Nö, auch nicht."

„Möchten Sie vielleicht lieber einen Cognac?"

„Ja, das klingt schon besser."

„Schade, hier ist nur noch ein Rest in der Flasche. Aber vielleicht möchten Sie die kalten Sachen ebenso gern trinken?"

„Wie unterscheiden Sie denn die kalten von den warmen Getränken?"

„Na, das ist ganz einfach, einen Cognac kühlt man nicht, während ein guter Himbeer- oder Kirschgeist im Kühlschrank stehen muß."

„Ach so, dann nehmen wir die kalten Geister."

Als Rolf abends nach Haus kam, war er nicht wenig erstaunt, den lieben Friedrich Meckseper und die leeren Flaschen vorzufinden. Erstaunlicherweise war unser Freund aber gar nicht angesäuselt. Völlig seiner Sinne und seiner Sprache mächtig, erzählte er nach dem Abendessen von seinem römischen Jahr, das er mit einem weiteren Stipendium, das der Kulturkreis im Bundesverband der Deutschen Industrie verliehen hatte, bis nach Griechenland ausgedehnt hatte.

Ob er denn nun soweit sei, daß wir an eine Ausstellung denken könnten, wollte Rolf wissen.

„Na ja, wenn Sie meinen."

„Aber, lieber Meckseper, unser Ausstellungsprogramm für 1966 ist nun schon perfekt, da müßten Sie bis 1967 warten. Wollen Sie das?"

„Klar! Wir laufen uns ja nicht davon. Machen wir, dann kann ich noch ein bißchen malen."

Am 21. Januar 1967 erschien Meckseper – inzwischen 30 Jahre alt geworden – zur Eröffnung seiner Ausstellung. In seinem Cordsamtanzug, mit dem Schnauzer, bot er eine flotte Erscheinung, der man überhaupt nichts Versponnenes anmerken konnte. Es hatte sich so nach und nach eine Art Geselligkeit nach den Eröffnungen entwickelt, mit den Künstlern, ihrem Anhang und Mitgliedern in der Halle des Studios zusammenzubleiben. Einige Herren vom Vorstand gingen zu den nahe gelegenen Bratwurst- und Hühnergrillbuden, holten das Gewünschte, eine Kiste Bier stand bereit, und schon entstand eine gesprächige Runde. Das gefiel Meckseper! Er schien gelöst und zufrieden. Ab und zu griff er in seine Westentasche und bediente sich aus einem Flachmann. Plötzlich sprang er auf, öffnete die Portaltür nach außen und rief auf den nächtlich leeren Theaterplatz hinaus, man möge reinkommen und mitfeiern. Mit galanter Geste bat er eine imaginäre Dame herein und führte sie zum Tanz. Uns forderte er auf, das gleiche zu tun. Das ließen wir uns nicht zweimal sagen; jeder nahm sich einen imaginären Partner und walzte durch die Halle.

Als wir Meckseper mit neuen Gemälden und Radierungen 1982 erneut ausstellten, ließ er sich mit Behagen mehrmals diese Tanzgeschichte von mir erzählen.

Um den treuen Mitgliedern die Möglichkeit zu geben, eine Druckgraphik als Jahresgabe wohlfeil erwerben zu können, baten wir stets jene Künstler, denen wir eine Einzelausstellung eingeräumt hatten, um solch eine Graphik zum Vorzugspreis. Meckseper sagte gern zu, das wolle er sich überlegen; er lasse von sich hören.

Im Herbst 1968 kam ein handgeschriebener Brief:

Liebe Frau Flemes, ich habe heute einen Probedruck abgeschickt, vielleicht gefällt er Ihnen und den Kunstkreisleuten. Ich möchte die Auflage nicht größer als 120 Stück haben, so daß Sie eventuell alle Drucke bekommen. Statt Honorar dachte ich an 20 Mark pro Stück für mich, worin die Druckkosten und etwas für mich drin wäre. Wenn es aber zuviel ist, genügen auch 15 Mark. Wenn Sie das Blatt für 20 oder 25 Mark verkaufen, hätten wir alle einen kleinen Gewinn (der Winter steht vor der Tür und ich möchte mir gern ein neues warmes Hemd kaufen). Selbstverständlich brauchen Sie – wie abgemacht – nur soviele abzunehmen, wie Sie brauchen, also kein Risiko (es sei denn, die Mitglieder vergessen zu zahlen.) Ist's so recht? Oder hätten Sie's gern anders?

Herzliche Grüße, bitte auch Ihrem Mann zu bestellen,

Ihr Friedrich Meckseper

Pünktlich vor Weihnachten kam das dicke Paket mit den Radierungen an. Vor einem senffarbenen Hintergrund steht auf einer Tischplatte ein zylindrischer Topf, der mit OEL bezeichnet ist, daneben liegt die berühmte rote Kugel.

Wir verkauften das Blatt für 30 Mark an die Mitglieder. Heutzutage, wenn die Radierung einmal im Kunsthandel noch auftaucht, stellt sie eine hoch bezifferte „Wand-Aktie" dar.

Zum Thema „Alte Freunde – Neue Arbeiten" hatten wir Meckseper natürlich auch eingeladen. Nun ging um die Radierungen ein „Geriß" unter den Mitgliedern und Sammlern vor sich, alle waren auch gewillt, ganz andere, erheblich andere Preise zu entrichten. Er hatte von jeder Radierung jeweils nur ein Exemplar zur Verfügung gestellt. Am begehrtesten waren die Farbradierungen „The Nobel Prizes", die er auf seine Weise verliehen hatte mit den Themen: „Physics", „Chemistry", „Medicine", „Literature", „Peace" und „Economics".

Zum Glück hatte er noch kleinformatige Blätter gesandt, so daß die vielen Sehnsüchte, ein Meckseper-Blatt zu besitzen, gestillt werden konnten.

EIN ABGELEGENES FELD

Bei Gelegenheit fragte ich Gustav Seitz, ob er sich eine Ausstellung mit einem griechischen Thema interessant vorstellen könne. Mir schwebe da etwas vor, zu dem man viele lebende Künstler einladen könne. Vielleicht sei es ein wenig zu literarisch. Was er von dem Titel „Griechische Inspirationen deutscher Maler und Bildhauer" halte? Ich dächte dabei auch, daß wir für die Bildung der Jugend ein wenig mit sorgen könnten. Die Kunsterzieher unserer Hamelner Gymnasien und Realschulen seien auf vorbildliche Weise bemüht und ganz aktiv, ihren Schülerinnen und Schülern die zeitgenössische Kunst nahezubringen. Hin und wieder eigne sich eine Ausstellung sogar für ein Abiturthema. Ob das nicht auch eine Verpflichtung bedeute, einmal ein abgelegenes Feld zu bestellen?

Gustav fand die Idee mit ihrem geistig-sinnlichen Gehalt sehr aussichtsreich. Wir sollten es uns nicht verdrießen lassen, einen Beitrag zu dem wohl niemals endenden Einfluß der griechischen Antike auf die bildnerischen Kräfte unserer Zeit zu leisten. Es treffe sich im übrigen sehr gut, er wolle mit Luise bald wieder einige Wochen in Griechenland verbringen, ihm gehe es dieses Mal um die antiken Torsi. Er habe vor, für eine Porta d'Amore Material zu sammeln.

Er sagte spontan zu und versprach sogar, einige Kollegen dafür zu gewinnen. Unsere Einladungen verschickten wir an Künstler, von denen wir wußten, daß sie häufig in Griechenland gearbeitet oder einige Zeit lang dort gelebt hatten. Das Echo war erstaunlich; erstaunt – begeistert – zögernd! Aber alle sagten ihre Teilnahme zu. Die Vorbereitungen gediehen zu einer üppig blühenden Arbeit, denn außer dem Schriftwechsel mit den Künstlern galt es noch, private Leihgeber zu gewinnen, sich für zwei Monate von ihren Schätzen zu trennen.

Für den Katalog schrieb kein Geringerer als Erhart Kästner, der Autor jener berühmten Griechenlandbücher „Ölberge – Weinberge" und „Die Stundentrommel" einen Essay zum Geleit:

Spät, sehr spät ist die griechische Landschaft von den Malern ent-
deckt worden. Italien, die umbrische, die toskanische Landschaft war
seit Jahrhunderten entdeckt und gemalt worden, da war die griechi-
sche Landschaft immer noch unentdeckt, ungemalt. Dann kam Karl
Rottmann; seine Leistung ist staunenswert, allein schon wenn man
sich vorstellt, welche Mühen es zu seiner Zeit kostete, in der Hitze,
ohne Obdach, im Ungeziefer, auf Segelschiffen, über Land und über
die Ägäis zu reisen. Aber Rottmann hatte das Glück, noch aus der
Vorstellung einer mythischen Landschaft schöpfen zu können. Noch
im Banne des Klassizismus und der Romantik glaubte er, die Götter,
Nymphen, Dryaden, Tritone, den großen Pan noch zu spüren, nicht
in menschenähnlichen Gestalten, so in die Irre wollte er nicht gehen,
aber anwesend, waltend. Damit ist es in unseren Tagen vorbei. Das
wären unglaubwürdige Rückgriffe. Der Künstler, den es nach Grie-
chenland zieht, hat es schwerer; kann wer sich denn noch erzählen,
die Tempel seien die Schlüssel, die ihm das Wunder Griechenland
aufschlössen?

Von Maillol, der im Jahre 1906 mit dem Grafen Keßler und Hof-
mannsthal in Griechenland war, wird berichtet, er habe, kaum den
griechischen Boden betretend, immer wieder gerufen: „Aber das ist
hier ja wie in Banyuls, wie zu Haus in Banyuls." Ihm, dem großen
Naiven, dem Verächter des Hermes von Praxiteles, den er „Marseil-
ler Seife" nannte, ihm, der erschüttert war in Olympia vor den ar-
chaischen Giebeln, ihm, dem damals noch Unzeitgemäßen, schien es,
als spende ihm Griechenland, was er geahnt und gewußt und mitge-
bracht habe. Kann man etwas Schöneres über Griechenland sagen?

Es wird immer wieder empfunden, das Licht über den griechi-
schen Inseln, überm Hymettos, über den Küsten von Methone, über
den Weißen Bergen auf Kreta leuchte sonst nirgendwo auf der Welt,
und das ist so. Vielleicht aber ist das Licht der griechischen Land-
schaft so anders nicht als in der Provence, auf Sardinien, Korsika,
Mallorca, an sizilischen und spanischen Küsten, und es läßt sich
nicht leugnen: das Wunder des südlichen Mittags ist in Süd-
frankreich, nicht in Hellas entdeckt worden.

Das Licht, natürlich. Wenn man es preist, meint man schon das,
worauf es eigentlich ankommt. Wer einreist in das Licht jenes Lan-
des, wird an sich erfahren, daß er mit allem, was er mitgebracht hat,
hier nicht auskommt. Er sieht sich, in diesem Licht, vor Unbedingtes
gestellt. Der Künstler fühlt: hier gilt nicht, was anderswo durchgeht.

Hier fällt ab, was anderswo wichtig ist. Vordergründe zählen hier
gar nicht. Die griechische Landschaft, das griechische Licht, das ist
eine Kraft, die befähigt, zu fühlen: jetzt fange alles erst an.
Und was wäre Kunst anderes als dies: in jedem Augenblick An-
fang?

Am 27. April 1968 konnten wir die Ausstellung mit 106 Arbeiten eröffnen. Eine Zusammenstellung von Kunstwerken,
der man ungewohnt lange Zeiten der Betrachtung widmen
mußte, um sich auf die Orte in Griechenland oder in die von
ihnen ausgegangenen Impressionen einzusehen.

Gerhard Ausborn: Gemälde von Mistra, den Ruinen über
Sparta, der Insel Thasos. Eduard Bargheer: Probedrucke zu
„Antigone", Aquarelle zu Fischern am Meer, Poseidon. Heinz
Battke: Radierungen zu „Platon: Das Gastmahl oder Über die
Liebe". Friedrich Berndt: Federzeichnungen zu Delphi, Olym-
pia, Bassae. Gerhard Dietze: Aquarelle und Tuschzeichnungen
zu Nauplia, Mani, Kardamyli. Werner Gilles: Aquarelle und
Gouachen zu Orpheus. Paul Eliasberg: Aquarelle zu kykladi-
schen Inseln. Barbara Haeger: Skulpturen „Kumäische Si-
bylle". Oskar Kokoschka: Lithographien zur Odyssee. Fritz
Kreidt: Federzeichnungen nach Griechischen Impressionen.
Arndt Maibaum: Radierungen zu „Pythischer Orakelspruch",
„Der Tod des großen Pan". Gerhard Marcks: Skulpturen zu
Maultier- und Eselreitern, griechischen Tänzern. Georg Mu-
che: Gemälde zu „Eos", „Rückkehr vom Hades", „Hephaistos
schmiedet den Pegasos". Ursula Querner: 15 Skulpturen zur
Europa, Nymphen, Circe und Odysseus, flötespielender Pan.
Richard Seewald: Federzeichnungen zu Aigina, Korfu, Naxos,
Phaleron. Gustav Seitz: Bronzereliefs zu griechischen Liebes-
paaren. Ekkehard Thieme: Radierungen zu „Hiskia". Claus
Wallner: Gemälde von Früchten, Häusern am Meer. Hans
Wimmer: Bleistiftzeichnungen nach einem griechischen Torso.
Eva-Maria Oesterlen: Großfotos griechischer Architektur.

Genug Anregungen für den Einführungsvortrag, den Prof.
Dr. Georg Hoeltje über „Das Land der Griechen mit den Sinnen suchend" hielt.

Es sei, meinten einige Mitglieder, als ob eine reichbestellte
Tafel zum Genuß all der Leckerbissen auffordere. Drum

konnte sich das festlich gestimmte Publikum nur schwer entschließen, das Studio zu verlassen. Es ist zudem auch ein menschliches Bedürfnis, sich mit Gleichgesinnten auszutauschen; und hier galt es obendrein, eigene griechische Erlebnisse aus der Erinnerung zu holen. Dafür mußten wir Verständnis haben und geduldig warten, bis wir schließen konnten. Andererseits gab es uns auch ein Hochgefühl, daß das angeschlagene Thema derartigen Beifall fand.

Als die Besucher nach Haus gegangen waren, überschlugen Rolf und ich die Zahl der „Hinterbliebenen" und luden diese ein, zu einem frugalen Mahl mit uns nach Haus zu kommen. Es war schon 20 Uhr geworden, und alle hatten Hunger und Durst bekommen.

Bekanntlich sind improvisierte Feste oft die gelungensten!

Damit wir schnell zur Sache kommen konnten, boten alle ihre Hilfe an: Luise Seitz zog mit der Hamburger Fotografin Ingeborg Sello den Eßtisch aus und deckte die Tafel. Ingeborg Dietze betätigte die Brotmaschine und rührte ab und zu im Gulaschsuppentopf. Ursula Querner putzte Radieschen und zog Weckringe aus Gurken- und Kürbisgläsern und richtete alles appetitlich an. Ich schnitt niedersächsische Schinkensorten und Mettwurst auf und holte den am Vortag in Essig und Zwiebeln eingelegten Mainzerkäse aus der Speisekammer. Derweil holte Rolf mit Gerhard Dietzes Hilfe etliche Körbe voller Wein aus dem Keller und bat Gustav Seitz, die Weinprobe vorzunehmen. Fritz Kreidt, der Jüngste, wollte Himbeergeist als Aperitif anbieten, stolperte über eine Schwelle mit dem Tablett, so daß sich der ganze Segen klirrend auf den Fußboden ergoß. Ich versuchte den armen Pechvogel zu trösten, ein gebrochenes Bein wäre bestimmt schlimmer gewesen.

Zur selbstauferlegten Buße saß er nach dem Essen auf dem Teppich in der Bibliothek und zeichnete unablässig im Gästebuch ein weitläufiges Weserbergland mit Ratten, die einem flötespielenden Paar nachliefen: das sollten wohl Rolf und ich sein! Sich selbst stellte er über den Wolken schwebend als Engel dar, dem ein Tablett mit purzelnden Gläsern entgleitet, und schrieb in Minischrift dazu: „Kreidts Himbeergeist mit dem Ausdruck des Bedauerns." Das wiederum brachte die anderen auf den Plan, nun ihrerseits auf anderen Seiten zu zeichnen und beschwipste Ratten und Rattenfänger zu kritzeln. Kreidt zeichnete noch ein winziges Rund als Abschluß und setzte in Spiegelschrift darunter „Rattensteak nach dem Rezept von Madame Seitz." Gustav Seitz zog es vor, nach nebenan zu gehen und in den Ausstellungskatalog ein griechisches Liebespaar zu zeichnen. Das allerdings wurde ein richtiges Kunstwerk!

Diese denkwürdige, ausgelassene Nacht endete um 2 Uhr morgens. Eigentlich wollte sich so recht keiner entschließen, aufzuhören; alle wollten diese „herrliche Chose" noch einmal von vorne anfangen. Es gelang Rolf aber, dieses, beziehungsweise ein anderes Unternehmen auf den Vormittag zu verschieben.

Also trafen wir uns alle im Studio, bevor wir zum Forellenessen ins Forellental aufbrachen. Endlich konnte die Sello in aller Ruhe die ausgestellten Kunstwerke fotografieren. Das war am Vortag wegen der Überfüllung bei der Eröffnung gar nicht möglich gewesen. Einige ihrer Aufnahmen, die sie uns später zusandte, wurden für unser privates Archiv zu wichtigen Dokumenten. Sie hatte unter anderem Ursula Querner und Gustav Seitz, die sich unbeobachtet glaubten, im Gespräch aufgenommen, und zwar vor einer hohen Schrankvitrine, in der Kleinplastiken beider Künstler aufgestellt waren. Das wäre nichts Außergewöhnliches gewesen. Die Sello hatte sich auf der anderen Seite der Vitrine postiert und durch die Glasscheiben fotografiert. Außer den Schwarzweißfotos hatte sie noch Negativ-Abzüge hergestellt. Wie auf einem Röntgenbild standen die beiden Freunde zusammen und wirkten wie Schemen aus dem Totenreich.

Eine tragische Vorahnung dessen, was sich im nächsten Jahr ereignen sollte. Beide Bildhauer erlagen ihren schweren Erkrankungen: Ursula starb 47jährig und Gustav Seitz 62jährig!

DIE ZEBRAS

Als ich Ursula Querner zur Vorbereitung der griechischen Ausstellung in ihrem Atelier in Hamburg besuchte, fragte sie beiläufig: „Sagen Sie mal, haben Sie schon einmal von den Zebras gehört?"

„Was meinen Sie, die Zebras in Hagenbecks Tierpark?"

Sie lachte und wehrte ab: „Nein, natürlich nicht. Ich meine diese jungen Leute hier in Hamburg, die eine Gruppe mit dem Namen ZEBRA gegründet haben. Das sind Maler, die gerade mit ihrem Hochschulstudium fertig geworden sind."

„Ach so, das interessiert mich aber brennend. Was machen sie denn so Besonderes?"

„Ich habe noch nichts gesehen. Aber das Manifest, das sie herausgegeben haben, ist schon umwerfend. Das hat hier in Hamburg wie eine Bombe eingeschlagen."

Sie erzählte mir, daß sich 1960 die vier Studenten – Dieter Asmus, Peter Nagel, Nikolaus Störtenbecker, Dietmar Ullrich – in der Hochschule für Bildende Künste begegnet seien. Was sie dann zusammengeführt habe, sei die Ablehnung des Tachismus und des abstrakten Expressionismus gewesen. Sie hätten die Abstraktion als zu unverbindlich, als Verführung zur Dekoration empfunden. Um sich von den Forderungen der Hochschule und der Dozenten freizuhalten, hätten sie begonnen, als Gruppe zu arbeiten und sich die realistische Malerei aufs Panier geschrieben. Und 1964 hätten sie dann die Gruppe ZEBRA gegründet.

„Ursula, haben Sie das Manifest schon gelesen? Und woher wissen Sie das alles? Das klingt ja schier unglaublich!"

„Das konnte ich mir gleich denken, daß Sie darauf anspringen würden", erwiderte Ursula, „die Mutter von Nikolaus Störtenbecker hat sich als Anlaufstelle zur Verfügung gestellt und regelt den Bürokram. Rufen Sie sie doch mal an, vielleicht können Sie ihr einen Besuch machen. Dann werden Sie mit Sicherheit mehr erfahren."

Frau Störtenbecker war sehr gesprächsbereit und schilderte, wie die Vier die „art informel" so gründlich satt gehabt hätten, daß sie sich schroff abgewandt hätten. Nun wollten sie mit vereinten Kräften versuchen, Bilder mit Figuren und Gegenständen zu malen, in denen sie sich auch mit den Phänomenen der Umwelt auseinandersetzen wollten; eine neue Formel versuchten sie zu finden, in der Menschen eine wichtige Rolle spielen sollten.

Es war sehr überzeugend, was ich erfuhr, auch, daß Frau Störtenbecker ganz hinter den revolutionären Ansichten ihres Sohnes und seiner Freunde stand. Sie konnte mir zwar nur wenige Originale zeigen, die ich allerdings ganz verblüffend fand. Das Verblüffendste aber war das Manifest, das ich nun endlich lesen konnte:

ZEBRA – MANIFEST NO 1 / NOV. 64 – FEB. 65
DER NEUE REALISMUS

1. Die <u>Unverbindlichkeit</u> innerhalb der Künste muß aufhören! Wir fordern deshalb für die Malerei eine <u>allgemeinverbindliche gegenständliche Grundlage</u>, die Erstellung einer <u>umfassenden Formel</u> für Figuren, Gegenstände, Landschaften etc., mit der jeder nach seinen Bedürfnissen arbeiten kann.

2. Die erste Hälfte des 20. Jahrhunderts war beherrscht durch die Abstraktion, die 2. Hälfte sollte einem <u>Neuen Realismus</u> gehören, der einerseits die formalen Errungenschaften integriert, andererseits aber auf eine (<u>drastische</u>) Bedeutung hinzielt.

3. Es ist ein unhaltbarer Zustand, daß die Malerei seit Jahrzehnten einen hochgezüchteten Individualismus pflegt, der sich darin gefällt, „Seelenlandschaften" herzustellen, die schließlich nur noch für den jeweiligen Erzeuger bindend und verständlich sind, anstatt sich um die längst überfällige künstlerische Bewältigung einer inzwischen <u>total veränderten Umwelt</u> zu kümmern.

4. Wir fordern daher eine Malerei, die sich direkt mit den Phänomenen dieser Umwelt auseinandersetzt. Vorrangig abzubilden sind dabei – außer der menschlichen Figur – diejenigen Dinge, die unsere Umgebung heute in hohem Maße prägen, in ihr oft vorkommen, noch nie gemalt wurden oder <u>optische Phänomene der modernen technisierten Welt</u> typisch widerspiegeln wie Autos, Flugzeuge,

Plastikgegenstände, Sportgeräte, Spielzeug usw. Im Kontext mit Figur, Tier, Pflanze könnte so das ambivalente Spannungsverhältnis zwischen den Lebewesen und die sie umgebende Technologie gezeigt werden.

5. Die Form hat sich dabei nach den Dingen, nach ihrer Bedeutung und der Beziehung der Dinge untereinander zu richten – nicht umgekehrt. Der formale Kodex ergibt demzufolge aus ihren hervorstechendsten Eigenschaften: Plastizität für die Gegenstände und Figuren, Flächen für Hintergründe, Lokalfarbigkeit.

6. Die Figuren im Bild sollten also nicht nach optischen Gesichtspunkten funktionieren, sondern nach funktionalen, von „innen nach außen". Nicht das Zufällige, Individuelle und Anekdotische interessiert, sondern das Allgemeine. Deshalb muß alles fehlen, was vom Prototypischen ablenkt: eine zufällige Beleuchtung, eine zufällige Oberfläche, eine zufällige Färbung der Dinge, zufällige Räumlichkeit und Umgebung usw. Statt dessen: Körperplastizität, glatte Oberfläche, Lokalfarbe, Zentralperspektive, Mittelkomposition, Exponierung der Figur.

7. Es geht in diesem Moment der Malerei um die komplexe Neuerstellung von Dingen im Bild, um das ABC der Dinge, ohne auf die vorabstrakte Malerei zurückzugreifen. Mit dieser Grundlage könnte eine neue, wirklich bedeutende realistische Malerei des 20. Jahrhunderts mit verschiedenen Ausformungen möglich werden.

8. Unser Welt-Bild wird heute optisch zumindest 90 % durch Bildvorstellungen bestimmt, die kein Künstler geschaffen hat: Werbung, Fotografie, Film, Fernsehen haben Sehgewohnheiten entstehen lassen, die von bildenden Künstlern erst zu einem geringen Teil reflektiert worden sind. Fotos in Zeitungen, Zeitschriften usw. wurden bislang besinnungslos konsumiert – ihre Bewußtmachung ist längst überfällig. Die typischen Stilmittel der Fotografie sind: „verzerrte" – also objektive – Perspektive (Tele, Weitwinkel), Aufsicht („Vogel"-Perspektive), Untersicht („Frosch"-Perspektive), Farbstichigkeit (künstliche Beleuchtung), „Einfrieren" von Bewegungen (Kurzzeitbelichtung), „Verwischen" (Langzeitbelichtung), Aus-

schnitt, Anschnitt u. v. m. Wer sich heute mit der Erstellung einer neuen gegenständlichen Malerei befaßt, kann an den total veränderten Sehgewohnheiten seiner Zeitgenossen nicht vorbeigehen, muß also die Sicht der Kamera in hohem Maße mitreflektieren und in seine Malerei mit einbeziehen.

9. Diese komplexe Aufgabe ist von einem einzelnen Künstler kaum oder nur über lange Zeiträume zu lösen. Nach 5jähriger Zusammenarbeit (seit 1960) stellen wir fest, daß an künstlerischen Problemen, reflektiert durch verschiedene Mentalitäten, in der Gruppe schneller und präziser gearbeitet werden kann. Ein Zusammenschluß macht unabhängiger von finanziellem und gesellschaftlichem Druck. Wir gründen hiermit die Gruppe ZEBRA.

10. Alle Künstler müssen, ohne dabei im mindesten ihre Eigenständigkeit zu verlieren, im Interesse effektiver geistiger Lösungen und der Überwindung ihrer Isolation sowohl untereinander als auch nach außen, sich ihres gemeinsamen Potentials bewußt werden. Nur so kann Kunst diejenige Stellung in der Gesellschaft erreichen, die ihr ihrer Bedeutung nach zukommt – nämlich eine zentrale.

Nachdem ich das Manifest ein zweites Mal studiert hatte, mußte ich meine Gedanken ordnen. Das waren Forderungen, Einsichten in komplexe Aufgaben, an sich selbst gestellte Aufgaben, ziemlich rabiat formulierte Feststellungen über die Situation der Malerei.

Das Faszinierende und total Neue war das Herausstellen einer veränderten Umwelt!

Wie recht die Zebras hatten!

Wie unerhört mutig sie waren!

Ich versprach Frau Störtenbecker, so schnell wie möglich von mir hören zu lassen, ich müsse meinem Mann und dem Vorstand des Kunstkreises Manifest und nähere Umstände schildern.

Als ich Keiser von meinen sensationellen Neuigkeiten berichtete, wußte er natürlich längst Bescheid, er kannte das

Manifest und bestärkte uns vor allen Dingen darin, diesen ZEBRAS eine Chance zu geben. So organisierten wir zusammen eine Ausstellungsreihe, die eine größere Wirkung versprach, als wenn der Kunstkreis allein eine Ausstellung zeigen würde. Keiser nutzte seine Verbindungen zu Kollegen und wir die unsrigen zu befreundeten Kunstvereinsleitern. Was wir bezweckt hatten, trat tatsächlich ein: im Laufe des Jahres 1968 wurden die ZEBRAS in Oldenburg, Recklinghausen, Kassel, Braunschweig, Hameln, Bremerhaven, Hamburg vorgestellt. In dieser breiten Front hatten die Zeitungen Notiz davon zu nehmen, daß vier junge Maler die Gruppe ZEBRA gegründet hatten und daß eine so große Anzahl bedeutender Kunstvereine sich zu dem neuen Programm bekannt hatte. Einigen Kritikern schien es zu gefallen, daß man sich das Zebra, sozusagen wegen des hohen Grades an Widerborstigkeit, als Wappentier auserkoren hatte.

Plakat und Katalog zeichneten sich ganz ungewohnt durch ein gleichmäßig angeordnetes Raster von weißen und schwarzen Streifen aus, in deren Mitte ein Zebra im Maßstab 1 zu 6 stand. Die Einladung, die jeder individuell gestaltete, hielten wir genauso, hier allerdings wanderten vier Zebras in unregelmäßigen Abständen am unteren Rand des Querformates entlang. Wir informierten darin: „Im Katalog zu dieser Ausstellung wird die ‚Gemeinsame Richtung' der vier noch unter dreißig Jahre jungen Maler formuliert. Sie streben eine ‚neue Gegenständlichkeit' an und erheben die menschliche Figur zu ihrem zentralen Thema." Es heißt wörtlich: „Menschliche Gefühle werden scheinbar kühl betrachtet und kühl dargestellt." Einen Redner zur Einführung brauchten wir nicht aufzufordern. Nikolaus Störtenbecker machte sich anheischig, selber zur Einführung zu sprechen zu den Fragen: „Was ist Realismus?", „Gibt es politische Kunst?", „Ändert Kunst die Gesellschaft?", „Ist Kunst moralisch?" Und anschließend führte Störtenbecker durch die Ausstellung, zu der natürlich Dieter Asmus und Dietmar Ullrich ebenfalls gekommen waren. Peter Nagel weilte in Rom, man hatte ihm den „Villa-Massimo"-Preis verliehen!

Die kompositionell großzügig ausgewogenen Bilder jagten unseren Besuchern zunächst frostige Kälte und Nüchternheit ins Gemüt, obwohl niemand an der hohen Begabung der jungen Maler zweifelte. Der Appell, wieder und wieder zu kommen und zu versuchen, das fanatisch bezeugte Programm zu verstehen, wurde jedoch angenommen. Man gewöhnte sich an die wie im luftleeren Raum ballspielenden Figuren, an die leeren und überfüllten Strandkörbe, an die Kinder, die in Unmengen von Spielzeug zu ersticken drohten, an Vitamintabletten, an Taucherinnen, an leere Liegestühle, an Fußballer, an Trompeter, an Flugzeuge, die über einer nachtschwarzen Steinwüste dahindüsen.

Es kam soweit, daß sich die Kunstfreunde am Schluß der Ausstellung nur schwer von den Bildern trennen konnten; vor allen Dingen die beiden Kunsterzieher Hans Düne und Hans Herzberg, der sogar eine instruktive, positive Kritik für unsere Lokalzeitung verfaßt hatte.

Der eindeutige Wunsch, die Maler um eine Jahresgabe zu bitten, war der beste Beweis für den Publikumserfolg. Dieter Asmus schuf einen fünffarbigen Siebdruck „Fliegende Taube" und Nikolaus Störtenbecker einen dreifarbigen Siebdruck „Rollbahn". Die Blätter gingen weg „wie warme Semmeln". Peter Nagel schrieb an Rolf aus Rom:

Mit großem Interesse habe ich den Bericht gelesen, den mir Frau Störtenbecker über die Eröffnung der Hamelner ZEBRA-Ausstellung geschrieben hat. Er klingt sehr erfreulich, und ich bedaure nur, daß ich an diesem Tage nicht auch dabei sein konnte.

Sehr herzlich möchte ich mich für die großzügige Einladung zu einer Schiffsreise bedanken. Über solch ein unerwartetes Geschenk habe ich mich ganz besonders gefreut. Obwohl ich an der Waterkant aufgewachsen bin, ich bin Kieler Jung, habe ich nie eine längere Seereise machen können, ich habe aber immer im stillen davon geträumt. Nun bin ich in Rom und kann mich auf ein weiteres hervorstechendes Erlebnis freuen. Ich werde mich zu gegebener Zeit wieder an Sie wenden.

Soeben habe ich auch die Zeitungskritiken erhalten. Positive wie negative Stellungnahmen sind für mich gleichermaßen wertvoll, zwingen sie einen doch immer wieder, die eigene Konzeption zu überdenken.

Mich überrascht es, wie aggressiv doch immer wieder unsere harte Malweise empfunden wird. Ich selbst finde unsere Malweise manchmal eher zu schön als aggressiv, aber das liegt wohl an dem fehlenden Abstand, den ich zu den eigenen Arbeiten habe. Im Rom verlebe ich eine glückliche Zeit. Diese Arbeitsverhältnisse sind geradezu ideal. Das riesige Atelier (10 m × 10 m × 10 m), in dem man sich richtig ausbreiten kann, lädt dazu ein, großformatig zu malen. Die Mitstipendiaten sind nett und verträglich, was nicht selbstverständlich ist, wenn 10 Individualisten für 10 Monate nebeneinander leben.

Rom ist als Stadt sehr spannend und anregend, wenn sich auch das „Rom-Erlebnis" heute vielleicht nicht so direkt auf die Arbeit der jungen Schriftsteller und Maler niederschlägt wie in früheren Zeiten. Vor allem scheint uns wichtig, daß wir uns 10 Monate ausschließlich unserer Arbeit widmen können, entbunden von Alltagspflichten, die ja doch oft eine konsequente Arbeit stark beeinträchtigen.

Und während in Deutschland sicherlich schon der Winter naht, steht im Garten der Massimo der Apfelsinenbaum mit gelben, reifen Früchten. Wir können uns gar nicht vorstellen, daß bald Weihnachten ist. Für die Betreuung unserer ZEBRA-Ausstellung in Hameln und die großzügige Einladung zu der Seereise danke ich Ihnen vielmals und bin mit freundlichen Grüßen

Ihr Peter Nagel

Es wurde zu einer probaten Gepflogenheit im Laufe der Jahre, die jemals ausgestellten Künstler in ihren weiteren Ausstellungen, ihren Fortschritten zu beobachten und mit ihnen weiterhin Kontakt zu pflegen. Daraus ergab es sich, daß auch den ZEBRAS Einzelausstellungen angeboten wurden, in denen wir auch unseren Mitgliedern beweisen wollten, wie wichtig ein spontanes Bekenntnis zu jungen, noch unbekannten Künstlern ist. Nikolaus Störtenbecker hatte zu poetischen Landschafts- und Interieurbildern gefunden; Dieter Asmus hatte zu Schwimmbad- und Erotik ausstrahlenden Mädchenbildern gefunden, Peter Nagel hatte kühne Strand-, Kinder-, Vögel- und Deckengemälde weiter entwickelt, wobei das kühnste eine „New-York-Disko" war, und Dietmar Ullrich malte grüblerische Selbstbildnisse, Freiballons, menschenleere Seestücke und immer wieder Karton-Darstellungen.

Als sich 1978 die Gruppe ZEBRA um drei Bildhauer erweiterte (nachdem Nikolaus Störtenbecker ausgeschieden war), widmeten wir den Bildhauern Christa und Karlheinz Biederbick 1982 ebenfalls eine umfangreiche Ausstellung für ihre farbigen Polyester-Skulpturen.

IN MÖRIKES PFARRGARTEN

Während eines sommerlichen Ferienaufenthaltes im Süd-
schwarzwald erprobten wir die Bekömmlichkeit dieser
„himmlischen Landschaft" (wie René Schickele sie bezeichnet
hatte), nachdem Rolf einen Herzinfarkt überwunden hatte, mit
einer idealen Kombination: morgens schwammen wir in den
Thermalquellen von Badenweiler, nachmittags wanderten wir
in luftiger Höhe von Waldparkplätzen, deren es unzählige
Möglichkeiten gab, und abends steckten wir unsere Füße unter die Wirtshaustische der „Ochsen", „Hirschen", „Bären",
„Rebstöcke" und labten uns an den köstlichen Markgräfler
Weinsorten.

Nach einer Wanderung über den Hochblauen befanden wir
uns auf dem Weg nach Kandern, wo wir beabsichtigten, uns
an den Kochkünsten der berühmten „Weserei" zu delektieren.

„Halt doch mal an", rief ich, „hier geht es ab nach Vogelbach."

„Vogelbach?" fragte Rolf. „Was ist denn in Vogelbach los?
Ich denke, wir wollen in die Weserei."

„Das können wir ja auch. Aber in Vogelbach wohnt der
Maler Jürgen Brodwolf, da könnten wir doch eben mal hinfah-
ren."

„Woher weißt du das denn?"

„Davon hat uns doch Keiser mehrfach erzählt. Demnach
muß das ja ein ganz Besonderer sein. Nur mal eben fragen, ob
wir in den nächsten Tagen mal kommen können, ja?"

„Na gut", räumte Rolf ein, wendete und fuhr auf einer ser-
pentinenartig ansteigenden Straße auf die Höhe.

Ein Dorf hatten wir erwartet, aber wir fanden nur ein paar
Häuser vor. Unter einer großen Linde spielten fünf Kinder, die
wir befragten, ob sie wohl wüßten, wo der Maler Brodwolf
wohne.

„Ja, da grad 'nüber, dort im rosa Häusle", riefen sie und
folgten uns alle miteinander, so daß wir uns wie die Rattenfänger vorkamen. Ein größerer Junge sprang eine doppelläu-
fige Treppe hinauf, auf deren Absatz eine Pappschachtel mit

Strumpfpuppen stand, und rief in den tiefergelegenen Garten: „Muotta, komm' geschwind, es isch B'such da!"

Die Hände voller eben aufgezogener Mohrrüben und Zwiebeln, erschien eine zierliche dunkelhaarige Frau, die uns natürlich ganz verdutzt fragend anschaute. Umständlich entschuldigten wir uns, daß wir so ohne Voranmeldung aufgetaucht waren; wir seien von einer Wanderung gekommen, hätten das Schild Vogelbach gesehen und uns dann spontan entschlossen, dem Maler Brodwolf einen kurzen Besuch abzustatten, wenn wir nicht zu ungelegen kämen.

„Nein, gewiß nicht!" erwiderte Frau Brodwolf, „das wird meinen Mann bestimmt erfreuen."

Sie nahm die Kinder, die sich alle als Brodwolf-Kinder entpuppten, an die Seite und stellte vor: Martin, Rahel, Christoph, Sabine, Oliver.

„Martin, lauf g'schwind hinauf zum Vater und richt' ihm aus, es wär' B'such da in Bezug auf die Kunst."

Wenig später hörten wir jemand die hölzerne Treppe hinunterpoltern, dann trat ein baumlanger, etwa fünfunddreißig Jahre alter Mann vor das Haus. Wir wiederholten unsere Entschuldigung und erwähnten Dr. Keiser, der uns von ihm erzählt habe.

„Ja, mein Atelier ist ganz oben unterm Dach, wenn Sie dahin mitkommen möchten?"

Unterwegs klärte er uns darüber auf, daß es kein Atelier mit Staffelei und Leinwänden sei, malen würde er unten im Haus. Hier oben arbeite er immer längere Zeit an Objekten, deren Herstellung etwas knifflig sei. Er führte uns zu einem Drehbock, auf dem ein gläserner Zylinder mit ca. 30 cm Durchmesser stand. In dessen Boden waren zwei gegenläufige Drehkreise angebracht, auf denen menschliche Gestalten hockten. Die kleinen Figuren hatte Brodwolf aus leeren Zinnfarbtuben geformt und ihnen menschliche Gestalt verliehen. Da ihnen der Verschluß fehlte, waren alle Figuren kopflos. Brodwolf setzte den Mechanismus in Gang, nun erst merkte man, daß sich die Figuren beim Drehen niemals anblickten, sie drehten und drehten sich in ihrer kopf- oder hirnlosen Menschenfeindlichkeit. Beklemmend, doch von ungeheurer Wirkung.

Nun kramte Brodwolf etliche andere Objekte hervor, die alle mit den Tubenmenschen installiert waren. Seinen offen zu Tage tretenden Pessimismus erklärte er damit, daß die Menschen heutzutage leider viel zu oft für sich und in ihrer selbstgewählten Exklusivität lebten und zu wenig Kontakt zu den sozialen Umständen ihrer Mitmenschen entwickeln würden. Das sei sein Thema, auch in der Malerei. Er sei überhaupt kein Pessimist, sonst hätte er ja nicht fünf Kinder. Aber Kunst müsse auch verändern wollen oder auf Mißstände aufmerksam machen! „Schöne" Bilder müßten andere malen; hin und wieder erhole er sich allerdings auch mit Aquarellmalerei.

Unten wieder angekommen, zeigte er uns das Haus. Es sei ehemals ein altes Pfarrhaus gewesen, der Pastor habe aber ein neues haben wollen. Da habe er es günstig erwerben können. Schon von draußen waren uns die schön gegliederte Architektur des Hauses und das Walmdach aufgefallen, der im Markgräfler Land häufig anzutreffende rosa Anstrich und die grünen Türen und Fensterläden: eine architektonische Harmonie, die nichts von den Problemen des Hausherrn verriet.

In verschiedenen niedrigen Stuben hatte er große Leinwände deponiert, die er nun eine nach der anderen hervorholte. „Nr. 65" hieß das erste Gemälde: in einem Spitalbett ein alter Mann mit eingefallenem Gesicht, die Fieberkurve und die Nummer 65 zu Häupten. „Wer wird sich um diesen alten Menschen kümmern, der vielleicht keine Angehörigen mehr hat? Der Tod wartet auf ihn, er ist nur noch eine Nummer" war der Kommentar.

„Rollstuhl" hieß das nächste Bild: in einem altmodischen Rollstuhl ein sechsjähriges Mädchen. Das Abstruse war eine Montage, dergestalt, daß ein reales Rad dieses Rollstuhles aus der Leinwand hervorragte; der linke Arm des gelähmten Kindes, mit buntem Stoff bekleidet, lag angewinkelt – ebenfalls real – auf der Leinwand, und in der hölzernen Hand hielt das Mädchen ein Gebetbuch. „Das Kind war verunglückt, es wird zeitlebens mit dem Gebetbuch im Rollstuhl verbringen, so will es der Glaube, so wollen es die Eltern! Schauen Sie hier, diese Holzhand stammt von einem uralten wurmstichigen Kruzifix, den ich auf dem Dachboden des Pfarrhauses beim Einzug gefunden habe."

Wir waren erschüttert über die quälende Aufrichtigkeit, mit der Brodwolf seine Mahnungen in Kunst umzusetzen wußte. Außerdem schien ihm das offensichtlich keine Reichtümer einzutragen.

„Wollen Sie noch Radierungen sehen?"

Eine richtige Druckerpresse stand in dem kleinen Raum. Er habe sie von einem Baseler Sammler seiner Radierungen geschenkt bekommen. Er habe ihm versprochen, von jeder Radierung fortan einen Abzug zu überlassen. Stöße von handgeschöpftem Büttenpapier lagen aufgestapelt in der engen Kammer. Die radierten Themen, übrigens alles Kaltnadelradierungen, waren natürlich ebenfalls voller Anklage, voller Fragen. Wir waren ganz überrascht von der Phantasie und dem enormen Fleiß, mit dem Brodwolf Objekte, Gemälde und Druckgraphik geschaffen hatte. Rolf erwarb gleich an Ort und Stelle die Radierung „Der Papst": in der Ansicht von unten erhebt sich in der Mitte ein Skelett, das von schwarzen Gewändern umhüllt ist, lediglich die skelettierten Füße und gekreuzten Hände schauen daraus hervor, und auf dem grinsenden Totenkopf thront die päpstliche Tiara. Es war nicht zu übersehen, daß es sich bei den berstenden Säulen, die das Skelett flankierten, um die Säulen des Bernini-Tabernakels in der Peterskirche zu Rom handelte.

Er habe in Stuttgart eine Aufführung „Der Stellvertreter" von Rolf Hochhuth gesehen, erklärte Brodwolf, danach habe er sofort dieses Blatt radiert.

Wir fragten nach den erwähnten Aquarellen und wurden nun in ein Zimmer, in dem ein riesiges Biedermeierbett und alte Kommoden standen, geführt. Dort breitete er Blätter, in zarten Wasserfarben angelegt, aus, Landschaften, Balustraden von Palasttreppen, die er alle in Poschiavo gemalt hatte. Dort lebe Wolfgang Hildesheimer, der ihn häufig einlade.

Nun wollten wir uns endlich verabschieden. Das ließ Brodwolf aber nicht zu, in der „Weserei" könnten wir ein andermal essen, jetzt müßten wir unbedingt einen Gutedel-Wein trinken und vom selbstgebackenen Brot seiner Frau Adelheid essen.

Und Frau Adelheid hatte draußen im Garten an einem Steintisch schon Gläser hingestellt, eine Welle Butter auf einem Rhabarberblatt angeordnet, Bretter und Bestecke hingelegt. Sie schnitt – wie weiland die Buffsche Charlotte – von dem riesigen runden Brotlaib große Schnitten ab und reichte sie, mit dem Messer in der Hand, jedem hin. Brodwolf goß ein, mit dicken Biedermeiergläsern stießen wir an, bestrichen die Schnitten mit der frischen Butter und bestreuten sie mit Salz. Es wurde langsam dunkel, Glühwürmchen wanderten durch die Juninacht. Unsere Gespräche vertieften sich – es war wie in Mörikes Pfarrgarten. Ein kostbarer Abend, an dem wir eine Ausstellung mit Brodwolfs Arbeiten planten. Denn nun erst kam es heraus, daß Rolf für einen Kunstverein in Hameln verantwortlich war. Bisher hatten Brodwolfs geglaubt, daß wir Kunstfreunde oder Sammler seien. Die mit dem milden, leichten und feinblumigen Wein gefüllten Gläser hielten unsere Phantasie in Gang. Selbst Rolf, der sonst eher zurückhaltend war, konnte sich von dieser Familie und dieser Idylle schwer lösen.

Wir erzählten uns von unseren Familien, dabei hörten wir, daß Adelheid aus der berühmten Familie Burckhardt in Basel stammt, daß Jürgen aus dem Berner Oberland kommt und daß beide sich kennengelernt hatten bei der Restaurierung der romanischen Wallfahrtskirche in Blansingen. Dort war er – der Maler – ihr – der ausgebildeten Restauratorin für Fresken und Mosaiken – beigeordnet. Nach abgeschlossener zweijähriger Arbeit hatten sie in der Kirche geheiratet und von dem zusammengesparten Geld das aufgelassene Pfarrhaus gekauft, weil es ihnen das Markgräflerland so angetan hatte. Die fünf Kinder hatten sie ebenfalls in Blansingen taufen lassen. Doch nach dem Auftrag in Blansingen begann die Zeit des freiberuflichen Malerlebens. Das hieß auch (so konnten wir uns das zusammenreimen), daß es für die problematischen Themen des Malers wenig Käufer gegeben hatte, von den wenigen Sammlern einmal abgesehen. Drum erteilte Frau Adelheid Bauernkindern in Vogelbach Musikunterricht gegen Naturalien, also gegen Mehl, Speckseiten und Geschlachtetes. Die zarte Frau backte selber das Brot in ihrer Küche in einem gewaltigen Ofen, dessen zweite Hälfte ins Wohnzimmer mit seinen grünen Kacheln ragte, er bildete mit der umlaufenden Sitzbank „Die Kunst", wie man im Schwarzwald sagt. Natürlich waren ihr Bequemlichkeiten wie eine Waschmaschine fremd. Dennoch wirkte sie heiter, gelassen und beteiligte sich lebhaft und hochintelligent an den Gesprächen.

Tief beeindruckt und glücklich, diesen so ganz besonderen Menschen begegnet zu sein, verabschiedeten wir uns um Mitternacht mit dem Versprechen, in den nächsten Tagen wiederzukommen, um alle Modalitäten für die Ausstellung zu besprechen.

Brodwolf hatte vorgeschlagen, alle Kunstwerke, vor allen Dingen die komplizierten Objekte selbst einzupacken, dann könne ein LKW sie nach Hameln bringen. Er selbst kam am 9. Januar 1969 mit der Bahn angefahren, um den Aufbau seiner Ausstellung selbst vorzunehmen. Begeistert war er von den Räumen, diese Möglichkeit hatte er bisher wohl noch nicht gehabt. Selbstverständlich wohnte er bei uns und ließ sich gern mit unseren niedersächsischen Spezialitäten verwöhnen. Und den Markgräfler Wein brauchte er nicht zu entbehren, den ließen wir uns fortan aus Staufen schicken, wo der Winzer Ulmann die herrlichen Rieslings, Silvaner, Gutedel und Gewürztraminer an den Südhängen des Staufener Schloßberges reifen läßt.

Unsere Sommerferien, die wir mit Vorliebe im Markgräfler Land verbrachten, erhielten von nun an eine ganz andere Dimension. Die Familie Brodwolf, das Pfarrhaus, der Garten waren uns so ans Herz gewachsen, daß sie ein wichtiger Kernpunkt unserer Unternehmungen wurden. Zwischendurch wechselte ich mit Adelheid lange Briefe, die sie in ihrer wunderbaren Handschrift in lange Erzählungen verwandelte. Brodwolf hatte es sich angewöhnt, seine Briefe auf Zustandsdrucken seiner neuen Radierungen zu schreiben, die er in Papprollen übersandte. Eine stattliche Anzahl dieser „Malerbriefe" sammelte sich im Laufe der Jahre an. Da wir nicht immer Radierungen kaufen konnten, hatten wir uns angewöhnt, öfter Pakete mit Tee- und Kaffeesorten und Süßigkeiten für die Kinder zu senden. Im fünften Jahr unserer Freundschaft wunderten wir uns höchlichst, daß vor dem Haus in Vogelbach eine Reihe von Waschtubben stand, die herrlich bunt mit Petunien und Geranien bepflanzt waren.

„Rolf, guck mal! Adelheid hat jetzt eine Waschmaschine!"
rief ich begeistert aus. „Selbst die Babybadewanne hat sie vors
Haus gestellt."

Und nun erfuhren wir auch, daß Brodwolf eine Professur in
Stuttgart an der Hochschule am Weißenhof erhalten hatte,
zunächst für das Fach „Zeichnen". Mit umständlichen Umstei-
gereien fuhr er einmal in der Woche nach Stuttgart, hielt seine
Vorlesungen tagsüber, um in noch zeitraubenderen Nacht-
fahrten Vogelbach wieder erreichen zu können. An Hotelüber-
nachtungen, ein eigenes Zimmer oder ein eigenes Auto war
vorläufig nicht zu denken.

Unsere oft ausgesprochene Einladung nahm Adelheid 1975
an, sie kam mit den beiden Töchtern Rahel und Sabine und
blieb eine Woche lang.

Es war eine Herzensfreude für uns, ihnen unsere Heimat
mit Dampferfahrten, Ausflügen zur Porzellanmanufaktur Fürstenberg und Corvey zu zeigen.

DIE KUNST IM STRASSENBILD

Alle überregionalen Zeitungen berichteten 1968 davon, daß die Bundesrepublik Deutschland für das neuerschaffene „John F. Kennedy Center" in Washington D.C. ein außerordentliches Kunstwerk stiften wolle. Etwas ganz Ausgefallenes wurde angekündigt. Zum Thema „Krieg und Frieden" sollten zwei Bronzereliefs vor dem Portal dieses Memorials Aufstellung finden. Schwer vorstellbar waren die angegebenen Maße dieses enormen Unternehmens; jedes Relief sollte 13 Meter breit und 2,20 Meter hoch sein. Sechsundzwanzig laufende Meter! Mit der Fülle der Gestalten und erzählenden Motive mußte es ja von kolossalen Problemen begleitet sein.

Die Abbildung eines Details „Saxophonist und Trommler" geisterte durch die Presse und machte neugierig, das Konzept dieses gewaltigen Themas kennenzulernen. Und natürlich auch den Bildhauer selbst. Es hieß, er sei aus einem Wettbewerb hervorgegangen, Jürgen Weber sei sein Name, 40 Jahre sei er alt, und an der Technischen Hochschule in Braunschweig habe er eine Professur inne.

Das waren sensationelle Nachrichten für uns. Natürlich drängte es uns nun, Näheres zu erfahren. Obwohl wir uns vorstellen konnten, daß bei einem derartigen Pensum ein Atelierbesuch nicht willkommen war, fragten wir dennoch an.

Doch, ohne weiteres! Er erwarte uns, ließ Weber uns wissen. Inzwischen hatten wir einen Freund, den Braunschweiger Kunsthistoriker Dr. Peter Lufft, nach Weber befragt. Der erzählte zunächst von Webers ungewöhnlichem Ausbildungsgang, aus dem man getrost vier Berufe machen könnte. Das sei aber beileibe kein Zeichen beruflicher Unentschlossenheit gewesen, vielmehr sei es als ganz konsequenter Weg anzusehen. Dem Studium der Medizin bis zum Vorphysikum (für die Kenntnis der menschlichen Anatomie) folgte das Studium der Kunstgeschichte (zur Wahrnehmung jahrhundertelanger Kunstentwicklungen), danach das Studium der Bildhauerei (als Voraussetzung für eigenes Gestalten). Und obendrein habe er noch eine Lehre als Bronzegießer mit Abschluß der Gesellenprüfung absolviert (als Rüstzeug zur perfekten Umsetzung der Materie in Kunstwerke).

Es war ganz offensichtlich, daß eine Persönlichkeit am Werk war, die sich in jeder Phase ihres Schaffens nur auf sich selbst verlassen wollte. Vielleicht nicht unbedingt aus Mißtrauen gegen zuarbeitende Kräfte, eher aus dem Bewußtsein, die Skulpturen besser ausführen zu können, wenn man selbst über ein perfektes Wissen aller technischen Machbarkeiten verfügen würde.

Lufft setzte seinen Schilderungen hinzu, daß Webers erklärtes Ziel die „Kunst im Straßenbild" sei. Wenn wir uns selbst einen Gefallen tun wollten, müßten wir in Hamburg das vor wenigen Jahren eingeweihte Hauptportal der Kirche St. Jacobii ansehen. Weber habe dafür eine gewaltige Inszenierung der Jacobs-Legende geschaffen und sich damit in die Reihe der berühmten Bronzegießer und Bildhauer wie Lorenzo Ghiberti gestellt, der – um nur ein Beispiel zu nennen – die einzigartigen Portale am Baptisterium in Florenz geschaffen habe.

Nicht wie dieses Vorbild war das Hamburger Portal in einzelne Felder aufgeteilt: Weber hatte seine Intentionen kühn in einem Guß umgesetzt! Unter dem Tympanon „hängt" ein riesiger bronzener Vorhang, auf dem die wunderbare Rettung des heiligen Jacobus von Compostela wie in Brokat eingewirkt fortlaufend erzählt wird. Große Muschelgriffe als Pilgersymbol halten den mit Troddeln versehenen „schwerfallenden Stoff" zur Seite und geben die Gestalt des Erzengels Michael frei.

Eines stand für uns fest: die Reihe der bereits vorgestellten großen deutschen Bildhauer wie Gustav Seitz, Waldemar Grzimek mußte unbedingt durch Jürgen Weber fortgesetzt werden!

Erfreulicherweise hatte er nichts dagegen einzuwenden, zumal er von unserem Kunsthaus gehört hatte und sich freute, darin ausstellen zu können. Sein Kollege in der Hochschule, unser Architekt Prof. Oesterlen, hatte ihn bereits einschlägig unterrichtet und auch den Innenhof erwähnt.

Daß das Haus am Syltweg in Braunschweig von oder für einen Bildhauer entworfen und von ihm bewohnt wurde, erkannten wir sofort beim Eintritt. Auf Konsolen, die an den weißgeschlämmten Ziegelwänden angebracht waren, paradierte eine Präsentation von Kleinplastiken. Das war eine erheiternde Ouvertüre, da es sich in jedem Fall um bukolische Scenen oder Liebespaare handelte. Bog man um die Ecke und trat ein in die allseits offen ineinander übergehenden Räume, sah man sich unerwartet einer 1.85 m hohen üppigen Frauenplastik gegenüber, einer „Braunschweiger Venus", die ihre Arme herausfordernd unter ihren Brüsten verschränkt hält. Zum Zeichen, daß im Hause Weber die Kunst auch von der lebensfreudigen Seite angesehen wurde, war diese Venus mit einem als Kette geschlungenen Knoblauchzopf geschmückt.

Ohne Umschweife waren wir in konkrete Vorbereitungsgespräche miteinander gelangt. Das bekömmliche Arbeitsklima wurde von Weber selbst eröffnet: „Wenn Ihnen die Venus so gut gefällt, kommt sie natürlich auch mit nach Hameln!"

Weber bekannte, daß er jetzt freier sei, da alle Einzelteile für die Amerika-Reliefs „Krieg und Frieden" in Berlin gegossen würden. Anschließend sollten sie in 40 Kisten per Schiff nach Amerika befördert werden. Und danach müsse er hinfliegen und an Ort und Stelle für die Zusammenschweißung sorgen.

Auf unsere Bitte zeigte er uns Zustandsfotos und erklärte sein gesamtes Konzept. Unglaublich, welche Ideen er in Körper, Säulen, Gebäude, Schrift, Versatzstücke umgesetzt hatte! Auf Amerika bezogene Themen wie Entwicklungshilfe, Diskussion auf dem Kapitol, Autos bei Nacht, geheime Verführer, Freiheit, Verfolgung, Cape Canaveral auf dem einen Relief; auf dem anderen Brudermord, der Kriegsgott Mars, Liebespaare, Can-Can-Tänzerinnen, Diogenes, der Clown Grock, ein den Taktstock schwingender Dirigent, ein Orchester mit Trompetern, Trommlern, Gitarristen und Posaunisten.

Als die Ausstellung 1971 eröffnet wurde, staunte man in Hameln nicht wenig über Webers herausfordernden Realismus, der sich in der enormen Spannweite zwischen dem Thema Liebe und dem Thema Leiden manifestierte. Der Innenhof wurde von einem über 2 Meter großen Dionysos (dem griechischen Gott der Fruchtbarkeit und des Weines) beherrscht, der mit weitausgestreckten Armen einen trunkenen Tanz aufführt.

Daß Weber den in Bronze gegossenen Entwurf von „Krieg und Frieden" im Maßstab 1 : 10 aufstellte, dazu Zweitgüsse der Jazzmusiker, der Liebenden und der Diskutierenden auf dem Kapitol hinzufügte, fand das größte Interesse. Inzwischen hatte wohl jeder Kunstfreund von der spektakulären Aufstellung der Reliefs, die vor kurzem in Washington über die Bühne gegangen war, erfahren. War man schon nicht in der Lage, in die amerikanische Hauptstadt zu fliegen, konnte man wenigstens in Hameln seine Neugier befriedigen. Der Direktor des Kölner Wallraf-Richartz-Museums, Prof. Dr. Horst Keller, bekannte in seiner Einführungsansprache seine Erschütterung, von der er angesichts der riesigen Reliefs ergriffen gewesen sei und was es bedeute, als deutscher Bildhauer am Potomac vertreten zu sein; er sprach vom Durchstehen dieses titanischen Unternehmens, das er in vielen Phasen miterlebt habe. Eindringlich schilderte er den Künstler, den Menschen Jürgen Weber, verwies auf dessen Menschlichkeit, dessen Glauben, Demut, Mut und auch Verzagtheit.

„Was vermögen die bronzenen Geschöpfe, die ihr Dasein mit der ihnen auferlegten Schwere wie Tragtiere hinnehmen, diese Gestalten, die jung sind und altern, die jubeln und heulen, die in der Blüte schon den Ansatz zur Traubenschwere haben, in ihrer Fülle schon den Keim zum großen, alles verschlingenden Untergang ..." Fortsetzend wandte er sich dann der Daseinsfülle in Webers Kunst zu, in der das Leben nur so in Haus und Hirn hineinblühe. Der Mensch zu seinem Mitmenschen, das schien ihm Webers Leitthema zu sein. „... selbst die liegende Hetäre wird ja nicht immer allein bleiben, wie sollte sie? Und Philemon hat Baucis und die Mutter ihr Kind, Orpheus hat noch Euridice, der Wetterhahn hat seine vielen Windgesichter, die stolz Ausschreitende hat ihr Publikum – man hat sich und man will sich, man liebt und leidet, ist voller Saft und Kraft und bleibt doch gemessen. Und die Braunschweiger Venus hat uns alle!"

Später am Abend, nach einer solennen Mahlzeit, mußte ausgerechnet Rolf ein Versehen passieren, das Weber ein homerisches Gelächter entlocken sollte. Es hatte sich eine leicht euphorische Stimmung bei unseren Gästen entwickelt, die Rolf bewog, einen anderen, edleren Wein zur Feier des

Abends zu kredenzen. Er bat mich, kostbare, dem Anlaß angemessene Gläser zu holen. Die Pokale wurden gefüllt, und als alle genüßlich diesen Wein probierten und schlürften, sagte Keller in das andächtige Schweigen hinein: „Was muß es nur für ein herrlicher Wein sein, den Sie alle da trinken." Rolf hatte versehentlich Kellers Glas übersehen. Nach der ersten Schrecksekunde rief er dann Keller zu: „Na, Sie gefallen mir! Diesen ‚Winkeler Hasensprung' hier einfach runterkippen und dann behaupten, Sie wären leer ausgegangen! Na, mein Lieber, ausnahmsweise will ich noch einmal ‚nachschenken'!"

Unser Interesse, auch unsere Bewunderung für Webers dynamische Arbeiten setzten wir im Laufe der folgenden Jahre fort, fuhren in andere Städte zu Ausstellungseröffnungen, um Weber zu treffen und seine neuen Schöpfungen kennenzulernen.

Zu rauschenden Künstlerfesten, die er in seinem Hochschulatelier feierte, wurden wir geladen und sausten – wie die anderen Gäste auch – an ein langes Tau geklammert von der Empore hinunter in den Tumult, in dem Weber seine herabschwebenden Freunde wie ein Satyr diabolisch grinsend empfing.

Beiläufig erzählte er uns 1977 von einer Plastikgruppe, die ihn bestimmt jahrelang beschäftigen werde. Er habe die Aufforderung erhalten, für Nürnberg einen Brunnen zu schaffen, dessen Standort ein U-Bahn-Schacht von 6 Metern Durchmesser sein sollte. Ein vorangegangener Wettbewerb sei ergebnislos verlaufen. Man habe zunächst wohl an Ehrungen für die berühmten Nürnberger Meister wie Peter Henlein, Martin Behaim, Albrecht Dürer, Veit Stoß, Peter Vischer und Hans Sachs gedacht. Wie sie sich das denn vorgestellt hätten, habe er gefragt, Portraits in Form von Bronzeplaketten könnten auch andere machen, das sei nichts für ihn. Er habe sich einen Karton mit Literatur schicken lassen und sei dabei auf den dichtenden Hans Sachs gestoßen. Gelangweilt habe er darin herumgelesen, bis er auf das Gedicht „Das bittersüß ehelich Leben" gelangt sei. Augenblicklich habe das eine Ekstase ausgelöst, er sei aufgesprungen und habe noch in der gleichen Nacht einen Brunnen im Maßstab 1 : 20 in groben Zügen entworfen, den er das „Ehekarussell" nennen wolle. In diesem langen Gedicht preist und lästert Hans Sachs über seine Frau: „Sie ist mein Mai und Rosenhag, ist oft mein Blitz und Donnerschlag", an anderer Stelle: „Mein Frau ist mein Zier und Lust, ist oft mein Graun und Suppenwust", „Sie ist mein Engel auserkoren, ist oft mein Fegeteufel woren" …

Es nimmt nicht wunder, daß Weber, dessen Ehesegen bedenklich schief hing, von diesem zwiespältigen Poem im tiefsten Inneren getroffen war. Als persönlich Betroffener war er derartig motiviert, daß er vehement an die Ausführung seines Entwurfes ging. Er mietete sich in einem Wald in der Nähe von Braunschweig eine aufgelassene Munitionshalle, siedelte dorthin über und richtete sich mit Feldbett und Kanonenofen eine Werkstatt ein.

Mit diesen 25 Doppelversen wollte er für den Brunnen einen zusammenhängenden Organismus entwickeln. Simpel vorgestellt: wie auf einem Karussell auf dem Jahrmarkt sollten sechs durch Tiere dargestellte Wagen jeweils ein Paar beherbergen, und auf jedes positive Motiv sollte ein negatives folgen.

Das sorglich gehütete Geheimnis um diesen gewaltigen Entwurf sollte nun gelüftet werden, Weber schickte uns eine Einladung, daß wir die für den Bronzeguß vorbereiteten Gipsmodelle besichtigen könnten.

Die Drehung des Karussells mußte man selber nachvollziehen, mußte wieder und wieder um die monumentale Anlage herumgehen, um ein Verhältnis zu den überlebensgroßen Figuren, Tieren, Pflanzen in ihrer ebenso poetischen wie rabiaten Sinnfälligkeit zu bekommen. Wenn man so will, beginnt das Karussell mit einem Schwanenwagen, in dem ein Liebespaar im Schwanenbett kost. Auf diesen romantischen Wagen folgt das absolute Gegenteil: ein Mann und eine Frau, im Haß durch eine Kette verbunden, stehen und toben in einer im Wasser schwimmenden Feuergondel. Auf der anderen Seite des Schwanenwagens trägt ein Höllendrachen ein teilweise skelettiertes Paar, das sich an die Gurgel geht. Die Scene beruhigt sich wieder mit einem Pelikanwagen, in dem ein Ehepaar einträchtig mit zwei Kindern beschäftigt ist. Ein böser Vielfraß, der sogar gierig nach einem Hecht schnappt, stellt den nächsten Wagen dar, der natürlich auch ein Paar beherbergt, das ganze Elend einer fragwürdig gewordenen Ehe darstellend: sie ist fett geworden und vertilgt an einem Tischchen dicke Tortenstücke, während er abgezehrt vor leerem Teller sitzt. Im letzten Teil rauscht aus einer Venus-Muschel eine Brunnennymphe empor als Verkörperung von Lust und Liebe. Das Unerhörte dieses Pandämoniums sollten Marmorarbeiten sein, sie sollten die buntangemalten Bronzewagen und -figuren verbinden.

Eine neue Einladung, die Marmorarbeiten in Augenschein zu nehmen, kam im Sommer 1983. Weber hatte sich aus Portugal kubisch zugerichtete Blöcke eines weißen Marmors mit rosa Einschlüssen anliefern lassen. Vorher hatte er sie an Ort und Stelle selbst ausgewählt.

In einem großen Zelt schlug er in zweijähriger Arbeit aus diesen Blöcken Früchtekränze, in denen Vögel nisten, mit Äpfeln, Birnen, Feigen, schlug von Bändern umschlungene Rosenständer und Ährengarben als die Karussell-Wagen verbindenden Elemente und plante obendrein, in ein rosafarbenes Marmorherz auf der plastisch gespannten Oberfläche das gesamte Gedicht vom „Bittersüß ehelich Leben" einzumeißeln.

Wie Weber späterhin in einem Buch über diesen Brunnen bekannte, hatte er sieben Jahre lang fast alle Wochenenden und Semesterferien durchgearbeitet und nur wenige Tage im Jahr Urlaub gemacht. Ein von seinem Projekt Besessener!

In der historischen Altstadt von Hameln wurde in den achtziger Jahren ein sehr gut gegliederter baulicher Komplex von der Bundespost errichtet, nachdem der Postbau aus den Gründerjahren zu eng geworden war. Zufällig kam ich mit dem leitenden Postdirektor Wolf-Dietrich Robitzsch zusammen und fragte ihn, welche Art Kunstwerke denn vorgesehen seien, um die Auflage für alle öffentlichen Gebäude, nach der 3 % der Bausumme für „Kunst am Bau" ausgegeben werden müssen, zu erfüllen. Das wisse er noch nicht, antwortete der Chef dieser zukünftigen Gebäude. Natürlich war ich erstaunt darüber und meinte, daß ich – wenn ich hier Postdirektor wäre – mir diese Sache bestimmt nicht aus der Hand nehmen lassen würde. Er sei bekanntlich doch ein großer Kunstfreund, da sollte er seine Hände besser mit im Spiel haben. Er wolle darüber nachdenken, räumte er ein und bat mich um Vorschläge. Da es sich um plastischen Schmuck handeln sollte, gab ich ihm Adressen von den Bildhauern Bernd Altenstein, Waldemar Otto, Ulrich Hess und Jürgen Weber. Letzterer gewann den Wettbewerb. Man konnte sich gleich denken, daß ein Weber sich nicht mit einer Postillon-Plastik oder einem hierorts attraktiv gewordenen Rattenfänger begnügen würde. Nein! Weber hatte ein Schiff als Modell abgeliefert, das er nach der Lektüre des Buches „Das Narrenschiff" von Sebastian Brant natürlich auch „Narrenschiff" benennen wollte.

Als wir das hörten, konnten wir damit rechnen, daß Weber diesen literarischen Vorwurf figurenreich gestalten würde. Womit wir aber nicht gerechnet hatten, war der panische Schrecken, der uns erfaßte, als uns bei der Vorbesichtigung ein riesiges Totengerippe seine Zähne entgegenbleckte. Weber hatte uns, meine Freunde, den Museumsdirektor Dr. Norbert Humburg, dessen Frau und mich dazu eingeladen. Bevor das bereits fertig in Gips aufgebaute Schiff auseinandergesägt und zum Bronzeguß nach München geschickt werden sollte, wollte er unsere Meinung hören.

Zunächst sah er unser bewunderndes Erschrecken und freute sich ganz unverhohlen daran. Dann erläuterte er sein Programm: In einer Kogge, nach dem Vorbild der Kolumbuskogge „Santa Maria" entworfen, drängen sich acht überlebensgroße Figuren, deren Haltung und Gebärden die Hoffnung einer Rettung im Sturm ausdrücken sollen, der durch ein riesiges geblähtes Segel betont wird. Das mögliche Unglück krächzt ein Rabe heraus, der auf dem Mastbaum sitzt.

Der Sinn war leicht zu erkennen: „Wir sitzen alle in einem Boot." Niemand sitzt in diesem Falle allerdings; Adam umfaßt sorglich die ängstlich abwehrende Eva; Kain schickt sich an, mit gezogenem Dolch das Schiff zu verlassen; ein gewalttätiger Mann schwingt eine grobe Keule; ein Techniker im Overall hält Hammer und Schraubenschlüssel wie Waffen in den Händen; am Bug sitzt ein älterer Mann, der resigniert einen Becher nach unten auskippt; und ein wütend kläffender Hund vervollständigt das dramatische Geschehen um das die Narrenpritsche schwingende Skelett. Am Heck hängt ein bärtiges Männergesicht mit Narrenkappe, das von acht Krakenarmen

149

umrahmt wird, und am Bug befindet sich ein vergoldetes Frauengesicht, ebenfalls mit einer Narrenkappe bekleidet.

Die hintergründige Thematik wird durch eine Schrift betont, die wie ein Schmuckband auf dem äußeren Rand des Schiffes zu lesen ist:

EIN NARR IST, WER VIEL GUTES HÖRT UND DOCH NICHT SEINE WEISHEIT MEHRT, WER ALLZEIT WÜNSCHT ERFAHRUNG VIEL UND SICH DAVON NICHT BESSERN WILL. EIN NARR IST, WER FÜR WUNDER HÄLT DASS GOTT DER HERR JETZT STRAFT DIE WELT UND PLAG AUF PLAGE SCHICKET NOCH, WEIL WIR SEIEN CHRISTEN DOCH

Sebastian Brant 1494

Darunter liest man in größeren Lettern das Credo des Bildhauers:

GEWALT + TECHNIK UND RESIGNATION
ZERSTÖREN DAS LEBEN DER TOD LACHT HOHN
J. Weber 1984-87

Es ist noch nicht aller Tage Abend! Man darf gespannt auf den nächsten Weberschen Vulkan-Ausbruch warten, nachdem auf einem bronzenem Wellensockel das Narrenschiff „schwimmt", das seit 1987 auf einem eigens dafür geschaffenen Platz auf dem Posthof steht, täglich von unzähligen Menschen umrundet und bestaunt. Der eine oder andere wird nachdenklich seinen Weg fortsetzen!

NACH DEM GOLDE DRÄNGT'S

Nach drei Schmuckausstellungen „Neues Deutsches Gold",
„Neues Deutsches Email", „Neues Deutsches Silber", die in
jeder Hinsicht erfolgreich verlaufen waren, planten wir mutig
eine weitere. In Zusammenarbeit mit der Gesellschaft für
Goldschmiedekunst in Hamburg wurde wieder ein neues
Konzept erarbeitet, und zwar wurde das Thema „Neuer
Schmuck" vorbereitet. Waren die vorher gezeigten Ausstellungen weitgehend dem klassischen Schmuck vorbehalten,
sollten nun neue Tendenzen, sowohl formal als auch tech-
nisch, berücksichtigt werden.

Die Ausstellung sollte als Sammlung des Avantgardisti-
schen betrachtet werden, gewissermaßen als „Schmuck-documenta". Schmuck sei, wie die Geschäftsführerin der Gold-
schmiedegesellschaft, Frau Dr. Ulla Stöver meinte, wie alles
Gestaltete ein Spiegel des Lebens und der Zeit. Der nun zu
zeigende Schmuck sei in den letzten beiden Jahren und teilweise direkt für diese Ausstellung geschaffen worden. Expe-
rimentierfreudigkeit und Phantasie habe zu beglückenden
Schöpfungen geführt, die von über fünfzig Gold- und Silberschmieden aus dem gesamten Bundesgebiet erarbeitet worden
seien.

Die Schirmherrschaft hatte der Ministerpräsident Dr. Georg
Diederichs, der dem Kunstkreis wiederholt sein Wohlwollen
zum Ausdruck gebracht hatte, übernommen. Der Katalog war
wohlgelungen, die Schmuckstücke waren rechtzeitig eingetroffen und in Schrank- und Tischvitrinen auf das Anschau-
lichste arrangiert.

„Nach dem Golde drängt's". So waren in hellen Scharen die
Menschen zur Eröffnung am Sonnabend, 18. Oktober 1969 gekommen. Man staunte und weidete sich an den funkelnden,
edelsteinbesetzten Objekten, die Kauflust erwachte schnell;
das Fernsehen suchte sich schöne, junge Damen, vorzugsweise
mit langen Hälsen, aus und ließ sie vor laufender Kamera
aparte Ohrgehänge, Hals- und Stirnreifen tragen und Ringe
über die schlanken Finger gleiten.

Unter dem schön gewandeten und so zahlreich erschienenen Publikum hatten sich offensichtlich auch „feine Herren" eingeschlichen. So kam es denn – frei nach Schiller – „... und das Unglück schreitet schnell".

Am Montag früh rief unsere Putzfrau aufgeregt an, es sei eingebrochen worden. Alles sei verwüstet, alles sei gestohlen! Ja, sie habe die Kriminalpolizei schon verständigt. Kaum zu glauben, aber es handelte sich tatsächlich um einen schweren Einbruchdiebstahl, der sich in der Nacht vom Sonntag zum Montag ereignet hatte. Die Kriminalpolizei veranlaßte augenblicklich eine großangelegte Fahndungsaktion, zumal sie der Überzeugung war, daß es sich um „Profis", um Berufsverbrecher gehandelt haben müßte. Sie war der Ansicht, daß die Ganoven, durch Pressevorschau hinlänglich unterrichtet, zur Eröffnung nach Hameln gekommen seien und in aller Ruhe jedes Schmuckstück hätten betrachten können. Und obendrein hätten sie dabei die Einbruchsmöglichkeit „ausbaldovern" können. Dafür spreche die Menge des gestohlenen Schmuckes und die bei dem Raub getroffene Auswahl.

Aber der Reihe nach: Von der Baustelle des gegenüberliegenden zukünftigen „Dorint-Hotels" hatten die Herren sich etliche Leitern „ausgeliehen", waren vom Bürgerpark aus über die Mauer des Innenhofes gestiegen, von dort aus auf das flache Dach über der Halle. Von hier waren es nur ein paar Schritte zum Shed-Dach über der großen Ausstellungshalle. Sie zerschlugen ein Oberlichtfenster, brachen die restlichen Scheiben aus den Rahmen und schoben eine mehr als 4 Meter lange Leiter nach unten in den Raum, die sie – nebenbei bemerkt – auch stehenließen.

Alle zehn Schrankvitrinen, die wir uns von der Handwerksform Hannover geliehen hatten, und unsere eigenen vier Schrankvitrinen waren aufgebrochen und vollständig ausgeraubt. Schwerer hatten es die Diebe offensichtlich mit den acht Tischvitrinen. Bei einer mußte wohl der Versuch, sie aufzubrechen, gescheitert sein. Der darin liegende kinetische Schmuck war unberührt; was ihnen an Silberschmuck nicht gefiel, hatten die Burschen einfach auf den Boden geworfen und liegengelassen!

152

Nachdem die Kriminalpolizei mit mir die Verwüstung in Augenschein genommen hatte, rief ich sofort Rolf in Hannover an. Nachdem ich ihm die Hiobsbotschaft detailliert erzählt hatte, setzte er sich augenblicklich mit unserer Hannoverschen Versicherung in Verbindung. Im gegenseitigen Einverständnis ließ er in den Hannoverschen und Hamelner Tageszeitungen und im Rundfunk die Nachricht verbreiten, daß demjenigen, der sachdienliche Hinweise auf die Täter und den Raub geben könne, 10 % der Versicherungssumme in bar ausbezahlt würden.

Das war immerhin ein tüchtiger Batzen Geld!

Die Kriminalpolizei recherchierte weiter, machte Spurensicherungen auf dem Dach und an den Vitrinen. Unter anderem wurden alle auf den Pressefotos erkennbaren Personen identifiziert und zur Sache vernommen. Dann wurde gefragt, welche Personen im Besitz des Generalschlüssels seien. Dabei kam es heraus, daß ich plötzlich selber in den Kreis der „Verdächtigen" geriet. Allerdings beruhigte mich der Kriminalkommissar Boesgen. So professionell, wie diese Sache durchgeführt worden sei, hätte ich sicher nicht vorgehen können.

Die Gesellschaft für Goldschmiedekunst mußte benachrichtigt werden. Keine sehr angenehme Aufgabe!

Mit ihrem Einverständnis hatten wir, wie bei den drei vorhergegangenen Ausstellungen, die Polizei gebeten, häufig am Kunstkreis Streife gehen zu lassen. Es war ja bisher auch alles gut gegangen.

Am Dienstag kam die sensationelle Nachricht! Ein Gastwirt aus Hannover hatte „gesungen".

Er sagte aus, daß in seiner Gaststätte der geplante Einbruch genau durchgesprochen worden sei und daß drei Männer nach Hameln fahren wollten. Während der eine von ihnen Schmiere stand, seien die beiden Komplicen mit Hilfe der herbeigeholten Leitern auf das Dach geklettert. Nach Aufbrechen der Vitrinen hätten sie sofort die Namensschilder der Schmuckstücke entfernt, hätten alles in eine große Tasche gepackt und seien dann sofort mit der Beute nach Hannover gefahren. Hier hätten sie in der Gaststätte einen vierten Mann getroffen, der vorgab, einen Hehler in Frankfurt zu kennen. Der Versuch, den geraubten Schmuck zu „versilbern", sei aber gescheitert. Wahrscheinlich hätte man ihn wegen der Spezialanfertigungen nicht absetzen können. So seien sie unverrichteter Sache nach Hannover zurückgekehrt. Und die Tasche mit dem Schmuck hätten sie fürs erste in seiner Wirtschaft deponiert.

Ein Team der Hamelner Kriminalisten fuhr getarnt nach Hannover und konnte tatsächlich in der Gaststätte die Tasche übernehmen. Sie entnahmen den Schmuck und „präparierten" die Tasche mit schweren Bestecken, damit das Gewicht ungefähr das nämliche war, und legten sich dann auf die Lauer.

Es klingt alles wie eine „Kalle-Blomquist-Geschichte". Aber die Ganoven kamen wirklich in der Nacht vom Dienstag zum Mittwoch zurück und wollten „nichtsahnend" ihre „Sore" abholen, um anderswo ihr Glück zu versuchen. Die Falle schnappte zu! Und alle vier Banditen konnten verhaftet werden! Der Gastwirt kassierte seine „Prämie" und hielt tunlichst den Mund. (In der späteren Gerichtsverhandlung vor dem Landgericht in Hannover kam heraus, daß es sich bei allen vier Dieben um einschlägig bekannte und vorbestrafte Wiederholungstäter handelte. Der eine wurde kurioserweise vom Richter „Kloßbacke" genannt. Er konnte nur sprechen, als ob er einen Knödel in der Backe hätte. Die Sprachstörung rührte von einem Backendurchschuß her, den er sich bei einem früheren Raubzug zugezogen hatte.)

Am Mittwoch, in den Mittagsstunden, kehrten unsere Kriminalbeamten aus Hannover zurück. Wir fieberten ihnen natürlich entgegen. Vorsorglich hatten wir den großen Tisch, der zum Rahmen von Bildern dient, mit weißen Bettlaken belegt.

Nun staunten wir nicht wenig, wie unsere Freunde aus diversen braunen Geschäftsumschlägen die sortierten Schmuckstücke herauskollern ließen: 20 Halsketten, etliche Reifen, 70 Ringe, 60 Broschen, 25 Armreifen oder -bänder, 1 Goldbecher mit Bergkristallfuß und 10 Einzelstücke, von denen viele beschädigt waren.

Die „Schmuck-documenta", die dem „Neuen Schmuck" neue Freunde gewinnen sollte, fand damit ihr spektakuläres Ende!

Der Schmuck mußte an die Goldschmiede zurückgesandt werden, die Vitrinenreparatur mußte in Auftrag gegeben werden, und der sauerste Apfel, in den wir beißen mußten, war die Installierung einer Alarmanlage.

Was nun? Die nächste Ausstellung war erst in vier Wochen in Aussicht gestellt worden. Schnell entschlossen kündigten wir eine andere Ausstellung an. In unserer ständig angebotenen Aktion, wertvolle Graphiken erwerben zu können, rahmten wir diese in Mappen aufbewahrten interessanten Blätter von Rudolf Jahns, Friedrich Meckseper, Otto Eglau, Eduard Bargheer, Rudolf Riege, Mac Zimmermann, Gunter Böhmer, Heinz Trökes, Otto Pankok, Alexander Camaro, Gerhard Ausborn, Paul Flora und den vier Zebras. Nach Abschluß ihrer Einzelausstellungen hatten diese Künstler etliche Graphiken im Kommission gegeben, so konnten wir eine Woche später die Ausstellung „Graphik in Mappen" eröffnen.

Nachspiel: Fünf Jahre nach dieser üblen Sensation stand der Goldschmied B. aus Hildesheim in einem Schlachterladen und erblickte an der Hand einer vor ihm stehenden Frau einen kostbaren Ring, dem ein Sternsaphir eingearbeitet war. Sofort erkannte er ihn als seine eigene Arbeit. Nach Hause zurückgekehrt, grübelte er darüber nach und kam auf die Idee, daß dieser ungewöhnliche Ring, der so gar nicht zu der Trägerin passen wollte, zu den fünf Schmuckstücken gehören müsse, die man trotz eifriger Fahndung nicht wieder erlangt hatte. Er benachrichtigte die Kriminalpolizei, die ihrerseits auskundschaftete, um welche Frau es sich gehandelt hatte. Sie lebte in der verrufenen Gegend von Asozialen. Es stellte sich heraus, daß sie ein Liebchen einer unserer vier Ganoven gewesen war, der ihr diesen Ring geschenkt hatte.

Facit: Es ist nichts so fein gesponnen,
      es kommt ans Licht der Sonnen.

LEBENSSTROM IM SCHWUNG DER FARBEN

Im Laufe vieler Jahre hatte sich ein Wortspiel ergeben: „Wir müssen unbedingt mal wieder auf dem Sofa sitzen", ein Wunsch, der zwischen Sigrid Kopfermann, Rolf und mir entstanden war. Er bedeutete soviel wie „es wird aber höchste Zeit, daß wir uns mal wieder aussprechen können". Eine Wahlverwandtschaft verlangte das, die aus Zuneigung füreinander und zudem in unserer uneingeschränkten Bewunderung für Sigrids Malkultur und Maldynamik bestand. Sie wiederum freute sich über unser Verständnis, das wir für ihre Malschübe hatten. Wir kannten sie schon lange aus ihrer Hannoverschen Zeit, aus den Herbstausstellungen im Kunstverein, in denen speziell ihre Bilder durch die leuchtenden Farbklänge auffielen. Obwohl sie Mitte der 60er Jahre nach Düsseldorf übersiedelte, blieb sie Hannover treu, so daß wir immer auf dem laufenden waren.

In einer Kunstjury für die im Bau befindliche Zentrale des BHW in Hameln kam Rolf öfter mit ihr zusammen. Daraus hatte sich ergeben, daß unterschiedliche Meinungen bei uns im Haus weiter diskutiert wurden.

Als diese Jurysitzungen, die Kunstankäufe, die Kunstauftrags-Aktionen beendet waren, fing unsere Freundschaft erst richtig an. Da sie weiterhin beratend im BHW zu tun hatte, erschien sie hin und wieder. Dann fragte sie jedes Mal, ob sie „aufs Sofa kommen" könne.

Oft war sie von Arbeitsvorgängen gequält, von Unruhen, deren sie versuchte, auf längeren Reisen Herr zu werden. Manchmal beschloß sie ganz spontan solche Unternehmungen, von denen sie Briefe mit Zustandsschilderungen, wie 1970 aus Island, schickte:

... nächtelange Fahrten im Hellen durch Landschaften mit Schotterhalden, Schneeplateaus, silbernen Seen in schwarzen Bergen und Wasserfällen und sogar einen Kraterausbruch, mit Dampf aus der Erde und aus Gestein, der in allen Farben schimmert. Übrigens hatte ich mir noch einen VW gemietet und bin 600 km lang gefahren, fast ohne Menschen zu sehen. In einem Ort mit 10 Häusern

und einem Gasthaus habe ich übernachtet. Ich war beinahe Tag und Nacht auf. Von 16 Nächten meiner Reise hatte ich nur 4 Übernachtungen, aber müde war ich nicht ...

Als sie einmal aus Südamerika zurückgekehrt war, fragten wir sie: „Hast du eigentlich keine Angst, wenn du so allein durch die Lande fährst?"

„Wofür haltet ihr mich? Natürlich habe ich Angst! Darum ziehe ich mir immer ganz unmögliche alte Sachen an; eine ausrangierte Bluse und unansehnliche Röcke, damit man mich für eine wunderliche, schrullige alte Tante hält."

Zum Glück war ihr noch nichts Böses widerfahren. Trotz der eingestandenen Angst siegte immer die Neugier. Ohne weiteres fuhr sie mit der heimischen Bevölkerung über Land, durch Urwälder, über Berge, in einsame Gegenden, versorgte sich selbst mit Essen und Trinken und setzte sich hin und skizzierte vor Ort, was sie später im Atelier umsetzen wollte. Landschaften malte sie nie, doch immer war es Natur, was sie in einer farblichen Fülle auf die weißen Leinwände brachte.

In Düsseldorf hatte sie sich ein Atelier oben unterm Dach eingerichtet. Besuchte man sie dort, standen alle Bilder offen nach außen gerichtet auf oder unter den Staffeleien, auf Möbeln, an den Wänden. Niemals war die Wirkung dosiert – alles bot sie gleich in ganzer Fülle an. Aus vollem Pinsel, aus vollem Herzen hatte sie die Farben aufgetragen. Bis diese sich zu Nachbarschaften ergaben, ging sie zuweilen gefahrvolle Wege, immer das Risiko in Kauf nehmend, das Bild neu aufbauen oder es zu vernichten zu müssen.

Nach ihrer Ausstellung in Hameln schrieb sie im Sommer 1970:

... ich bin froh, daß ich meine „Flechtungen" bei Euch zeigen konnte. Es ist ein neuer Abschnitt für mich, der zwar nur mit einem gewaltigen Anlauf und Sprung zu erreichen war und deshalb sicher etwas gewalttätig wirkt, aber jedenfalls bin ich über die Hürde, und das war bei meiner Farbe-in-Farbe-Malerei eine enorme Anstrengung. Man sieht es den Bildern nicht an, aber es gingen 2 Jahre Experimente, Collagen usw. voran. Es gibt im Beharren in der eigenen gewohnten Malweise einen Punkt, wo nichts mehr kommt. Man

kann sich nicht wiederholen. Bei gerade dieser malerischen Art ist
dann die Weiterentwicklung sehr schwer, weil man ja die ganze Tra-
dition mitschleppt und immer wieder neu durchforsten muß, neu
mitverarbeiten. Da haben es die Popleute einfacher, die von Insel zu
Insel springen. Ich bin jedenfalls bei einem Punkt, wo ich das Gefühl
habe, die Fäden wieder in der Hand zu haben. Vor allem habe ich
auch eine Lebenssituation, die alle Voraussetzungen dazu bietet –
zum Glück.

Es hatte sich um eine Zusammenfassung ihrer Bilder ab 1947
gehandelt, nun drängte es sie, ausschließlich von Malphasen
zu schreiben, aus denen wir Entwicklungsvorgänge nachvollziehen sollten. Aus einer sehr dominanten Fünfergruppe
wählten wir uns ein Querformat „Sommer" von 1961 aus. Als
sie es späterhin bei uns an der Wand hängen sah, entfuhr ihr
ein anderer Titel: „Ach, da ist ja mein ‚Sommerliches Blau'."
Diese Bezeichnung haben wir dann beibehalten. Das helle wie
das tiefe Blau ist nicht Rittersporn, das Grün nicht Blatt, das
Gelb nicht Sonnenblume, das Weiß nicht Phlox! Dennoch as-
soziieren alle Farben ein sommerliches Staudenbeet. Es ist bis
zum heutigen Tag mein Lieblingsbild geblieben. Obwohl ich
gestehen muß, das ich mehrere Lieblingsbilder von anderen
Künstlern habe. Sollte ich mich allerdings entscheiden müssen, so bliebe Sigrids „Sommerliches Blau" mein Favorit.
    Da wir nicht so häufig „auf dem Sofa sitzen" konnten, wie
wir es gern getan hätten, hatte sich ein ausführlicher Briefwechsel entwickelt, in dem Sigrid auch erschütternde Bekenntnisse ihrer Unruhe-Zustände, ihres Kampfes mit dem
Genius ablegte; Geständnisse, in denen sich ihre zeitweilige
Verzweiflung widerspiegelte.

Düsseldorf, 28. Mai 1970
Habe ich etwa auf Deinen reizenden Bilderaufhängungsbrief noch
nicht geantwortet? Das war wirklich ein Meisterbrief, herzlichen
Dank. Wirklich, ich würde sehr gern „den Vater stumm herumblik-
kend" sehen. Falls es demnächst klappt, gebe ich sofort vorher Laut.
Ich habe schreckliche Depressionen hinter mir und beginne mit klei-
nen Formaten, mit Aquarellen und dünnen Pinseln, mein Thema –
immer dasselbe: Wachsen, Strömen, Pulsieren, Circulieren, Sichaus-

dehnen, Flechtungen, Verästelungen – in eine neue Gestalt zu bringen, wobei ich anatomische Bücher und philosophische Werke durcharbeite, um Grund hereinzukriegen. Ich konnte meinem Mann nur als Trost sagen, daß es vielleicht eine neue Phase gibt, denn kurz davor habe ich immer diese Unruhe und Depressionen. Ich denke gern an die Ausstellung in Hameln mit der guten Presse und den Menschen dort. Das war für mich eine schöne Sache ...

Tonet-sur-Var, 7. Juni 1975

... Ich bin zur Zeit mal wieder auf Kopfermannsche Art unterwegs. Mein Mann hatte ein Einsehen und gab mir 8 (acht) Wochen Malurlaub. Ich hatte es auch nötig. Meine Bilder wurden immer blasser und ich immer unglücklicher. Jetzt sitze ich in einem Bergdorf in der Haute Provence in 2 ganz primitiven Räumen, in denen ich aber Nägel einschlagen kann für meine Bilder, die hier in alter Fülle entstehen. Es ist, als ob es sich in mir aufgestaut hätte. Nun hängen und stehen lauter große Ölgemälde um mich herum. Mein Haus ist neben der Kirche und direkt an einem großen Wasserfall, der immerzu laut rauscht. Manchmal machen mir die lauten Geräusche nachts in dem leeren Haus Angst. Heute habe ich den ganzen Tag mit niemandem ein Wort gesprochen. War immerzu mit meinen Bildern zugange. Die zuerst entstandenen werden wieder übermalt. Diese absolute Solitude ist manchmal schmerzlich, aber nur 2 Autostunden entfernt ist Antibes mit Picasso, St. Paul mit F. Maeght mit den schönen Giacomettis + Braques und Vence mit der Kapelle von Matisse. So ist das schnell zu erreichen. Das fabelhafte Leger-Museum in Biot natürlich auch, da findet man sofort Trost. Es entstehen also Bilder bei mir mit Bergformen, die ich mit dünner Ölfarbe sehr flüssig male und dann mit kräftigen Farben zum Bild zusammenreiße. Der ständige Kontakt mit dem Gesehenen, den vielgestaltigen Formen tut mir sehr gut. Und in jedem Bild ist irgend etwas, was zum nächsten 'rüberreicht. Dieses primitive Leben mit dem Kocher auf einem Feldhocker, das könnte ich schon sehr lange aushalten. Bei der letzten Künstlerbundausstellung bin ich mit 2 Bildern vertreten. Dort sah ich, daß Malen wieder „in" ist. So bin ich hier sehr vergnügt.

Düsseldorf, 11. November 1976

... Ich war bis vor 3 Tagen in Frankreich – jetzt zum 4. Mal in einem kleinen Bergdorf, wo ich absolut mit meiner Arbeit vereint lebe. Eine fabelhafte Zeit für mich, obwohl es fast immer geregnet hat. Wenn ich allein bin und in Ruhe nachdenken kann und mich auf meine Bilder konzentrieren kann, dann kann es kalt und feucht sein – das ist ganz egal. Es war so feucht, daß die Streichhölzer nicht mehr anbrannten. Heizung war nicht. Ich habe im Pelzmantel geschlafen und 2 Paar Wollsocken Tag und Nacht getragen. Trotzdem habe ich die dampfenden Täler und die wenigen Mondnächte ohne Regen genossen. Habe sogar nachts draußen wieder meine Studien gemacht, mit der Taschenlampe um den Bauch gebunden. Wer mich dort um 12 Uhr nachts oben in 1500 Meter Höhe auf Felsen meine Leinwände bepinseln gesehen hätte, hätte mich für absolut verrückt erklärt. Aber es kam nur mal ein Riesenhund vorbei. Da wo ich bin, sind meistens keine Menschen. Dieses Mal war ich nur 4 Wochen fort.

Ich hatte eine schöne Ausstellung in Heidelberg – recht erfolgreich – und bald eine bei Galerie Vömel in Düsseldorf. Er will nur Nachtbilder zeigen, Du siehst, es geht mir gut – sehr gut. Ich habe eine glückliche Arbeitsphase. Ich habe meine Haare grau herauswachsen lassen – und siehe da, sie haben einen ganz toll chicen Farbton, Du wirst staunen. Jetzt sieht es aus wie gefärbt. Man muß eben ab und an etwas wagen. Und das habe ich in letzter Zeit in vielen Dingen getan. Es geht mir gut. Ich komme bald zu Euch und freue mich darauf, bei Euch auf dem Sofa zu sitzen und Sekt zu trinken. Und wenn Du mal hier bist, bitte, komme doch zu uns ...

Düsseldorf, 15. März 1978 (nach einer gemeinsam verbrachten Zeit auf der Insel Teneriffa)

Ich male gerade ein Bild, auf dem ich alle Farbeindrücke der Berge vereine, in dem ich die verschiedenen Tageszeiten mit ihren Merkmalen versuche, in Farbe umzusetzen. Der blasse Morgen, der noch blassere Mittag, der vital stark kontrastreiche Spätnachmittag und die sanfte Nacht. Dazwischen Farbbänder, die alles zur Ordnung rufen. Ich möchte Euch noch mal ganz herzlich für alles danken, vor allem für Eure Freundschaft. In Düsseldorf erleide ich oft Schiffbruch mit Menschen. Und ich brauche sehr die seelisch freundschaftliche Unterstützung auf meinem Malerweg, der sehr schwer ist.

Mein Mann hat mich sehr lieb empfangen. Er ist immer glücklich,
wenn ich zufrieden bin. Und wenn ich draußen in der Welt war, bin
ich zufrieden und neu gewappnet. Ich habe ihm von allen schönen
Dingen auf Teneriffa erzählt, den Kratern, Schneebergen, dem
Swimmingpool im Garten und den Menschen, z. Zt. in ‚Schippen-
dähle'. Hoffentlich halten die Bildchen bei Euch ihre Qualität. Erst
zu Hause sah ich, daß vieles doch sehr flüchtig war. Aber ich werde
noch mal an Ort und Stelle malen. Es hat mir so sehr gut gefallen
dort.

Düsseldorf, 3. Oktober 1979
... Ich komme gerade aus Stuttgart + Hannover; Stuttgart war DK
Bund (Deutscher Künstlerbund), in dem ich auch mit großen
schwarzen Bergbildern hänge. Jedes mal ist die DKB Ausstellung
ein Ereignis, man trifft sich mit alten und uralten Freunden wieder
+ lernt junge Künstler kennen. In Hannover, wo ich mit W.
Schmied und Dr. Büchner in einer Preisjury war, sprach ich mit W.
Schmalenbach von Euch. Er mag Euch auch so gerne. Auch da war
ich von lauter alten Freunden umgeben. Es waren für mich Tage, in
denen ich herzliche Wärme getankt habe. Düsseldorf erwärmt sich
zwar für mich etwas, aber das, was ich in Hannover hatte, werde ich
nicht mehr in der Form irgendwo bekommen. Ich denke oft darüber
nach, meinen Wunsch, über den Rahmen hinauszugehen, zu ver-
wirklichen. Am liebsten würde ich immer noch Bilder dranmalen
und dann die Bergform nochmal ausgesägt außen dranfügen. Ich
habe jetzt wenig vor und werde den Winter über viel arbeiten. Für
einen Wettbewerb habe ich auf eloxiertem Metall gemalt und auch
darin ein neues Material gefunden. Ich werde Metallbilder malen. Es
gibt eine neue Farbmöglichkeit. Die Linien kratze ich rein ...

Nach einem schweren gesundheitlichen Einbruch rettete sie
sich in ein umständliches Ringen, das Erworbene beizubehal-
ten, ein Neues und Tröstliches darin zu integrieren. Rosen,
Rosensträuße vor ihren Bergen, die das ganze Bild ausfüllen,
entstanden. „Berge und Rosen vor rotem Himmel", „Weiße
Berge und Rosen", „Schwarze Rosen, blaue Berge", das sind
Titel dieser 1980/81 entstandenen, so berühmt gewordenen
Werke, die sie beschreibt:

Das hat damit begonnen, daß ich mich über einen Rosenstrauß so ge-
freut hatte und spontan begann, Rosen in den Himmel eines Bergbil-
des zu malen. Das tat dem Bild gut, und nun formierten sich lasie-
rend gemalte Blüten zu Reihen, blähten sich auf zu hellen, duftigen
Riesenblüten oder verschrumpelten, zu fast schwarzem, verwelktem
Geranke.

Trotz ihrer seelischen Bedrängnisse schrieb sie lange Episteln,
in denen ihre mitfühlende Freundschaft immer mehr zum
Ausdruck kam.

Düsseldorf, 23. August 1981
Ich denke so gerne an unser Sofasitzen, Bolle kraulen, Sekt trinken
und dann unsere nette Zeit auf Teneriffa!
Mir geht es gut. Seelisch vortrefflich. Mir fällt vieles von den
Schultern. Ich bin viel unabhängiger geworden. Das Meiste ist mir
egal. Mein ganzes Interesse liegt bei meiner Arbeit. Und da komme
ich jetzt gut voran. Ich mache immer 4 Wochen Malklausur im Ate-
lier, d. h. da bin ich einfach für alle weg – wie verreist. Da arbeite ich
nur. Und dann mache ich 3 Wochen Pause. Ich bin ein Einzelgänger
geworden. Ich reise z. Zt. überhaupt nicht. Ich lebe ganz meinen Bil-
dern. Ich fange an, meine eigenen Bilder zu genießen. Meine letzten
Prüfungen im Krankenhaus waren O. K. On verra!
Jetzt male ich die Bilder oft 6 × über. Und zwar auf ein Thema
hin. Ganz bewußt. Erst starkfarbig angelegt, dann Zeichnung rein,
dann Zeichnung neu verschränkt drüber. Dann neue Farbflächen.
Dann alles einfarbig lasierend drüber. Dann wieder Farben woan-
ders vertiefen, neben den bisherigen Stellen, dann neues Zeich-
nungsgerüst, usw. Wie ein ganzes in sich stimmendes Bild zuletzt
noch mal als Ganzes zusammenreißen. Ich werde mal alle solche
Etappen fotografieren. Ich arbeite oft mit meinem französischen
Malerfreund zusammen. Da wird meine ‚deutsche Brutalität' in
französische Raffinesse verwandelt, und das ist sehr gut. So ein biß-
chen Raffinesse! Und eben diese neue Vielschichtigkeit. Die habe ich
allerdings nicht von ihm. Sondern, das hat sich so ergeben. Das
Ganze wird auch wieder etwas abstrakter. Berge und Rosen nur
noch angedeutet oder bereits ganz überwunden. Die Bilder sind wie-
der kräftig gebaut wie meine „Strömungen" um 1962.

Düsseldorf, 14. Februar 1985
Ich muß doch absagen für unsere USA-Reise. Sie kommt in andere
Zeitpläne. Sicher tut mir hinterher die Absage leid, aber ich muß
Dich doch bitten, das zu verstehen. Ich muß Dir sagen, daß Du mir
so sehr geholfen hast und hilfst. Was Du mir am Telefon sagtest, war
für mich so unendlich wichtig. Zu wissen, daß jemand jede Phase
(entsetzliche, teuflische, mörderische) kennt! Das ist so tröstlich. Ich
danke Dir von ganzem Herzen. Man ist dem Leben so ausgeliefert.
Einfach hilflos ausgesetzt dem Schmerz, der kommt und geht und
kommt und geht. So wie Wolken vorbeiziehen. Man kann nur still
halten.

Düsseldorf, 30. Juli 1987
Ganz herzlichen Dank für Deinen Brief. Es war so schön bei Dir –
wie in alten Zeiten. Ganz lieb, daß ich da so profiliert hänge. Ob Du
bald mal nach Düsseldorf kommst? Mein Riesenatelier anzusehen
und die neuen Bilder? Das wäre schön. Jetzt bin ich hier wieder ganz
am Schaffen in einer neuen Serie, in der die Zeichnung stärker vor-
handen ist. Auch mehr Räumliches kommt in die Bilder. Thema:
Barockinnenräume. Ich nenne es „Raumandeutungen", und es sind
auch nur angedeutete Räume. Auf Eure Ausstellung im September
1988 freue ich mich. Da mache ich natürlich gern mit.

In all den vielen vergangenen Jahren hat sich das „Pulsieren,
Wachsen, Strömen, Circulieren" in Sigrids Malweise zunehmend gesteigert. Besser als die FAZ am 6. Juni 1993 von „Festlichen Farbhymnen" (die sie in einer Ausstellung im Frankfurter Kunstkabinett zelebrierte), von „flirrendem Hymnus auf
das Dasein unter dem hohem Himmel aus Licht und Luft" berichtete, kann man die Kunst „DER KOPFERMANN" nicht
schildern.

PHANTASIEN AUF DEM BODEN DES WIRKLICHEN

Im Laufe der Jahre wuchsen unsere Zimmerwände immer weiter durch Bilder zu, die sich nach und nach angesammelt hatten; dazu beanspruchen Möbel und Bücherwände auch noch Platz. Was macht man, wenn man eine Anzahl von großformatigen Radierungen geschlossen hängen möchte? Die rettende Lösung war das Treppenhaus, dessen hohe, unverstellte Wände einen idealen Aufenthaltsort bilden. Sie bieten noch den Vorzug, daß man täglich mehrere Male an ihnen vorbeikommt, daß man beim Rauf- oder Runtergehen stehenbleiben kann und heute mit dem Blatt und morgen mit einem anderen Zwiesprache halten kann.

In unserem Fall handelt es sich um Werke von Diether Kressel, von denen nun zwölf gerahmte Radierungen einen so idealen Platz eingenommen haben. Das klingt wie ein Bekenntnis. Ja, es ist auch eines!

Angefangen bei dem ersten Atelierbesuch 1970 über etliche Ausstellungen hatten wir stets Lust, eine neue Radierung zu erwerben. Vorher wußten wir schon seit 1957 von ihm. Zur Einweihung des Studios hing er bereits bei „Künstler in Bildnissen" mit einer Tuschzeichnung „Selbstbildnis 1956" und einer Rohrfederzeichnung „Absynth" (Der Maler Tom Hops in Paris). Schon damals hatte er das ihn immer wieder beschäftigende Thema „Selbstbildnis" angeschlagen, immer sich kritisch oder grüblerisch im Spiegel prüfend oder durch gesprungene Spiegelscheiben Brechungen, durch Konvexspiegel Verzerrungen hervorrufend. Das ist bei Kressel weit entfernt von einem Narzißmus, von Selbstbewunderung. Ganz sicher bringt er sich von Zeit zu Zeit auf den „Prüfstand", wie es Rembrandt oder Max Beckmann in ihrem Malerleben stets geübt haben.

Wolf Stubbe war es, der den Kresselschen Werken anläßlich seiner Laudatio zur Verleihung des Edwin-Scharff-Preises die Bezeichnung „Phantasien auf dem Boden des Wirklichen" verlieh; besser, subtiler läßt sich das gar nicht ausdrücken!

Wie oft bin ich die hohen Steintreppen in den zweiten Stock eines ehemaligen Druckereigebäudes zu einem Atelierbesuch hinaufgestiegen. Zunächst allein, dann zusammen mit Rolf, mit Gisela Chelius, mit dem gesamten Vorstand. Und immer war es ein Erlebnis, dem faszinierend-sympathischen Künstler zu begegnen, immer von neuem seine jüngst entstandenen Werke zu betrachten.

Ein Atelier, wie man es sich am Montmartre vorstellt, im Hamburger Stadtteil Hohe Luft. Das liegt wohl in erster Linie an den hoch bis an die Decke reichenden Fenstern, sprossenreich und eisengerahmt, die sich unterteilt öffnen lassen. Der Blick geht über Dächer, Schornsteine, Fernsehantennen, ältliche Gebäude auf der anderen Straßenseite. Da ist man schnell im Bilde, warum Fensterbilder im gesamten Oeuvre Kressels eine so bedeutende Rolle spielen. Das riesige Atelier ist unterteilt in einen großen Raum mit Staffeleien, fahrbarem Standspiegel, Graphikkommoden, Staubkasten und in zwei kleinere Räume für die Druckpresse, die Wannen und Behälter, in denen er seine Magie betreibt. Die Machart der Techniken ist ja beim Studium erlernbar. Was Kressel, durch Experimente und Erfahrungen höchst kundig geworden, an delikaten Farben, Verschleierungen, Durchsichtigkeit erreicht, dient den berückenden Themen, in denen seine Phantasie unerschöpflich ist.

Alle Personen, alle Gegenstände, die er zeichnet, sind real vorhanden gewesen. Nur, wie er sie zusammenstellt, diese Requisiten und Utensilien, ergibt erst die „natura morte" – das Stilleben. In zarten Anspielungen wiederholen sich die Motive über die Flüchtigkeit des Glücks.

Davon zeugt mein Liebling „Letzter Tag in B.", ein zierliches Format. Auf einer dicken altmodischen Herrentaschenuhr zum Aufziehen hat sich ein Schmetterling niedergelassen, ein „memento mori"-Bild. Kressels Kunst ist die Kunst der Verschwiegenheit; erst die Kombinationsgabe des Betrachters bringt sie zum Reden. Er ist imstande, die Dezenz durch Weglassen auf die Spitze zu treiben; ein paar violette elegante Pumps spiegeln sich in einer ungefaßten Scheibe, auf der noch die Befestigungslöcher markiert sind, eine erotische Huldigung. Das unsichtbare Ewige steckt in der sündigen, sinnlichen Welt wie der Kern in der Schale. Zwar kann man diese Motive verstehen. Doch liebt Kressel es, Botschaften zu verschlüsseln: Vogeltische, Vogelkoffer geben Rätsel auf; es ist nicht damit getan, sich an der Schönheit zu delektieren, man muß dem Sinn auf die Spur kommen.

Von einem Atelierbesuch brachte ich die Radierung „Fensterblick" mit. Es ist überhaupt kein gefälliges Vorzeigeblatt. Vielmehr ein Kunststück in der Darstellung von Fenstern und Objekten und geheimnisvollen Zusammenhängen. Auf einer Fensterbank spiegelt sich in einem gedrechselten Toilettenspiegel der Akt einer Frau, von dem im Ausschnitt des Spiegelrahmens nur Bauch, Brüste und Arme zu sehen sind. Es muß sich um ein Parterre handeln, da ein Mann mit dunkler Brille und Bowlerhut von draußen durch das Fenster schaut. Am linken Bildrand weht eine durchsichtige, gemusterte Gardine. Sie stellt den Bezug her zu den unterschiedlich zugezogenen Gardinen an den vielen Fenstern der gegenüberliegenden Hausfassade. Der elegante Mann ein Voyeur?

Ähnliche Motive kehren wieder bei „Maler und Modell", bei „Fräulein mit Fuchs", „Atelierbild". Besonders in meinem Treppenhausbild „Spieglein an der Wand", auf dem eine üppige nackte Frau, angetan mit schwarzen Strümpfen und einem federgeschmückten Samthut in einem Barocksessel sitzt und sich in einem ovalen Salonspiegel prüfend anblickt. Das fuchsrote Haar im Spiegel und der fuchsrote Haarknoten unter dem Hut sind die delikaten Farbakzente in dem gelbschwarzen Ensemble.

Erst 1965 hatte Kressel damit angefangen, Radierungen und Strichätzungen zu schaffen. Aber zu der Zeit, als wir ihm für 1972 eine Ausstellung anboten, umfaßte sein druckgraphisches Werk bereits hundert Blätter.

Durch verschiedene Besuche hatten wir uns inzwischen schon gut kennengelernt, waren in seine Penthouse-Wohnung in einem Hochhaus eingeladen und waren seiner ungewöhnlichen, schön-aparten Frau Dorothea begegnet. Sie war die ideale Entsprechung für diesen hochsensiblen Künstler; es muß eine ungewöhnliche Symbiose sein, die zum Teil durch sie als Muse und Geliebte, als Ärztin und Mutter ihrer beider drei Kinder entstanden ist. Das Studium hatte Dorothea aber erst begonnen, als sie längst verheiratet waren und ein himmlisches Jahr in Paris verbracht hatten. Eine Lebens- und Liebesgeschichte, die sie Rolf und mir einmal erzählt haben.

Für die Ausstellung hatten wir Diether und Dorothea in Aussicht gestellt, durch gutplazierte Plakate alles zu tun, um sie erfolgreich werden zu lassen. Vorsichtshalber mußten wir aber bekennen, daß wir nicht dafür garantieren könnten, daß und ob überhaupt einiges verkauft würde. Mit Hilfe eines guten Einführungsvortrages von Dr. Hanns Theodor Flemming, einem hervorragenden Kenner der Kresselschen Kunst, hofften wir, Verständnis für die zunächst fremd anmutende Bildwelt bei unseren Kunstfreunden zu wecken und nahezubringen.

Aber gleich zu Beginn hatten die Besucher an den Radierungen offensichtlich ihre Freude, sie waren verblüfft, verwirrt, amüsiert. Kressels, deren angereister großer Bekanntenkreis und wir natürlich auch konnten es gar nicht fassen, wie schnell eine Anzahl von roten Punkten an den Rahmen klebte, was soviel wie „verkauft" bedeutet. Zum Glück erlaubten die kleinen Auflagen immerhin den Verkauf mehrerer Blätter von einem Thema. Sonst hätte es Engpässe gegeben bei der Begeisterung, „Sugar", „Rosen", „Puppenspiele", „Gruß aus Svanneke", „Ankunft der Dorothea", „Landschaft mit Artischocke", „5 nach 12", „Der Koffer" zu erwerben.

Der Hamburger Galerist Hans Brockstedt hatte sich die Ausstellung besehen (immer gut, mal in der Provinz zu sehen, was sich so tut!); verwundert fragte er uns, wieviele der roten Punkte denn „getürkt" seien. Wir konnten ihm versichern, daß alle Bilder das begehrte Emblem zu Recht trügen. Ob Brockstedt vor oder nach diesem Gespräch zu Kressel ins Atelier ging, Bilder kaufte, eine Ausstellung in Aussicht stellte, kann ich nicht genau sagen. Er blieb Kressel treu und veranstaltet immer aufs neue hervorragende Vernissagen.

Zur Belohnung für den großen Erfolg überließ uns Kressel mehrfach von den Mitgliedern sehr begehrte Radierungen als Jahresgaben.

In der Folge kamen Kressels öfter nach Hameln zu Besuchen, die wir mit Freuden erwiderten. Das Atelier kannten wir inzwischen sehr gut; die Penthouse-Wohnung erschien uns als das gläserne Nonplusultra. Natürlich fanden Diether und Dorothea sie auch schön und ungewöhnlich, obwohl der Sturm ihnen einmal die großen Fensterscheiben eingedrückt hatte. Es drängte sie aber, da sie im 14. Stockwerk mehr im Himmel als auf Erden wohnten, endlich mal Boden unter die Füße zu kriegen, ohne ihren Himmel aufgeben zu müssen. Im nordfriesischen Teil von Schleswig-Holstein bei Husum fanden sie ein kleines Bauernhaus, das zum Verkauf stand. Sie ließen den Stall als Atelier umbauen, das Dach neu mit Reet versehen und richteten sich die kleinen, niedrigen Räume urgemütlich zu Wohnküche und Schlafzimmer ein. Durch die Fenster haben sie einen weiten Blick über die unendlichen Weidewiesen und den hohen Himmel. Im Garten, etwas abgelegen, entstand eine Hütte als Radierwerkstatt. Sie hatten vor, die Frühling-Sommer-Herbst-Monate hier zu verbringen. Dorothea entpuppte sich zu einer glücklichen Blumengärtnerin. Und damit sie ihre Gurken und Tomaten selber ziehen konnte, schenkte ihr Diether ein Glashaus, das er selbst entworfen hatte. Andere Leute haben als Zweitwohnung ein Feriendomizil, Kressels Idylle ist alles andere als eine Urlaubsfaulenzerei!

Hier hatte er begonnen, wieder Ölgemälde zu malen und in herrlichen Farbstiftzeichnungen seine Motive der Spiegel, Fuchspelze, Kommoden, Koffer, Vögel und Zwiebeln als „Bild im Bilde" zu intensivieren. Es entstand ein solches Konvolut, daß wir es mit Freuden 1979 zeigten. Zwei große Doppel-Gemälde „Das Paar" wurden die Publikumsfavoriten. Auf jeder Leinwand dominiert ein gewaltiger braunlederner, englischer Sessel. Über den Lehnen des einen hängt ein Fuchspelz, ein schwarzviolettes Dessous, Strapse, unter dem Sessel offenbar eilig ausgezogene schwarze Pumps; auf dem Sitz ein Handspiegel, in dem sich der Kopf von Dorothea spiegelt. Das Pendant hat natürlich auch einen Handspiegel mit dem Halbportrait von Diether; ein eleganter Bowler liegt daneben. Gestreifte Krawatte – noch mit Knoten –, Hose mit Hosenträgern sind die Entsprechungen zu Dorotheas Utensilien, vor allem die schwarzen Chevreaux-Stiefel, deren Senkel sich auf den Dielen ausbreiten. Eine Besucherin fragte ganz entzückt von den Arrangements und dem, was man sich darunter vorstellen sollte: „Trägt Herr Kressel wirklich solche Stiefel?"

Überflüssig zu sagen, daß diese Gemälde unverkäuflich waren; Diether hat sie Dorothea geschenkt!

Unsere gemeinsame Reise nach New York brachte ihm außer den Besuchen in den berühmten Museen noch viele Eindrücke in dieser unerhört interessanten Stadt, vor allem in einfachen und feudalen Lokalen, in denen ein guter Jazz gespielt wurde. Die Vorliebe für amerikanischen Jazz schlug sich dann auch folgerichtig in fabelhaften Farbstiftzeichnungen nieder: in Saxophonen auf fragilen Tischen, in den Hommagen an „Dinah Washington" (einer Blues-Sängerin), an „Coleman Hawkins", an „Charleys Schießbude", einer Zeichnung mit Instrumenten eines Jazz-Schlagzeugers. Sie wurde das überzeugende Plakat für eine erneute Ausstellung „Alte Freunde – Neue Arbeiten".

Da hingen sie dann alle zur Freude vieler jüngerer Mitglieder. Und mit der Radierung „His master's voice" hatte Kressel wieder die Magie seines großen Könnens praktiziert: ein Grammophon mit Riesentrichter aus den 20er Jahren, mit dem berühmten weißen Hund, auf der Schellack-Platte spiegelt sich das Portrait von Louis Armstrong, dem Jazztrompeter und Sänger aus New Orleans.

Während einer gemeinsamen Studienreise nach Moskau und St. Petersburg 1990 entstand ein Reisetagebuch, in das Diether für seine kleine Enkelin Nora die goldenen Kirchenkuppeln, einen Zirkus, Brücken und Paläste malte und in anschaulicher Weise die Erlebnisse in seiner großen Schrift schilderte. Das dürfte für die Nachwelt eine Rarität sondergleichen sein.

Schon einmal hatte Kressel angekündigt, seine Radierung „Fenster für O'Henry" sei das vorerst letzte Blatt. Illusionistisch ist das Papier stockfleckig, mit eingerissenen, umgeknickten Rändern wie eine vergilbte Zeichnung auf schwarzem Grund gestaltet. Ein melancholisches Blatt ist es, auf dem einige leuchtende Herbstblätter einer unsichtbaren Kranken Trost spenden.

Es war auch zugleich das letzte Blatt, das Rolf mir schenkte! Da aber Sammler, Galeristen, Museen nach neuen Gemälden und Radierungen Verlangen trugen, beugte sich Kressel diesen Wünschen. Er gehört auch zu den Künstlern, bei denen dreiviertel von Genie ihr Fleiß ist!

Nun aber hat er sich seit einigen Jahren in sein Friesenhaus zurückgezogen, um einer neuen Malphase nachgehen zu können.

„Radieren hört jetzt für eine Zeit mal auf", erklärte er. „Dreizehn Jahre war ich fast ausschließlich dabei, denn dieses Verfahren ist so zeitaufwendig, daß man kaum zu anderem kommt. Ich habe dabei so viel gelernt, daß ich jede Bildidee in dieser spröden Technik verwirklichen kann. Das große Abenteuer des Kämpfens ist vorbei. Ich möchte mir etwas Neues erarbeiten."

Das Neue? Er hat wieder mit der Ölmalerei begonnen, ausschließlich. Die Themenwahl ist mit ihren magischen Bezügen, der Wiederholung der Gegenstände in neuen Zusammenhängen gleich geblieben. Aber in anderen Dimensionen. Und die Malweise ist anders geworden. Er hat auf die Methode früherer Jahrhunderte zurückgegriffen. Statt einer Farbschicht setzt er jetzt viele Farbschichten und Lasuren übereinander.

Diese Gemälde hält er noch streng unter Verschluß, da er sich in einem noch nicht abzusehenden Schaffensprozeß befindet. Nur eng Vertrauten gestattet er, die bisher gemalten Bilder ausführlich ansehen zu dürfen. Es ist nicht ausgeschlossen, daß wir sie zu einem besonderen Anlaß in zwei Jahren ausstellen dürfen.

Liebe Frau Flemes,
Lieber Herr Flemes'!

"Allein im Juni" sitze ich hier in
Herrenhalligen und bin einerseits
traurig weil meine Frau mich
verlassen hat (für 3 Tage),
(Na, das geht ja gerade noch),
andererseits allerdings bin
ich sehr glücklich; denn ich
bekomme vom Himmel in von der
"lieberwerten" Familie Flemes
einen ganz herzlichen Brief
(sogar mit Gedicht) + ein wunder-
volles Buch. Sie glauben nicht,
wie ich mich gefreut habe, als
wir am Sonntag Abend hier,
nach einigen herrlichen Tagen
in Holmburg, ankommen, und
beides hier vorfanden.

Grundsätzlich bin ich ja der
Meinung, dass ich derjenige bin,
der dankbar zu sein hat + ist. —
Ich freue mich, dass die Ausstellung
gute Resonanz hat, dass sich
die Missverständnisse (Buch)
auch geklärt haben + dass auch
die Kritik gut uns gefallen ist.
— So beglückend es für mich war
so viele Bilder und auch neuere
Blätter in den farbig hoffen
Kunstkreis-Räumen in gutem
Licht zu sammeln Zu sehen, so
merkwürdig ist doch wie fremd,
oder besser fast gleichgültig
mich die einzelnen Arbeiten
lassen. — Es ist so, wenn man
Neues im Kopf hat. —
Ich habe heute wieder den
ganzen Tag gemalt + nun
gibt es nur _ein_ wichtiges Bild.

Dass ich jetzt hier allein sitze,
(mich mit einer Flasche Badischem
+ gutem alten Jazz tröste)
hat leider einen beklommerlichen
Grund. Caroline hat sich
gestern beim Sport in der
Hiller Schule einen Bänderriss
zugezogen + Dorr hat sie gleich
nach Hamburg transportiert!
Es wird leider eine langwierige
Geschichte werden. —
Wir freuen uns, dass wir Sie
bald wieder sehen, aber vor allen
Dingen auf Ihren Besuch in
Herrenhall ig. - Ich bin gespannt
was Sie zu meinem Essig + Ölbild?
oder so sagen!
Für heute seien Sie sehr herzlich
gegrüsst von
        Ihrem Ditte Kressel
(Wenn sie hier wäre, liesse Dorr sie auch grüssen)

EINE BESONDERE FORM DES DENKENS

Mit der British Airways konnte man an Wochenenden – ab Freitagmittag bis Sonntagabend – für sage und schreibe 70 Mark nach Berlin fliegen. Schon lange stand unser Besuch bei dem Maler Fritz Kreidt, der uns zu sich eingeladen hatte, auf dem Programm. Im Juli 1976 starteten wir sechs Vorstandsehepaare in Hannover, lutschten den angebotenen Bonbon und waren schon auf dem Flugplatz Tempelhof.

Berliner Luft schnuppern, Lokalkolorit auf dem Kurfürstendamm. Berliner Weiße, der Hitze wegen. Anruf bei Kreidt, wann er uns morgen erwartet. Am frühen Nachmittag. Ein ansehnliches Mietshaus aus der Jahrhundertwende in Wilmersdorf. Natürlich wohnt er im 3. Stockwerk, das beste Licht!

Frau Christine, ihres Zeichens Professorin für Mathematik und Didaktik, öffnet und strahlt uns an durch ihre ungefaßten Brillengläser. Eine blitzgescheite, schöne, junge Frau im langen farbigen Sommerrock. Das registrieren vor allem unsere Herren mit Wohlgefallen. Sie führt uns in die Gemächer, denn von Zimmern kann in dieser großbürgerlichen Wohnung eigentlich keine Rede sein. Pieksauberer Parkettboden, hohe Fenster, breite Schiebetüren, Barockkommoden, ein Biedermeiersofa von Bücherwänden umrahmt, dazu passende Samtsessel und -stühle. Exzellent gerahmte Gemälde an farbigen Wänden.

Keine Atelier-Atmosphäre, nirgendwo eine Staffelei? Also ein Extrazimmer dafür? Doch da, im dritten Zimmer am Fenster. Daneben ein fahrbares Tischchen. Auf der Glasplatte Farbkasten, Pinsel, alles ordentlich plaziert. Kein angefangenes Bild auf der Staffelei.

Längst ist der Maler eingetreten, gibt seine Freude über unseren endlichen Besuch durch meckerndes Gelächter kund und verbreitet gute Laune. Das von einem Spitzbart gezierte Kinn, der Mund entläßt freundlich-fragende Sätze. Man tut gut daran, einen Doppelsinn darin zu vermuten. Er liebt es, geistreiche Spötteleien von sich zu geben. Auch gut, so muß sich der Besuch nicht gleich in Bewunderung ergehen.

Frau Christine bietet Tee an in dünnwandigen kostbaren Porzellantassen. Der Durst ist erheblich, es ist immer noch so heiß. Kreidt mahnt, noch Raum für bessere, gehaltvollere Getränke zu lassen. Er naht mit Flaschen. Jeder geht mit dem Glas in der Hand umher. Erstes ausführliches Betrachten. Gegenseitiges Aufmerksammachen. Etliche Bilder kennt man noch von der Ausstellung 1969. Eine Begegnung wie mit alten Freunden. Erinnerung an den denkwürdigen Abend 1968 nach der griechischen Ausstellung. Fragen nach neuen Arbeiten, nach Veränderungen, Eindrücken, Plänen. Arbeitsaufenthalte an der Atlantikküste, die Antwort. Sind sie fruchtbar? Kann man etwas davon sehen? Einige wollen wissen, wie es überhaupt angefangen hat. Mit einer Seereise nach Afrika! Er war der letzte der 80 Maler, die mit einem Frachtschiff unterwegs gewesen waren. Damals war er 32 Jahre alt. War die Reise ein Malererlebnis? Gibt es Reminiszenzen? Die Briefe von dieser Fahrt waren jedenfalls höchst eindrucksvoll. So? Sicher ein verqueres Berichten auf schwankendem Schiffsboden, oder? Nein, überhaupt nicht. Alle wünschen, daß wenigstens aus einem der mitgebrachten Briefe vorgelesen wird. Also gut, dann kann man wenigstens die Betrachtungsweise eines Intellektuellen erkennen:

Mittwoch, den 7.9.1968
Die Pläne und Gedanken richten sich bereits auf Kapstadt, das Hauptziel dieser Reise, und bevor sie ihn ganz gefangen nehmen, geht Ihr Abgesandter daran, einige Eindrücke in Worte zu kleiden.
Daß nicht schon aus Dakar ein Lebenszeichen kam, war eine Unterlassung, die aber eine lokalkoloristische Begründung für sich in Anspruch nehmen kann: bei meinen Streifzügen stieß ich von ungefähr auf ein Gewölbe mit authentischer, nicht touristischer oder imitierter Negerkunst, und, wie mir das häufig geht, gewinnen Sachen, die mir bisher ziemlich gleichgültig waren, durch die persönliche Verknüpfung mit den Umständen der Umgebung, plötzlich lebhaftes Interesse. Nach einer zweistündigen Verhandlungsschlacht habe ich den Preis für eine große Maske und eine kleine Figur auf die Hälfte heruntergebracht und kann froh sein, so gerade noch „heim" zum Schiff zu kommen, das am anderen Ende des Hafens unter einer Staubwolke liegt. Es wird Phosphat geladen. Nun teilen die Götzen meine Kammer, ruhen in der anderen Koje und schütteln im Rollen des Schiffes leise die Häupter.

Ja, Dakar war natürlich bei weitem das Beste bisher auf der Reise. Die Seefahrt ist als technische Veranstaltung und so ein Schiff als sozialer Organismus selbstverständlich hochinteressant, und die Leute sind sehr nett. Aber es stellt sich auf die Dauer doch eine Eintönigkeit her – wollte ich gerade schreiben, da kam der Kapitän, um mir das Kreuz des Südens zu zeigen. Dieses ist zwar wirklich ziemlich kümmerlich, aber auf der anderen Seite herrschte ein prächtiger Vollmond zwischen den Wolken und spiegelte sich im Meer. Ja, wenn das der alte Carus noch gesehen hätte! Also: man kann schon schöne Dinge sehen hier auf dem Wasser – obwohl das Meer tatsächlich nicht, wie man sonst hört, immer anders ist. Aber man kann schon ziemlich lange hinschauen.

Nun, unbeschadet solcher Besichtigungen geht die Tendenz während der langen Fahrt mehr auf die Privatbeschäftigung hin mit Lektüre und Kunst. Was die Produktion betrifft, so sind die Voraussetzungen eigentlich bestens gegeben, nur befindet man sich in einem merkwürdig aus der sonstigen Arbeit herausgelösten Zustand, es fällt einem sehr schwer, sich kritisch zu verhalten. Ich kenne das von der Sommerfrische, wenn man in einem Pensionszimmer sitzt und zeichnet: was fehlt, ist, daß die Arbeit sich ganz im Mittelpunkt der Welt befindet, in der man gerade ist, und jede Abschweifung wieder auf diesen Mittelpunkt zurückführt. – Das Schwanken des Schiffes stört mich glücklicherweise nicht. Das Vibrieren und Klopfen der Maschine (nachts im Halbschlaf habe ich manchmal das Gefühl, in einem Schlafwagen zu sein, der an einen Güterzug angekoppelt ist) hindert zwar feinste Arbeiten wie Kupferstiche, aber zeichnen kann man gut, und damit hab ich mich denn auch fast ausschließlich befaßt. Mal sehen, was draus wird! Die eigentliche Verarbeitung des Gesehenen wird, wie bei mir üblich, ohnehin erst nach einer gewissen Ablagerungszeit vor sich gehen, und ich bin sicher, daß diese Reise ihre Früchte tragen wird.

Noch einmal auf Dakar zurückzukommen: Es gab zwei Kulminationspunkte; derentwegen die eineinhalb Tage in der Erinnerung viel Raum einnehmen. Einmal die Pracht der Märkte, zweitens der Besuch einer kleinen, vorgelagerten Insel, deren Ansiedlung viel älter ist als Dakar selber, und schon holländische, portugiesische, britische und französische Herrscher in wiederholtem Wechsel erlebt hat. Die Zeugen der Vergangenheit, gelbes, ocker und rostrotes Gemäuer, teils wohlerhalten, teils in Ruinen, hatten wir bereits bei der Ein-

fahrt umfahren, und ich beschloß sogleich, mir das aus der Nähe an-
zusehen. Ein für mich eigenartiges Bild bei der Einfahrt: nachdem
wir von der Sonnen- auf die Schattenseite der Insel gekommen sind,
tut sich zum Meer hin ein kleines Plätzchen auf, und durchs Fern-
glas kann ich eine Menge – authentischer – Neger erkennen, welche
korbballspielend den Abend genießen. Dieser Eindruck ist mit seiner
südlichen Kulisse und in der Verkleinerung seine eigene naive In-
terpretation, wie aus einem der heißgeliebten „Negerbücher", einer
ethnographischen Enzyklopädie des 18. Jh. mit zahllosen Kupfern,
die meine Eltern besitzen und die wir ansehen durften, wenn wir
krank waren.

So geht es mir hier sehr häufig. Vieles hat man irgendwoher
schon gekannt, und man staunt ebenso sehr über die Vertrautheit
wie über die Fremdheit und über die Phantasie, mit der die Wirk-
lichkeit die Erinnerung verziert: die endlose staubige Straße in der
Sonne mit ein paar zerlumpten Negern drauf, die von unserem Ha-
fenbecken in die Stadt führt, ist die Kolonialstraße, bei der einem so-
fort das Wort Faktorei einfällt. Man hätte sie vielleicht in Batavia
vermutet. Hingegen der Bahnhof: Das ist Senegal reinsten Wassers,
wie man es sich – unscharf – vorgestellt hat. Ein hinten und vorne
offener Schuppen, unter dem man in der Sonne die krautbewachse-
nen Gleise beginnen sieht, eine flächige, zierliche, bunt angemalte
Konstruktion, wie eine große Kirmesbude. Wichtig ist, daß er abso-
lut tot daliegt. In der Stadtmitte die Mischung von häßlichen Neu-
bauten, kahlem französischem Provinzstil und kleinen pittoresken
Ecken und Kolonialstilresten, das kennt man schon lange irgendwo-
her. Es gibt auch Eindrücke, die in der Erinnerung eher atmosphä-
risch angelegt sind: gleich bei der Ankunft Sonnenuntergang, hinten
die Stadt, vorne ein paar häßliche Schuppen, darüber am Himmel ein
unübersehbarer Schwarm riesiger schwarzer Vögel, Raben und
Geier. Ich könnte Ihnen noch das Kinderbuch nennen, in dem das
zwar nicht vorkam, in dem man aber die Stimmung genau erlebt
hat. Man muß als Kind diese ganze Exotik mit großer Intensität
aufgesaugt und sich ausgemalt haben, und man hat die merkwürdig-
sten Gefühle, wenn all das längst Vergessene plötzlich als hand-
greifliche Wirklichkeit wieder lebendig wird. Das ist natürlich nur
ein Aspekt am Rande. Der ungeheure Ansturm sinnlicher Ein-
drücke, etwa auf den Märkten, läßt einen eher benommen werden.
Vor allen Dingen stürzen Farbenprunk und Sinnenpracht – der

Menschenschlag hier ist außerordentlich wohlgestaltet und in den besten Kostümierungen zu betrachten – ein höllisches Geschrei und seltene und befremdliche Gerüche dringen auf einen ein. So muß bei uns das Mittelalter gewesen sein. Prinzessinnen und Reichtümer, gleich daneben verstümmelte Bettler und äußerste Armseligkeit, widerwärtige Fleischstände und herrliche Fischläden mit niegesehenen Meerestieren ... und so fort.

Nun bin ich gespannt, was mich in Südafrika erwartet ...

Über seine Schilderungen gibt Kreidt ein listig-zufriedenes Gelächter von sich. Gemeinsam zitieren wir die Stellen des Briefes, aus denen sich richtige und typische Kreidtbilder entwickelt haben könnten. „Der Bahnhof, hinten und vorne offen, grasüberwachsene Gleise, schäbiger Kolonialstil ... Faktorei ... der alte Carus angesichts des Mondes", alles Zitate, die wir ohne weiteres in Bildern wiederfinden.

Haben die geschilderten Gefühle späterhin als Niederschlag Bedeutung bekommen? Nun ist der Bann gebrochen. Fragen, Antworten, wir gehen von Bild zu Bild.

Nein, ein Surrealist ist Kreidt nicht! Trotz der betörenden Schönheit seiner Landschaften finden sich Fabrikruinen, Schornsteine, Autowracks darin. Warum?

„Nichts ist vergänglicher als das, was heute entsteht!"

Andererseits malt er verlassene Betonklötze, leere Garagen, von wuchernden Pflanzen und Bäumen in gnädige Natur zurückgenommen.

Aus der Bilderkammer holt er große Formate. „Die Besichtigung", ein Tafelbild, wie bei den alten Meistern. Wird das eigene Qualitätsbewußtsein daran gemessen? Möglicherweise. Dreifach durch Säulen und Arkaden ist das Bild gegliedert. Im Hintergrund des Mittelteiles eine sienesische Stadt- und Hügellandschaft, Menschen in der Ebene, Autos und Busse winzigklein; ein palastartiges Gebäude mit pompösen Treppen trennen den linken Bildteil – eine Meereslandschaft mit idyllischem Strandleben, hohen Felsen, zu denen hoch oben eine Eisenbahnbrücke führt; vielleicht führt ein Tunnel durch den Felsen? Im rechten Bildteil schachteln sich die Häuser, in der Tiefe der Gasse erscheint der gotische Rathausturm von Siena, eine Flut von Menschen und Autos dringt ein, gespenstisch, unübersehbar. Sie gehören zu einem Wust von Häusern und Menschen am unteren Bildrand, die auf einen Hügel drängen, die ganze Scenerie mit Fingern zeigend. Gefahr droht von dieser Lawine!

Dann die Reminiszenz an Caspar David Friedrich: „Eldena-Skizze", die berühmten Ruinen, ihnen ähnliche hohe Bäume, verwitterte Boote im amorphen Uferschlamm. „Neu-Eldena", die Mauerreste durch Stahlskelett ergänzt, gotisches Maßwerk und Dachkonstruktion als gedachter Wiederaufbau? Der Marktplatz von Greifswald mit Renaissance-Gebäuden, Backsteinbauten – zierlich vor wuchtigen Großplattenbauten, visionär verblassend. Hat die DDR kein Verhältnis zur Geschichte?

Vergleiche mit Radziwill drängen sich auf. Auf allen Bildern kehrt das Wasser immer wieder, an den Randzonen der Natur nagend. Künstliche Paradiese, die den Verfall alles Lebenden ahnen lassen. Möglicherweise nicht nur! „Teufelssee", auf dem ersten Blick eine Idylle: vor geöffnetem Fenster ein Interieur mit gedecktem Tisch, bequemen Stühlen, Tulpenvase. Eine unbekleidete junge Frau deutet am Fenster einem Unsichtbaren die Landschaft; Blick über einen romantischen See mit Schwanenhäuschen, zur verlassenen Fabrik, zum leeren Fachwerkhaus zwischen Bäumen.

Ist die abgrundtiefe Beunruhigung Absicht? Kreidt ein Metaphysiker mit dem Pinsel? Jedes Detail, jede Silhouette erscheint naturrein im gewachsenen Zueinander. Das geht auf eingehende Naturbetrachtung zurück.

Daß sich Naturtreue und Atmosphärisches ohne Substanzverlust derart ins Künstliche treiben lassen, das ist das Besondere. Eine Reise durch unsere Geschichte – doch stets nagt die fortschreitende Kultur am Alten.

Eine neue Ausstellung wird verabredet. Ja, in zwei Jahren wird es Kreidt sehr gut passen, am besten gleich zum Jahresanfang.

Wir treffen uns wieder im Februar 1978. Christine und Fritz Kreidt, ihre Freunde Ausborns, der Sammler Alexander Vannot aus Zürich sind angereist. Wegen der bevorzugten Frankreich-Liebe koche ich ein üppiges französisches Menü.

Morgen zur Eröffnung haben die Sammler und Kunstfreunde ihren Anspruch auf den Maler.

Gewaltige „Heroische Landschaften" mit Alpen, eingestürzten Brücken, Überschwemmungen, Solitärbäumen à la Schinkel, spielzeugkleinen Fabriken, Häusern, Bussen.

„Ehemaliges Bahnbetriebswerk", „Kleine Überschwemmung", „Provinzort mit ferner Überschwemmung", „Flußlandschaft mit treibenden Ruinen", „Große Industrielandschaft", „Uferpromenade" ...

Deutlich kann man beim Einblick in diese Landschaften nachvollziehen: der Zustand einer ehemals heilen Welt bis hin zur endgültigen Auflösung. Die Menschen scheinen eine untergeordnete Rolle zu spielen. Sie sind stets klein und wirken wie Sonntagsspaziergänger, die noch einmal davongekommen sind.

Nach dem ersten Augen-Zwiegespräch wird man gefangen von dieser faszinierenden Malerei. Man wiederholt den Gang durch die Räume, die durch diese Bilder so groß geworden sind. Hier beweist ein Maler, daß seine Kunst eine besondere Art des Denkens ist.

Mit Recht wird Kreidt zudem auch als der „geborene Zeichner" in der Presse gepriesen. Primär zeichnet er mit Bleistift und Feder, erzeugt also graphitgraue und tintenschwarze Spuren mit spitzem Werkzeug auf weißem Papier. Die Grammatik der Zeichnung beherrscht er virtuos. Er kennt die Bedeutung des bewußt gesetzten Striches, der eine bestimmte Grenze zwischen Nahem und Fernem, zwischen lagernden und sich türmenden Erscheinungen aufzeigen soll. So gut wie keine topographischen Fakten sind zu erkennen. Weiträumige Stufengebilde, aufgerissene Felswände, geriffelte Sandflächen werden zu kreidtgefilterten Landschaftsmotiven. Feinnervig gearbeitete Kabinettstücke, die man nicht alle Tage zu sehen bekommt!

Mir allen guten Wünschen zum Jahreswechsel grüßen
Christine Keitel-Kreidt, Fritz und Moritz Kreidt

Berlin, im Dezember 1993

Liebe Frau Flemes.

[handschriftlicher Brief]

INTERMEZZO MIT EINEM VERLORENEN HANDSCHUH

Lange Zeit nach dem Kriege war die Kunst des 19. Jahrhunderts weitgehend verpönt. Erst in den siebziger Jahren, als Werner Hofmann in der Kunsthalle zu Hamburg die großen Ausstellungen „Kunst um 1800" zelebrierte und damit wieder salonfähig machte, wurde das Interesse für die großen Maler Caspar David Friedrich, Philipp Otto Runge und William Turner wieder belebt; danach bemühte man sich auch um ein gerechteres Verständnis für Meister, die noch vor gar nicht langer Zeit gefährlich nahe am Kitsch, als kunsthistorische Fehltritte ohne Marktwert angesehen wurden. Diese Entwicklung hatte auch vor Max Klinger nicht haltgemacht. In seinem Falle waren die Wiederbelebungsversuche besonders problematisch.

Obwohl es uns durchaus bekannt war, daß die Kritik in Bezug auf Klinger noch vom Verfall seiner Kunst, von enttäuschten Hoffnungen überzeugt war, ihm aber dennoch eine gewisse Größe und Bedeutung zugestand, wollten wir für unsere Kunstfreunde einen Beitrag für diese umstrittene Kunst des 19. Jahrhunderts leisten und speziell Max Klinger zur Diskussion stellen.

Es gab so freundliche Museen und deren Direktoren, die bereit waren, ihre Kupferstichkabinette zu öffnen und daraus vorübergehend Graphiken auszuleihen.

Zu diesen lobenswerten Institutionen gehörte das Stadtmuseum in Oldenburg. Ein gewisser Herr Francksen hatte zu Lebzeiten Ende des letzten Jahrhunderts Radierungen von Max Klinger gesammelt und sie mit anderen Kunstwerken dem Stadtmuseum in Oldenburg testamentarisch vermacht. Dr. G., der Direktor des Museums, war bereit, uns das graphische Werk von Klinger für eine Ausstellung zu leihen, hatte aber wenig Verständnis dafür, daß wir ausgerechnet diesen „fragwürdigen" Künstler, den er zum Beispiel nicht ausstehen könne, vorstellen wollten.

Dennoch führte er Rolf, Gisela Chelius (unsere Ausstellungsleiterin) und mich in einen prachtvoll möblierten Salon –

auch ein Erbstück – und ließ uns die Mappen aus dem Depot bringen.

Wir delektierten uns an den vielen Blättern. Als wir den Zyklus „Eva und die Zukunft" betrachteten, hofften wir, mit unserer Freude daran Dr. G. anstecken zu können.

„Schauen Sie doch, Doktor G., ist das nicht eine köstliche Eva, wie sie sich kokett im Spiegel betrachtet. Und diese Idee, die Schlange als Violinschlüssel geringelt verführerisch darzustellen, darauf muß man erstmal kommen!"

„Ach, wissen Sie, für mich ist das dekadenter Kitsch."

„Und hier die nackte Dame? Gefällt sie Ihnen auch nicht? Das heißt doch, die Koketterie auf die Spitze getrieben, wie sie sich am schwankenden Zweig herabhangelt, um den Bären zu kitzeln. Auch Kitsch? Aber die ‚Rettung Ovidischer Opfer', die lassen Sie doch gelten?"

„Nehmen Sie mit, was Sie gebrauchen können, mich werden Sie nicht umstimmen können. Allenfalls lasse ich den ‚Verlorenen Handschuh' gelten, aber der ist auch so eben an der Grenze."

Damit alles seine Ordnung hatte, fragten wir nach den Versicherungswerten.

„Tja, was wollen wir ansetzen? Jedes Blatt müßte mit 600 DM versichert werden, das wird besser sein, als die Zyklen geschlossen zu versichern. Das dürfte auch den Preisen auf dem Kunstmarkt entsprechen. Aber wer will schon auf Auktionen Klinger ersteigern, ganz davon abgesehen, daß er gar nicht angeboten wird", war die ziemlich abfällige Antwort.

Um Klingers Kunst in besonderer Weise in einen größeren Zusammenhang zu stellen, planten wir einen zusätzlichen Lichtbildervortrag. Während unserer Studienreise durch England und Schottland, bei der uns unser Freund Prof. Dr. Thomas Puttfarken – er lehrte an der University of Essex Kunstgeschichte – führte, kamen wir auf das Problem Klinger zu sprechen. Puttfarken fand dieses Engagement für Klinger sehr überzeugend und sagte zu, am 26. Oktober 1976 diesen Vortrag „Max Klinger und die Kunst des 19. Jahrhunderts" zu halten.

Wenig später, am 5. November, ereignete sich ein unangenehmes Intermezzo. Am Vormittag hatte ein Prozeß in Ha-

meln stattgefunden, zu dem Gegner des geplanten Atom-
kraftwerkes in Grohnde bei Hameln vor Gericht geladen waren. Sie hatten bei heftigen Demonstrationen mutwillige Be-
schädigungen und erhebliche Verletzungen an Privatpersonen
und Polizisten pekziert. Zu diesem Gerichtstag waren viele
Demonstranten in Bussen angefahren und auf dem Rathausplatz, an dem sich unsere Kunsthalle befindet, ihre Meinung
in Sprechchören gerufen.

Am Nachmittag erschien ein Trupp dieser Leute in der
Klinger-Ausstellung. Zunächst lümmelten sie sich in den Ses-
seln in der Halle; als sie zu einem Biergelage übergehen wollten, wurde ihnen bedeutet, daß das Trinken hier nicht gestattet sei. Daraufhin verwickelten drei dieser Burschen die Aufsicht in ein Gespräch und verwehrten ihr, das Büro zu verlassen. Derweil inspizierten andere Knaben den von der Halle
zugänglichen Wirtschaftsraum und entwendeten, was nicht
niet- und nagelfest war. Der Rest der Truppe ging in den Ausstellungsraum, versuchte die Klammern von den Rückseiten
etlicher Rahmen zu lösen und einige Radierungen herauszu-
ziehen, was ihnen allerdings nur mit einem Blatt gelang. Da
Besucher eingetreten waren, machten sie sich eilends aus dem
Staube.

Endlich freigelassen, rief die Aufsicht sofort bei uns an und
berichtete von diesem Malheur. Sie habe durch das Fenster
vom Büro in den Ausstellungssaal die Manipulationen beobachten, aber nichts unternehmen können, zumal die Alarmanlage ausgeschaltet war. Sofort nach dem Verschwinden der
Diebe habe sie alles kontrolliert und festgestellt, daß eine
Radierung fehle.

Wir meldeten den Diebstahl bei unserer Versicherung und
riefen zugleich Dr. G. in Oldenburg an. Der sagte ganz gelassen: „Geld interessiert mich nicht. Das fehlende Blatt muß
wieder her. Der Zyklus muß unbedingt vollständig bleiben."

Was tun? Zunächst fragten wir unseren guten Bekannten,
den Hamburger Galeristen Hans Brockstedt um Rat. Als er
hörte, daß es sich um das zehnte Blatt aus der „Paraphrase
zum Verlorenen Handschuh" handelte, rief er aus: „Was?
Ausgerechnet dieses Schwulenblatt? Das ist ja ein tolles Ding!
In solchen Fällen inserieren wir in den Hamburger Tageszei-

tungen und bieten Geld für den Kauf an; den Ganoven kommt es in der Regel nur auf das Geld an, das Kunstwerk interessiert die gar nicht."

Diesen Vorschlag konnten wir gleich ad acta legen, da wir ja wußten, daß die Strolche sich längst in ihren Bussen über alle Berge abgesetzt hatten. Unter diesen Aspekten betrachteten wir die gesamten Blätter erneut; was war eigentlich an dieser seltsam romantisch-verstiegenen Phantasie so faszinierend, so begehrenswert?

1. Auf einer Eisbahn verliert eine schlittschuhlaufende Dame einen Handschuh. 2. Ein Herr findet ihn und hebt ihn auf. 3. Der Traum dieses Herrn, auf dem die visionären Variationen zum Handschuh einsetzen. 4. Rettung des Handschuhes, der auf einem aufgewühlten Meer schwimmt. 5. Triumphierend sitzt der Handschuh auf einem Muschelthron, der von Seepferden gezogen wird. 6. Vision vom Handschuh, der in einem Nachen auf dem Meer umhertreibt. 7. Glücks- und Angstempfindungen des Träumenden. 8. Huldigung des Handschuhes in einem Rosenmeer. 9. Alptraum vom ins Riesenhafte verzerrten Handschuh. 10. Vor einer Reihe aufgezogener Handschuhe liegt auf einem Tischchen der eine angebetete Handschuh, ein Phantom mit riesigen Fledermausflügeln entschwindet im Nachthimmel.

Es kam uns zum Bewußtsein, daß sich möglicherweise eine bestimmte Gruppe von Menschen für diesen pikanten Inhalt interessieren könnte und daß wir deshalb auf der Hut sein müßten.

In Abständen unterrichteten wir Dr. G. von unseren Bemühungen. Er beharrte weiter darauf: „Die 600 Mark interessieren uns nicht. Wir müssen das Blatt haben, notfalls aus einer anderen Serie."

So korrespondierte ich weiter mit einschlägigen Galerien in München, Düsseldorf und Berlin. Überall bedauerte man, uns nicht helfen zu können.

Es waren einige Monate ins Land gegangen, da las ich in der Osterausgabe der „ZEIT" in der Rubrik „Galerien, Museen, Ausstellungen" eine Anzeige „Galerie Boisserée, Köln: Max Klinger, das Graphische Werk". Ganz aufgeregt zeigte ich Rolf diesen Hinweis.

„Ach, du gutes Kind, die Ausstellung geht doch mit Ostern zu Ende, schau mal auf das Datum."

„Trotzdem! Ich versuche es trotzdem!"

Wenige Tage später erhielten wir den Anruf, ja, man habe das gewünschte Blatt. Man war auch bereit, es zu verkaufen, es handelte sich allerdings um die Radierung aus der Folge von 1883. Dr. G. war damit einverstanden, obwohl das fehlende Blatt aus der Folge von 1881 stammte.

Die verabredeten 650 Mark wurden erleichterten Herzens überwiesen. So waren wir letztendlich mit einem Defizit von 50 Mark davongekommen.

Wie sich die Zeiten, das internationale Kunstinteresse und der darauf reagierende Kunsthandel – oder umgekehrt! – ändern können. In einem Artikel, den ich am 30. März 1993 in der Kunstmarkt-Beilage der FAZ las, wurde folgendes berichtet. In der Frühjahrsausstellung einer renommierten Berliner Galerie, die am 4. und 5. Juni stattfinden sollte, bildeten „exquisite" Klinger-Kollektionen den Auftakt. So war zum Beispiel der Zyklus „Der verlorene Handschuh" mit einer Taxe von 30.000 DM angesetzt worden. Gern hätte ich herausgefunden, was er bei der Versteigerung wirklich erbracht hatte.

MAINFRÄNKISCHE AUGENTÄUSCHUNG

Wer mainfränkischen Wein liebt, sollte ihn unbedingt einmal in Würzburg in der „Laube" des Ratskellers genießen. Nicht zufällig waren wir in diese Laube geraten. Uns war eine Broschüre in die Hände gelangt, in der ein H. Muth in so anschaulicher Weise von der gemalten Scheinarchitektur und ihrem Schöpfer Wolfgang Lenz berichtet hatte:

„Eine scheinbar aus lichten Holzstaketen errichtete, luftige und verspielte Architektur ist vor das reale Mauerwerk gemalt. Illusionistisch gehaltene, zartviolett-graue Seidenvorhänge schützen den Besucher dieses Pavillons vor dem kühlen Abendwind, verwehren auch Ein- und Ausblick. Nur dort, wo in einer Ecke die Vorhänge zurückgezogen sind, wachsen aus dem nächtlichen Grund zarte Lilien auf; zwischen den schwer fallenden Stoffbahnen dringen Zweige von Klematis, Vogelbeeren und Brombeeren, Weinlaub, Efeu und Glyzinien herein. Im Lattenwerk tummeln sich Vögel, Schnecken kriechen über die Figurinen. In einer Ecke steht hinter einem Lattenzaun Gartengerät. Ein Mozart-Fest-Plakat, Vogelfedern, Postkarten mit Motiven aus Alt-Würzburg oder mit Details der Laube selbst sind mit Reißzwecken an die gemaserten Holzwände geheftet. Nägel sind in den vermorschten Brettern der luftigen Arkatur steckengeblieben, deren Verfugungen ebenso genau wiedergegeben werden, wie Astlöcher und Wurmlöcher. Teils ist schon die Farbe vom Holzgitterwerk abgeplatzt, ist sie im Regen und Sonnenlicht gebleicht."

Neugierig geworden, wollten wir uns selbst von diesem ungewöhnlichen Gastraum überzeugen und fuhren nach Würzburg. Ist man erst dort und hat in diesem Tonnengewölbe, das höchstens 24 Personen Raum bietet, Platz genommen, kommt man aus dem Verwundern nicht heraus. Es ist schier unglaublich, daß die „kostbaren" Gardinen gemalt sind, daß alle geschilderten Blumen, Karten, Heftzwecken nicht „echt" sein sollen. Ständig ist man darauf aus, alle Einzelheiten zu erkunden. Neben dem Eingang entdeckten wir noch ein Blatt, wie aus einem Zeichenblock aus der Perforierung gerissen, mit dem Selbstbildnis des Malers, der hier mit einer bis ins letzte Detail getreuen Konsequenz eine wahre Wunder- und Scheinwelt in Scene gesetzt hat.

Die Fortsetzung dieser Verzauberung ereignete sich am nächsten Vormittag zunächst v o r dem Hause des Malers, bei dem wir uns zu einem Atelierbesuch angesagt hatten. Auf dem rosafarbenen Grund der Hausmauern tummelte sich in der ersten Geschoßhöhe das Personal der Commedia dell'arte. Anstelle der bekannten Figuren wie Colombina, Arlecchino, Pantalone trieb eine lustige Affenschar in den entsprechenden Kostümen ihr Allotria in mimischen Scherzen.

Im hohen, doppelgeschossigen Atelier hatte Lenz, als er sich diesen großen Arbeitsraum durch Herausnehmen einer Zimmerdecke und Zusammenlegung mehrerer Zimmer geschaffen hatte, oben an die Wand Balthasar Neumann originalgetreu gemalt. So getreu, wie man ihn von den berühmten Fresken des Tiepolo im Treppenhaus der Würzburger Residenz kennt.

Balthasar Neumann, als Vorbild, als Kollege!

Mit akribischer Sorgfalt waren kleinformatige, gerahmte Stilleben-Gemälde so dicht nebeneinander gehängt, daß man zunächst den Eindruck hatte, als seien diese Bilder überhaupt zusammengehörig, schließlich waren wir auf neue Augentäuschungen gefaßt. Nein, sie bildeten, jedes einzelne für sich, einen Fundus exakter Naturstudien, auf denen nicht zusammengehörende Dinge zu neuen Einheiten gefügt waren. Eine wunderbare Welt mit Puppen, Muscheln, Kürbissen, Schnekkenhäusern, Walnüssen und Weinlaub tat sich auf. Eine so perfekte, dabei so hinreißende Ansammlung von vierzig oder mehr kleinen Gemälden verschlug uns den Atem.

Andere Stilleben waren in Trompe l'oeil-Manier gemalt, bei denen eine das Auge täuschende Wirklichkeitsnähe verblüffend erreicht war. Virtuose Kunstfertigkeit um der Täuschung willen! Ein Einfallsreichtum ohnegleichen war nun auf anderen Bildern zu entdecken: Ansichtskarten, Briefkuverts, Federkiele, eine Weinbestellung auf beflecktem Papier, die Zeichnung einer Weintraube, vertrocknetes Weinlaub mit Reißzwecken auf eine Steckwand fixiert, deren Maserung und Rahmung ebenfalls perfekt gemalt war.

Dieses Trompe l'oeil-Thema, hier auf den Gipfel getrieben, weckte Erinnerungen an die im 17. und 18. Jahrhundert so beliebten „Bedriegertjes", Stilleben des Samuel von Hoogstraten und des Edward Colliers, die wir in den holländischen Museen immer wieder mit Entzücken betrachtet hatten. Wolfgang Lenz hatte das Steckbrett-Thema wieder aufgenommen und hatte es ganz neu in seiner eigenen Poesie versinnbildlicht. Lenz hatte mit Freude unseren Genuß an seinen Kunstwerken bemerkt. Der freundliche Würzburger schaute uns vergnügt durch seine Brillengläser an und war so aufgeschlossen gesprächig, daß wir dankbar über dieses gegenseitige mainfränkische Einvernehmen waren. Es bedurfte überhaupt keiner geduldig abwartenden Fühlungnahme, die man aufbringen muß, damit mancher Künstler sich erst erschließen kann.

Frau Lenz trat mit einem Tablett ein, auf dem alte Gläser und eine Flasche Bocksbeutel standen, sie wirkte wie einem Gemälde ihres Mannes entstiegen. Ganz köstliches Käse- und Kümmelgebäck hatte sie gebacken, damit uns der Frankenwein am Vormittag auch gut bekommen möge. Wir gestanden, schon am Vorabend in der verwunschenen Laube pokuliert zu haben. Auf diese Weise hätten wir uns sehr gut in die Lenzsche Kunst der Augentäuschung und in die Kunst des Weinkelterns eingefunden.

Nach und nach wurden wir in andere Räume gebeten, in denen roßhaargepolsterte Sofas und Stühle standen, so stilecht mit weißen Porzellannägeln versehen, wahre Museumsstücke. Porzellanpuppen in Rüschenkleidern hatten darin Platz genommen. Ansonsten Bilder – Bilder – Bilder!

Mit dem Glas in der Hand traten wir gemeinsam den Rundgang an.

„Wie kommen Sie zu diesen Hinterglasmalereien? Das ist doch eine fast ausgestorbene Kunstart."

Es kam heraus, daß Frau Lenz die Schöpferin dieser mit weltlichen Motiven versehenen Kostbarkeiten war. Lenz holte ein querformatiges Bild hervor, auf dem er seine Frau portraitiert hatte und als Hintergrund einige ihrer Hinterglasbilder ebenfalls: den Pudelhund „Basko", wie das goldene Schildchen verriet; eine Eule neben aufgeschnittenen Birnenhälften vor einem Vollmondhimmel; eine Fenchelknolle mit Maiskolben und Zitrone im Eierbecher; ein Kinderbildnis (wahrscheinlich das Töchterchen Barbara) mit Hortensienblüten im Hintergrund; einen farbenprächtigen Fasan vor violettem Hintergrund. „Portrait H.L." nannte Lenz das Bild, das er vor vier Jahren 1971 gemalt hatte. Mit verschränkten Armen, einem violett-blauen Schal um die dunkelgescheitelten Haare, hat er sie vor ihren gerahmten Bildern dargestellt, dazu drei mit Zellophan zugebundene Marmeladengläser und ein goldgerändertes Porzellangefäß mit Goldkränzchen „Liebe und Treue".

„Eine Huldigung an Ihre Frau?" fragten wir.

„Natürlich, was sonst!" antwortete er verschmitzt.

Da uns immer die Freude an Kunstwerken – so sie denn wirkliche Kunstwerke sind – leicht fällt, hatten wir vier auch im Laufe der nächsten Stunden viel Freude aneinander. Das vortreffliche Paar akzeptierte auch ohne weiteres unser Geständnis, daß unsere Neigungen eher zur klassischen Moderne, zur expressionistischen Malerei tendieren, was nicht bedeute, daß wir den großen alten Meistern nicht auch von Herzen zugetan seien.

Nun saßen wir diesem großen neuen Meister gegenüber und hörten andächtig zu, was er aus seinem Leben, seinem Werdegang erzählte.

Als richtiger Würzburger sei er 1925 geboren. Mit achtzehn Jahren habe er bis zum Kriegsende Soldat sein müssen. Als er in seine zerstörte Heimatstadt zurückgekehrt sei, habe er erst mal das Malerhandwerk erlernt. Wie wichtig und richtig diese Entscheidung gewesen sei, habe sich gezeigt, als er sich als freiberuflicher Wandmaler 1971 niedergelassen habe.

Und das, nachdem er ein Studium an der Akademie der Künste in München absolviert, ein Jahr lang ein Romstipendium genossen und außerdem zwölf Jahre lang eine Lehrtätigkeit an der Werkkunstschule in Würzburg ausgeübt habe.

So nach und nach habe er profane und kirchliche Aufträge erhalten. In der Zeit nach 1965 sei zunächst die Malerei auf großen Wandflächen zurückgetreten, weil er den dringenden Wunsch gehabt habe, sein Talent als Stilleben-Maler in Kleinformaten auf die Probe zu stellen. Zunächst habe er mit Hinterglasbildern Versuche unternommen, bis sich im Verlauf weniger Jahre eine magische Sicht der Wirklichkeit herauskristallisiert habe. Natürlich habe er auch dramatische Bilder gemalt, in denen ein Totentanz und das zerstörte Würzburg, seine traumatischen Erlebnisse, unbedingt gestaltet werden wollten. Dann habe er sich ganz bewußt eine Traumwelt aufgebaut, habe die existenten Dinge seiner Umwelt als Motiv genommen, habe sie mit gewollter Illusion gemalt. Das habe sich ausgeweitet zu kostbar geputzten Puppen, altmodisch gerahmten Spiegeln, Schneckenhäusern, Früchten auf feingestanztem Tortenpapier, Architekturfassaden, Blütenkelchen und modischen Accessoires. Davon abgesehen habe ihn bei seinen Tafelbildern weniger die idyllische Seite der Natur gereizt, als das Morbide einer faulenden Frucht. Auf die Oberflächen der Gegenstände sei es ihm angekommen, auf die perlmutterne Glätte einer Muschel, auf das braunpolierte Glänzen einer Kastanie, auf die stumpfe Maserung eines Holzes, den scharfen Kniff eines Papierbogens, die Verästelungen eines Blattes oder die zarte Struktur eines Blütenkelches mit seinem samtigen Schimmer.

Es ergab sich von selbst, daß wir Lenz eine Ausstellung anboten. Wie erwartet gewann der in Norddeutschland wenig bekannte Künstler viele Freunde seiner Stilleben-Malerei. Nur schwer trennte er sich von den Kastanien-, Schnecken- und Blumenbildern.

Die freundschaftlichen Kontakte zwischen uns wurden bewußt weiter gepflegt. Es gibt schließlich immer Gründe, seine Reisen in den Süden oder vom Süden kommend in Würzburg zu unterbrechen. Für uns wurde das zum gewünschten „Muß"; schon, um im Lenzschen Haus das Wiedersehen mit dieser lieben und so herzlichen Familie herbeizuführen. Und natürlich, um die neuentstandenen Bilder kennenlernen zu können. Die hohen Wände des Ateliers waren von Jahr zu Jahr mit einer wahren Inkrustation von Bildern zugewachsen. Immer bot sich ein anderer Eindruck. Neue Werke waren hinzugekommen, andere waren ausgewechselt gegen die verkauften.

Wenn in Kürze die Werke von W. und E. Lenz, zusammen mit den zauberischen Gebilden der Tochter Barbara, in Hameln „gastieren" werden, wird es mit Sicherheit einen großen Zulauf aus nah und fern geben!

EIN DORADO

Am 2. März 1977 beging Dr. Günter Busch seinen 60. Geburtstag. Es war für uns selbstverständlich, nach Bremen zu fahren, um uns in die Schar der geladenen Gäste zum Gratulieren einzureihen. Zum einen fühlten wir uns diesem so vortrefflichen Herrn, dem Direktor der Kunsthalle Bremen, in besonderer Weise verbunden. Zum anderen zählte dieses Museum zu unseren Lieblingen unter den großen Galerien. Und seitdem Günter Busch Ende der vierziger Jahre die Direktion des Hauses übernommen hatte, konnten wir verfolgen, wie segensreich er in jahrzehntelanger Arbeit das Museum geführt hatte. Durch ihn erweiterten sich kontinuierlich die Sammlungen auf das glücklichste. In seiner ruhigen, gelassenen Art fügte er konsequent ein Meisterwerk der französischen Kunst des 19. und 20. Jahrhunderts an das andere. Der Sammlungsschwerpunkt der Kunsthalle wurde um höchst wichtige Werke der Impressionisten, der Nabis, der Symbolisten und der Romantiker ergänzt und bereichert.

Außerdem gewann Busch durch sein persönliches Bekenntnis zu Max Beckmann, das er mit Ausstellungen, Publikationen und Erwerbungen dokumentierte, für uns eine besondere Bedeutung unter den großen Kunsthistorikern der Gegenwart.

Nun besitzt die Kunsthalle Bremen außer ihren Schätzen an Gemälden und Plastiken ein Dorado, ein Kupferstichkabinett. Ein wirkliches Goldland, in dem man fündig werden konnte. Nicht jeder weiß, daß man in ein Kupferstichkabinett – ob nun in Bremen, Coburg, Kiel oder Hamburg – gehen kann und sich nach Anmeldung und Ausfüllung eines Formulares, mit Angaben der Personalien und seiner Wünsche, Graphiken aus den Sammlungen vorlegen lassen kann. Und nur wenige Menschen machen davon Gebrauch.

Rolf, der dienstlich in oder in der Umgebung von Bremen tätig war, nahm mich manchmal zu diesem Behufe mit. Nicht auszudrücken, welch einen Genuß es bereitete, Blatt für Blatt die Radierungen der „Tauromaquia" von Goya ungestört betrachten zu dürfen.

Hin und wieder kam Dr. Busch ins Kabinett und guckte „nach dem Rechten". Wir unterhielten uns kurze Zeit, dann zog er sich wieder zurück. Bei dem kurzen „Aufwiedersehensagen" faßte ich mir einmal ein Herz und bekannte, daß es für uns von besonderer Bedeutung sein würde, einmal graphische Kunst in so vorzüglichen Exemplaren zeigen zu können. Er lehnte nicht ab, stellte vielmehr in Aussicht, daß sich das sicher einmal machen ließe. Natürlich ist man nicht so aufdringlich, sofort die Gelegenheit beim Schopf zu packen.

Nach schriftlicher Anfrage, ob wir Arbeiten von Max Beckmann ausleihen dürften, kam schnell die Antwort von Dr. Busch mit der Zusage und auch die Aufforderung, nach Bremen zu kommen, um im Kupferstichkabinett die Auswahl selber zu treffen. Das war 1962! Es wurde der Vertrag der Kunsthalle zugrunde gelegt, der auch die Zeit – 30 Tage von Nagel zu Nagel – festlegte. Dann konnten die gerahmten, passepartourierten Holzschnitte, Radierungen und Lithographien von Max Beckmann aus den Jahren 1911 bis 1924 abgeholt werden.

Dr. Busch kam selber nach Hameln, um den Einführungsvortrag zu halten. Da er abends noch einen Zug nach Bremen erreichen mußte, kam er nur zu einem vorbereiteten Imbiß zu uns nach Haus. Zur Feier der Stunde kredenzte ich den Wein in drei alten böhmischen Pokalen mit dem Toast „Auf die drei großen B!" Busch und Rolf schauten mich fragend an. Ihnen gefiel aber die Erklärung „Beckmann, Busch, Bremen".

Alles gelangte ordnungsgemäß wieder zurück. In Zukunft schlug Dr. Busch unsere Bitte niemals ab, die Graphiken eines anderen großen Meisters ausleihen zu dürfen. Jedes Mal wiederholte sich das Scenarium im Kupferstichkabinett, und später fuhr unsere Ausstellungsleiterin Gisela Chelius mit nach Bremen, um die Ausstellungen mit Werken von Picasso, Piranesi, Daumier, Matisse, Barlach vorzubereiten. Und immer schaute der Chef des Hauses „nach dem Rechten" und war zufrieden, daß wir so emsig und so umsichtig arbeiteten.

Unser Programm erfuhr einen besonders hohen Grad an Qualität. Diese Veranstaltungen mit Werken so berühmter Künstler schafften auch ein Niveau, das den lebenden Künstlern, um die wir uns bemühten, zugute kam. Man kann solche Ruhmesblätter nicht als selbstverständlich hinnehmen.

Nun ist Dr. Busch ein Bremer und daher kein Freund von großen Worten und seien es welche des Dankes.

Diese aber muß er sich gefallen lassen!

JEDER TAG IST SONNTAG

In der Hamburger B.A.T.-Ausstellung „Forum junger Künstler" hatte ich im März 1974 Werkstattarbeiten von Roswitha Quadflieg – zusammen mit Eva Raupp-Schliemann – gesehen. In dem ausliegenden Faltblatt „Bild . Schrift . Buch" war neben ihrem Foto eine Selbstaussage gedruckt: ‚Ich male und zeichne, setze und drucke in meiner Werkstatt – ich lebe hier. Mich fesselt die Gestaltung von Text und Bild in ihrer Beziehung zueinander. Deshalb setze ich meine Texte selbst und habe in meiner Werkstatt neben einer Kupferpresse auch eine kleine Abziehpresse für den Handsatz, viele Schriften – und ein alter Xylograph vererbte seine Stichel.'

Da wir eine besondere Neigung für „Buchkunst und Dichtung" hatten, schrieb ich an Roswitha Quadflieg und bat sie um ein Ansichtsexemplar eines ihrer ersten Bücher. Sie antwortete sofort, handschriftlich:

Hamburg, den 26.3.74
Besten Dank für Ihren Brief vom 18. März. Es ist schön zu hören,
daß das, worum man sich bemüht, auch bei anderen auf Interesse
stößt. Da ich voraussichtlich zu keiner der beiden Ausstellungseröff-
nungen bei Ihnen nach Hameln kommen kann, darf ich mich viel-
leicht brieflich – so weit das geht – vorstellen.

Ich habe 8 Semester an der Fachhochschule für Gestaltung in
Hamburg studiert und als Grad-Designer im Fach Illustration dort
einen Abschluß gemacht und anschließend 2 Semester an der HfbK
in Hamburg ausschließlich in der Werkstatt für Typographie gear-
beitet. 1973 habe ich eine kleine Presse gegründet, in der sich meine
Arbeit niederschlagen soll. Sie, d. h. die Bücher, die hier erscheinen,
sind das Ziel oder das „Hauptanliegen" meines Tuns.

Ich stehe also noch ganz am Anfang und habe auf technischem
Gebiet auf verschiedene Weise Experimente unternommen und eines
davon ist der Holzstich. Das letzte, gerade noch zu der Ausstellung
fertig gewordene Buch – J. Bobrowski „Mäusefest" – mit neun Holz-
stichen – ist das Ergebnis und momentane Stadium dieses Begin-
nens. Ich lege ein Exemplar Bobrowski zur Ansicht bei, das Informa-
tionsschreiben der Raamin-Presse und den Ausstellungsprospekt.

Hoffentlich können Sie sich so etwas von allem vorstellen.
Mit freundlichen Grüßen

Ihre Roswitha Quadflieg

In meiner Antwort bedankte ich mich für die Übersendung des Buches, das ich mit großem Genuß betrachtet habe. Ich bewundere es sehr, daß sie sich der Kunst des Holzstiches verschrieben habe; schließlich sei es doch eine schwierige Technik, aus dem harten Buchsbaum-Hirnholz derartige Nuancen in Schwarzweiß zu erzielen. Daß sie den Formaten der Holzstiche auch das schmale, lange Hochformat des Buches angeglichen habe, gefalle mir besonders. Sie habe mich ganz neugierig gemacht. Wenn es ihr recht sei, möchte ich sie bei meinem nächsten Hamburgbesuch in ihrer Werkstatt aufsuchen. Das Buch würde ich einstweilen zurücksenden. Sie solle daraus aber keine freundlich verpackte Absage sehen, sie könne damit rechnen, bald wieder von mir zu hören.

Rechtzeitig kündigte ich meinen Besuch an; wir telefonierten und verabredeten eine Zeit. Eine hochgewachsene, dunkelhaarige, braunäugige junge Frau holte mich bei Luise Seitz in Blankenese ab und fuhr ins nahegelegene Schenefeld.

„Wir sind da. Das ist meine Werkstatt", dabei deutete sie auf ein kleines Haus.

„Und wo wohnen Sie selbst?"

„Auch da drinnen."

Im stillen dachte ich, na, das wird ja interessant. Und richtig: an der schwarzgebeizten Haustür fing es schon an: sie war mit den Zinktäfelchen aus ihrem 2. Druck, „Bulemanns Haus" von Theodor Storm, besetzt. Das war ihre Visitenkarte.

„So, das gefällt Ihnen? Irgendwie muß man ja auch von außen ein bißchen erkennen, wer hier haust."

Praktisch bestand dieses Haus aus einem einzigen großen Raum. Eine Art Insel bildete darin eine hufeisenförmige Sofabank, vor der ein niedriger Tisch stand: „mein Kindertisch!". Mehr Bequemlichkeit gönnte diese junge Roswitha sich nicht.

Ein breiter, im rechten Winkel angeordneter Arbeits- und Zeichentisch, die eine Seite unter dem Fenster, Stichel, Lupe, Walze, Pinsel, verschiedene Messer. Kästen mit verschieden großen Fächern für Bleilettern. Ein Setzkasten, an dem sie ge-

196

rade das Layout für ihr nächstes Buch vorbereitete. Regale mit Büchern, Regale mit Kanistern, Flaschen mit Säuren und Farben.

„Wissen Sie, Fräulein Quadflieg, wenn man einen Künstler in seinem Atelier besucht, ist das immer eine besondere Sache. Bei Ihnen aber nimmt das Besondere überhaupt kein Ende. Da hausen Sie wie weiland Hieronymus im Gehäuse mit Ihrer zugelaufenen rabenschwarzen Katze zwischen Lettern und Setzkästen, zwischen Pressen und Walzen, zwischen Holzblöcken und Papierstapeln, zwischen Mal- und Schnitzwerk. Es ist einfach unglaublich! Wann sind Sie eigentlich auf die Idee gekommen, selbst eine Presse zu gründen?"

„Beim Betrachten mittelalterlicher Handschriften habe ich das Buch als Kunstwerk entdeckt. Da ich ohnehin Illustratorin werden wollte, habe ich an der Fachhochschule für Gestaltung in Hamburg studiert und habe dann noch zwei Semester bei dem sagenhaften Richard von Sichowski an der Hochschule für Bildende Künste drangehängt. Es war mir längst klargeworden, daß ich es nicht beim Illustrieren von Büchern belassen wollte. Da die Buchherstellung immer mehr zum Paperback neigt, wollte ich etwas Gediegenes, handwerklich Solides und Schönes schaffen, das man gern in die Hand nimmt und betrachtet. Meine Bücher sollen in erster Linie zum Anschauen und erst in zweiter Linie zum Lesen sein. Das heißt also, die gesamte Herstellung selber in die Hand nehmen, damit ich so arbeiten kann, wie ich es für richtig halte."

„Dann sind Sie also, wenn ich das richtig verstehe, gleichzeitig Verlegerin, Illustratorin, Handsetzerin, Druckerin – alles zusammen in Ihrem Einmannbetrieb?"

„Ja ja, natürlich! Ich wähle selbst das Papier aus, die Schrifttype, entscheide mich für eine bestimmte Farbe, berechne die Größe der Textblöcke auf den Seiten, setze die Buchstaben und drucke Seite für Seite auf meiner Handpresse. Nur das Binden der Bücher besorgt Christian Zwang."

„Haben Sie denn genügend Lettern? Damit es keine Engpässe gibt?"

„Das ist eine gute Frage! Jeden Pfennig stecke ich in neue Kästen mit Bleibuchstaben. In ein paar Jahren bekommt man sie nicht mehr."

„So? Und wovon leben Sie?"

„Tja, große Geschäfte mache ich nicht, aber ich kann davon leben. Ich glaube sowieso nicht, daß man davon reich werden kann. Das ist ja auch gar nicht meine Absicht. Feierabend und freies Wochenende kenne ich nicht. Das hatte mir schon von Sichowski gesagt, als ich ihm eröffnet hatte, daß ich Bücher als Gesamtkunstwerk machen will. ,Dann haben Sie also immer Sonntag', meinte er. Ich hoffe, daß sich mit der Zeit Liebhaber und Sammler finden und sich auch Bibliotheken für meine Bücher interessieren. Ein paar Sammler habe ich schon."

„In mir finden Sie eine Bewunderin. Kann ich jetzt noch das zurückgesandte ,Mäusefest' erwerben? In dieser Stunde gewinnt es erst richtig Bedeutung für mich. Damit machen wir den Anfang. Sie wissen ja, daß ich für die Ausstellungen des Hamelner Kunstkreises verantwortlich bin. Denken Sie jetzt eigentlich, daß mein Besuch bei Ihnen gleich die Aussicht für eine eigene Ausstellung eröffnet?"

„Nein, ganz bestimmt nicht. Ganz davon abgesehen, daß ich eine Ausstellung mit Probedrucken und fertigen Büchern auch gar nicht bestücken könnte."

„Was haben Sie denn für Pläne, darf man das schon erfahren?"

„Ich arbeite so langsam, ein, höchstens zwei Bücher kann ich im Jahr nur fertigstellen: Gedichte des Barockdichters Hofmann von Hofmannswaldau, Fabeln von Novalis, eine Novelle von Samuel Beckett, eine Erzählung von Dylan Thomas. Und dann möchte ich für jedes Buch eine in meiner Werkstatt gedruckte Broschüre herausgeben, ich will sie ,Nachrichten aus Schenefeld' nennen. Ich soll ja auch für den Urach-Verlag ein Buch machen, das Michael Ende geschrieben hat, ,Das kleine Lumpenkasperle'. Zu tun habe ich genug und Ideen auch."

„Ich sehe schon, das ist ja ein enorm anstrengendes Programm. In ein paar Jahren werden wir mit Sicherheit eine Ausstellung ,Roswitha Quadflieg' machen. Wir haben nämlich schon das Thema ,Buchkunst und Dichtung' dreimal variiert. Da staunen Sie, was? Zu allererst war es ,Die Geschichte der Bremer Presse und Corona'. Sie kennen doch Otto Rohse hier in Hamburg? Der war der Zweite! Er zeigte seine Holzstiche,

Radierungen, Kupferstiche zu seinen bibliophilen Büchern. Und in diesem Jahr hatten wir als Nummer III ‚Sigill, eine bibliophile Zeitschrift und ihr Kreis', die ja ebenfalls von Otto Rohse gestaltet und herausgegeben wird. Aber das wissen Sie bestimmt schon längst?

Daraus ergibt sich, daß die Nummer IV ‚Buchkunst und Dichtung' die Raamin-Presse und eine gewisse Roswitha Quadflieg sein sollte! Wieso heißen Sie Quadflieg? Sind Sie mit dem berühmten Schauspieler irgendwie verwandt?"

„Er ist mein Vater."

„Na, Sie sind ja mutig! Unter solch einem berühmten Namen anzutreten, da erwartet man nur das Außerordentliche!"

„Ach wissen Sie, unter irgendeinem Namen muß man ja auf diesem Globus leben, da kann es ja ruhig der eigene sein."

„Nun muß ich mich verabschieden; es war einfach wunderbar, diese Stunden bei Ihnen verbracht zu haben. Ich komme bald wieder. Dann bringe ich Gisela Chelius mit, das ist unsere Ausstellungsleiterin, die muß sich das unbedingt ansehen. Hoffentlich wird es meinem Mann möglich sein, uns zu begleiten, dann könnten wir unsere Pläne weiterschmieden."

„Ist Ihr Mann Maler oder was dergleichen?"

„Nein, beruflich hat er mit Kunst gar nichts zu tun. Er ist der Gründer und Erhalter des Kunstkreises und ein wirklicher Mäzen. Er muß unbedingt mitkommen, ich weiß genau, daß ein Besuch bei Ihnen eine Art Belohnung für seinen oft dornenreichen ehrenamtlichen Einsatz sein wird."

Wenig später erfuhren wir, das ihr Buch „Heck Meck" von Gustav Janouch von der Stiftung „Buchkunst" in Frankfurt am Main zu einem der 50 schönsten Bücher des Jahres 1974 gewählt wurde. Es war, wie sie uns später erzählte, das erste Buch, das sie zum Wettbewerb eingereicht hatte. Bei dem nächsten Besuch kam Gisela Chelius mit; sie war so begeistert, daß sie auf die Bücher von Roswitha subskribierte und „Heck Meck" gleich an Ort und Stelle erwarb.

Danach schrieb Roswitha am 1.1.1976:

Ja, ich fand es wirklich sehr nett, daß Sie und Frau Chelius mich besucht haben, und hoffentlich waren bei Frau Seitz, als ich Sie zurückbrachte, die Kartoffeln (oder sicherlich irgend etwas Tolles) noch

nicht zu kalt und sie über unsere Verspätung nicht allzu ärgerlich,
und hoffentlich war ich in Bezug auf Ihr großzügiges Ausstellungs-
angebot nicht zu unhöflich. (Nun sind alle nachträglichen Bedenken
ausgesprochen!) Aber ich hatte zu meinem Trost auch das Gefühl,
daß Sie Verständnis dafür hatten, erst auszustellen, wenn das Kind
Raamin-Presse wenigstens ein bißchen älter geworden ist, d. h. ein
bißchen mehr vorzeigen kann.

Übrigens ist die ganze Arbeit sehr viel leichter, wenn man ab und
zu einen netten Brief bekommt, durch den man merkt, daß dem an-
deren das, was man tut, ein wenig Freude macht. Das ist die not-
wendige Mitarbeit, die man braucht und dafür dankt Ihnen ganz
herzlich

Ihre Roswitha Quadflieg

Die Einladung, das Studio und die Flemesleute an Ort und
Stelle zu besehen, nahm sie an und erschien zusammen mit ihrem Mentor und Freund Kurt Lange am 4. Dezember 1977.
Um diese junge Künstlerin, die ich als Mensch sehr ins Herz
geschlossen hatte, zu verwöhnen, gab es außer einer guten
Mahlzeit unser berühmtes Weihnachtsgebäck, das nach Re-
zepten meiner Mutter nur zu Weihnachten gebacken wird,
und das nicht jedem angeboten wird. Das genoß sie offensichtlich. Sie dankte für die nette Aufnahme in unserem
Hause: „... also, was Flemessche Freundlichkeit anbelangt –
ich steck's auf, damit zu wetteifern. Ich freue mich jetzt, wo
ich alles gesehen habe, noch viel mehr auf die Ausstellung bei
Ihnen. Herr Lange schwärmt auch von den Flemesschen Back-
Koch- und Bewirtungskünsten und fährt mich, wenn's irgend
geht, das nächste Mal bestimmt wieder nach Hameln ..."
Inzwischen hatte sie beschlossen, auf der Frankfurter
Buchmesse ihre Raamin-Presse zu präsentieren. Mutig, so
ganz allein dort zu stehen und auf Menschen zu warten, die
doch bitte interessiert in ihren Stand eintreten möchten. Zum
Glück hatte sie den großen Stand ihres Kollegen Otto Rohse
nebenan, so daß sie nicht eingekeilt zwischen x-beliebigen
Leuten war. Natürlich besuchte ich sie. Ganz überrascht stand
sie an ihrem Stehpult. Einen endgültigen Ausstellungstermin,
13. Oktober bis 12. November 1978, hatten wir bereits verabredet.

Jetzt wurde es ernst, sich nach einem erstklassigen Eröffnungsredner umzusehen. Bekannt sollte er möglichst auch sein; damit hofften wir, der jungen Roswitha weitere Publicity zu verschaffen. Mir fiel ein, daß wir für „Buchkunst und Dichtung" Dr. Bernhard Zeller, den Direktor der berühmten Schiller-National-Bibliothek zu Marbach, gewonnen hatten. Das ist überhaupt die Idee! dachte ich. Bibliothek! Wie wär's, wenn wir uns an Dr. Paul Raabe, den Direktor der Herzog August Bibliothek in Wolfenbüttel wenden und ihn bitten; sicher weiß er schon längst von Roswitha und ihren Künsten. Ohne Umschweife sagte er zu! Es ist schwer vorstellbar, welche Freude diese wie selbstverständliche Zusage bei uns auslöste. Mit Feuereifer entwarf ich den Text für eine Broschüre: „Leider braucht das Büchermachen viel Zeit ..."

Wie nicht anders zu erwarten, hielt Paul Raabe einen mitreißenden Vortrag:

... sprechen wir also von Roswitha Quadflieg. Sie rettet die Kunst Gutenbergs, mit beweglichen Lettern wie eh und je einen schönen Druck herzustellen, der sich den höchsten ästhetischen Ansprüchen stellt, in die Gegenwart hinüber. ... Neun Drucke hat die junge Roswitha Quadflieg seit fünf Jahren in kleinen, sehr kleinen Auflagen herausgebracht, die ungeheure Sensibilität in dem Umgang mit dem Buch, mit der Typographie und der Buchkunst verraten. So ungewöhnlich es ist, daß eine so junge Buchkünstlerin ihr frühes Werk der Öffentlichkeit vorstellt, so zeigt das aber auf der anderen Seite auch die Kontinuität der Geschichte. Diese Ausstellung demonstriert die Notwendigkeit, buchkünstlerische Erfahrungen, die über Jahrhunderte gesammelt wurden, auch der Jugend zu vermitteln, die sie mitzutragen und fortzuführen bereit ist. Roswitha Quadflieg, eine der letzten Schülerinnen des von uns so verehrten Richard von Sichowski, hat nicht nur die praktische Arbeit mit ihren künstlerischen Bemühungen zu verbinden verstanden, sondern sie hat darüber hinaus eben jene unbestechliche Urteilssicherheit entwickelt, die ihr von vornherein den Zugang zu einem Text eröffnet. Denn es sind Dichtungen, literarische Formen, Erzählungen, Märchen, Gedichte, die Roswitha Quadflieg für sich entdeckt, mit denen sie einige Zeit umgeht, die sie sich aneignet und die sie dann reproduzieren möchte. Anders also als die Drucker des 15. und 16. Jahrhunderts,

die vielfach gar nicht wußten, was sie druckten, sind Roswitha Quadfliegs Bücher zunächst einmal Interpretationen von Texten der Weltliteratur oder auch der Gegenwart. Nun, das Oeuvre ist noch zu klein, um hier zu systematisieren und vielleicht zu sagen, daß ihr Barockes wie Hofmannswaldau oder Klassisches wie Hölderlin oder aber Englisch-Irisches wie Samuel Beckett und Dylan Thomas ganz besonders liegen. Man müßte dann versuchen, die Novelle von Storm mit dem hübschen Märchen von August Strindberg zu vergleichen oder Johannes Bobrowskis „Mäusefest" und Gustav Janouchs „Heck Meck" zu interpretieren.

Schon diese Folge literarischer Namen zeugt von einer besonderen Originalität und zeigt zugleich, um was es Roswitha Quadflieg geht. Sie will auf ihrer Handpresse nicht Gebrauchsbücher herstellen, sondern sie nimmt die Texte als Vorlagen für ihre Buchgestaltung. ... im Gegensatz also zur Buchkunst der „Bremer Presse" liebt sie es, den sorgsamen Handsatz mit ebenso sorgsamen Illustrationen, Radierungen oder Holzstichen zu versehen. Sie paßt schon die Größe der Illustrationen dem Satzspiegel an und hat von vornherein, da sie ihre eigene Illustratorin ist, den Vorzug, eine Einheit von Text und Bild zu gewährleisten.

Die Kunst des Illustrierens betreibt Roswitha Quadflieg ganz bewußt im Gegensatz zu den großen Meistern unseres Jahrhunderts, an deren Malerbüchern sie eben die Dominanz des Künstlerischen und die Uneinheitlichkeit von Text und Bild kritisiert. Sie möchte auch nicht große Bücher in losen Lagen machen, also nicht das Buch auflösen, sondern es in einem festen Einband vertreiben und so für das Ganze werben.

Überblickt man die Drucke der Raamin-Presse, wie eine Ausstellung dies ermöglicht, so wird jeden Betrachter ein Glücksgefühl überkommen, denn hier wirkt eine Buchkünstlerin aus der Mitte ihres Lebens im Dienst des Büchermachens, im Umgang mit literarischen Texten, in der Beherrschung typographischer Gestaltung und der Kunst des Illustrierens. Diese harmonische Einheit in der Vielfalt, diesen überraschenden Wechsel von Einstellung und Gestaltung von Druck zu Druck sollte man sicherlich nicht als etwas Vorläufiges, Tastendes mehr verstehen, sondern als das Bemühen, jeden Druck ganz persönlich von vorn an neu zu gestalten. Es wiederholt sich keine Form, kein Layout, keine Type, keine Illustration *und kein Einband. Die lebendige Vielfalt und letzten Endes das, was man Stil nennt, verbindet alle diese Bücher.*

Roswitha Quadflieg ist noch so jung, daß sie es sich leisten kann, zu experimentieren und neue Buchgestaltungen auszuprobieren. Das gilt insbesondere für ihr letztes Buch, für Hölderlins „Patmos", das sich von den übrigen neun Drucken völlig unterscheidet. Es sind nur die Initialen, die sie mehrfarbig von den Platten abzieht, Linolschnitte, in denen Jugendstil nachklingt und zugleich die Druckkunst aus den ersten Jahrzehnten nach ihrer Erfindung.

Es spricht für unsere Zeit, daß eben angesichts der totalen Veränderungen auf dem Büchermarkt diese Drucke von Roswitha Quadflieg sehr, sehr viele Liebhaber gefunden haben. Ein ganzer Kreis von Freunden trägt die Arbeit von Roswitha Quadflieg mit, die ihre Freunde und Kunden sodann auch willig über alles auf dem Laufenden hält, was sie getan hat und was sie sich vornimmt. Und so ist die Raamin-Presse nicht etwas Unbekanntes mehr, sondern den Kennern Bewußtes, was man gern fördert und unterstützt, etwas, das Zukunft hat, das Freude macht und das heute für die Zukunft ein Beispiel setzt. Die Drucke von Roswitha Quadflieg kann man als Huldigungen an den Geist Gutenbergs verstehen.

19 „Nachrichten aus Schenefeld", von der Nummer 1, Juni 1977 bis zur Nummer 19, Mai 1992, habe ich gesammelt. Und 1993? Da ist ein umfangreicher Almanach erschienen: „20 Jahre Raamin-Presse, Einundzwanzig Büchergeschichten und eine halbe".

In meinem Arbeitszimmer, in dem ich von mir wichtigen Bildern umgeben bin, hängt zu meiner täglichen Freude ein Holzstich von Roswitha Quadflieg zu dem Gedicht „DIE SCHILDKRÖTE" von Christian Morgenstern: „Ich bin nun tausend Jahre alt/ und werde täglich älter/ der Gotenkönig Theobald/ erzog mich im Behälter/ Seitdem ist mancherlei geschehn/ doch weiß ich nichts davon/ zur Zeit da läßt für Geld mich sehn/ ein Kaufmann aus Heilbronn/ Ich kenne nicht des Todes Bild/ und nicht des Sterbens Nöte/ Ich bin die Schild- ich bin die Schild- ich bin die Schild-krö-kröte."

4.11.80

Liebe Frau Flemer,

anbei nun endlich das versprochene Buch – es war diesmal etwas schwierig, es zu bekommen – an diesem nach wie vor in Dornach üblichen Aufmachung Sie sich hoffentlich nicht stören werden. Ich habe im Inhalt einen Vortrag angekreuzt, der vielleicht das "Einsteigen" begünstigt, aber wie soll ich das genau wissen, Sie werden alles schon recht herausfinden.

Ihr kleiner Hildesheimer Schatz hat mir inzwischen ge= schrieben und erzählt, daß Sie alle drei wirklich gerne einmal nach Hamburg kämen und dann so nett angefragt: "Aber wann sollen wir denn kommen?" Ich habe mir gedacht, eigentlich hat Sie recht, wir sollten versuchen, einen Termin zu finden und nicht erst lange darüber reden. Ich mache jetzt einfach einmal zwei Vorschläge, die vielleicht auch für Larissa trotz Schule usw. günstig wären, und ich schreibe sie aber Ihnen, weil Sie es wirklich sagen sollen, ob Sie überhaupt jetzt reisen mögen oder ob wir doch lieber das Frühjahr abwarten sollen. Das wäre entweder Sonntag, der 16. Nov. oder Dienstag der 18. Nov., vor dem Bustag. Sprechen Sie mit den beiden und sagen Sie mir dann bescheid, wie es aussieht? Das kann ganz kurz= fristig vorher sein – nur das vielleicht noch Zeit zum Kaffee & Kakao-Kochen bleibt.

Seien Sie ganz herzlich umarmt von Ihrer
Renata Quadflieg

204

DER MARKGRÄFLER BACCHUS

Wie bei Brodwolf berichtet, reisten wir in den 60er und 70er Jahren mit Vorliebe ins Markgräfler Land. 1979 konnten wir bei unserer ältesten Tochter wohnen, die mit ihrem Mann nach Staufen-Grunern gezogen war. Das hatte auch den Vorteil, daß wir unseren Boxerhund Bolle mitbringen durften. Den Bildhauer Kurt Lehmann, der sich nach seiner Emeritierung gerade ein Haus nahe der Weinberge in Staufen baute, erkannten wir 1970 ganz zufällig auf dem Dachgerüst des neuen Hauses; er rief uns zu, daß wir das Richtefest gleich mitfeiern könnten.

Schon seit 1957 kannten wir uns, als Lehmann bei der Einweihungsfeier des Studio-Neubaues erschienen war. Er kam mehrfach mit seiner Familie wieder, um sich die Festausstellung „Künstler in Bildnissen", in der er mit einer Portraitbüste „Holzschnitzer M. Huber" vertreten war, in Ruhe anzusehen und verabredete bei diesen Besuchen gleich eine Lehmann-Ausstellung für den Sommer 1958.

Er war und ist eine so glückliche, in sich ruhende, dennoch temperamentvolle Natur, die ihre Kraftfülle auch aus einem überaus harmonischen Familienleben bezog. Damals bewohnten Lehmanns das schöne alte Haus des ehemaligen Hofgartendirektors der berühmten frühbarocken Herrenhäuser Gärten in Hannover. Für ihn als Bildhauer war die strenge Geometrie der kunstvollen Verbindung von Natur und Architektur, die er täglich vor Augen hatte, nicht ohne Wirkung, hatte er doch von 1949 bis 1970 den Lehrstuhl für Modellieren an der Technischen Hochschule inne. Große öffentliche Aufträge und eine Fülle frei gestalteter Plastiken begleiteten diese Hannoverschen Jahre fruchtbar. Unter seinen Händen verwandelte sich der geschmeidige Ton in voluminöse Gestalten, aus Rundungen emporstrebend, wie eine reife Frucht. Das rhythmische Zu- und Gegeneinander von Höhlung und Wölbung, das Verhältnis von Fläche und Umrißlinie in Beziehung zum Um-Raum war es, was ihn immer aufs neue herausforderte.

Nun in Staufen angelangt, in seinem Atelierhaus mitten im Grünen der Weinberge, fand er zu einer Plastizität von dionysischer Lebensfülle. Kein Wunder, daß hier Figuren aus einer neugewonnenen Lebensqualität entstanden, die wegen der gelassenen Heiterkeit sein Lebenswerk auf das Selbstverständlichste abrundeten. Davon zeugt vor allem der „Große Bacchus", der in den Staufener Schloßberg-Weinhängen aufgestellt worden ist.

Im Frühsommer 1979 hatten wir zwei besondere Anlässe, Lehmanns häufig zu besuchen. Es galt, vor Ort eine Ausstellung zu besprechen und vorzubereiten, die wir 1980 zum 75. Geburtstag des Bildhauers veranstalten wollten.

Darüber hinaus führte ich einen Plan im Schilde – ohne Rolfs Wissen –, den ich vorher telefonisch mit Lehmann ausgeheckt hatte. Wir hatten verabredet, daß Lehmann wie von ungefähr mit uns ins Atelier gehen sollte, so, als ob er eben noch etwas zu arbeiten hätte. Dieses Vorhaben beruhte darauf, daß Lehmann ein Portrait von Rolf modellieren sollte, das ich ihm 1979 zum 70. Geburtstag schenken wollte.

Das Wesen eines Menschen zu ergründen und im Portrait wiederzugeben, hatte auch Lehmann immer wieder gereizt. Großen Eindruck machte auf uns der Kopf von Peter Huchel, den Erhart Kästner aus den unerträglich gewordenen Verhältnissen in der DDR nach Staufen geholt hatte; zudem der massige Kopf des Kritikers Johann Frerking und der des blinden Bruders. Gesichtslandschaften, die Weisheit, Leiden und geistige Energie widerspiegelten.

Wie geplant gingen wir hinunter ins Atelier, in dem auf einem hochgestellten Modellierblock bereits ein Metallskelett vorbereitet war, dessen rohe Form mit Ton versehen und mit feuchten Tüchern abgedeckt war. Das wirkte wie ganz zufällig.

„Kinder, nehmt Platz", rief Lehmann. Er dirigierte den ahnungslosen Rolf in einen Rohrsessel, den er auf ein Postament in die Nähe des großen Nordfensters gerückt hatte. Gespannt sahen wir zu, wie er die Tücher entfernte, wie er frischen Ton zufügte, ihn mit einem Spachtel hier und da wegnahm und wie er mit dem Daumen und dem Handballen Konturen herstellte.

„Kurtchen", rief Rolf, „wenn man dich so betrachtet, dann könnte man denken, du wärest ein Meisterboxer im Training, so tanzt und springst du ständig um diesen Kopf herum. Wer soll das überhaupt werden? Kennen wir den?"

„Und ob ihr den kennt! Es soll kein Geringerer als Rolf Flemes werden!"

Ungläubige Verblüffung malte sich auf Rolfs Gesicht ab. Wir hatten ihn zu etwas überlistet, zu dem er wohl schwerlich im voraus seine Einwilligung gegeben hätte.

„Tja, mein Lieber, nun muß du – ob du nun willst oder nicht – in den nächsten Nachmittagen oder gegen Abend ein oder zwei Stunden lang zu mir kommen. Dein Kopf hat mich schon immer gereizt. Schließlich möchte ich außer den anderen Köppen auch dein Portrait in der Ausstellung vertreten wissen."

So konnte er verschweigen, daß es sich um ein Geburtstagsgeschenk handeln sollte.

Zuweilen forderte Lehmann mich auf, während der Sitzungen etwas vorzulesen. Das war eine List, weil er den Gespannt-Zuhör-Gesichtsausdruck bei Rolf sehen wollte.

„Geh mal rauf", forderte er mich auf, „und hol den Briefwechsel zwischen Karl Barth und Carl Zuckmayer, Hedwig wird ihn dir geben."

Nach einer Woche fragte Lehmann mich zum ersten Mal: „Na, wie sieht er aus? Was meinst du, kommt er schon raus?"

„Also, wenn ich ehrlich sein soll, Kurtchen, er ist es. Das schon. Und doch ist er es nicht. Irgendwas fehlt."

„Fehlt? Na, mal sehen, ich muß die Kinnpartie ändern, das wird's sein!"

Am nächsten und übernächsten Tag wiederholten sich seine Fragen.

„Tut mir leid, Kurtchen, irgendwas fehlt. Rolf sieht so nackt aus!"

„Du bist gut, das Gesicht ist ja schließlich nicht angezogen."

„Kurtchen, ich hab's, ich hab's! Mach dem Rolf doch mal eine Brille vor die Augen, vielleicht guckt er dann anders."

Im Handumdrehen war die Brille modelliert, die Bügel verschwanden im Ansatz des vollen Haupthaares. Nun blickte Rolf zwar ernster, doch der so entstandene typisch-sinnende

Ausdruck gefiel mir gut. Plötzlich war auch der leicht ironisch-lächelnde, etwas hochgezogene rechte Mundwinkel da. Glücklich über dieses Ergebnis schickten wir uns an, diesen „Rohbau" tüchtig mit Markgräfler Gutedel-Wein zu begießen. Wir waren längst wieder in Hameln, da meldete Lehmann sich an, er wolle kommen und zugleich im nahen Rinteln beim Bronzegießer Barth den Guß kontrollieren und Anweisungen für die Ziselierung geben, wir könnten gern mitkommen.

Pünktlich wurde der wohlgelungene Kopf geliefert. Skeptisch betrachtete Rolf sein Konterfei an seinem Geburtstag. Die Familie, die in alles eingeweiht gewesen war, begutachtete das Kunstwerk aber mit großem Wohlgefallen.

In der am 28. Februar 1980 eröffneten Ausstellung wunderten sich vor allem die Mitglieder. Schließlich hatten sie ja gar nicht gewußt, daß ihr erster Vorsitzender nun selber zum Kunstwerk geworden war.

Wir mußten uns eine Zeit lang von der Büste trennen, da wir uns damit einverstanden erklärt hatten, daß der Kopf noch zu anderen Lehmann-Ausstellungen in Freiburg, Mainz und Ludwigshafen, zu denen der Hamelner Kunstkreis den Auftakt gegeben hatte, ausgeliehen wurde.

Rudolf Lange, der als Feuilletonchef der Hannoverschen Allgemeinen Zeitung ein langjähriger Bewunderer und Freund des Bildhauers war, hielt den Einführungsvortrag. Für den Katalog schrieb er ein so treffendes Vorwort, wie man es nur als besonders guter Kenner verfassen konnte:

... Zu den Hauptwerken der jüngsten Zeit, auf der das Schwergewicht der Ausstellung liegt, gehört die große „Blattstele", die in einem Park in Soltau aufgestellt werden soll. Schon in Hannover hatte Lehmann sich durch die Gestalt von Pflanzen zu Bildwerken anregen lassen. 1965 errichtete er in seinem Ateliergarten eine streng architektonisch konstruierte, weitgehend abstrahierte „Schachtelhalmfigur", und drei Jahre später ließ er eine kleine Bronze mit dem Titel „Wachstum" gießen. Die Idee des Wachsens fand vollendeten Ausdruck. Dionysos und Apollo, die schwer faßbare, aus dunklen Tiefen treibende Naturgewalt und die geisteshelle, Ordnung und Grenzen setzende Kraft, ohne die kein Kunstwerk, das

diesen Namen verdient, zustande kommen kann, halten einander die Waage.

Die Reihe der Bildnisse wurde in den letzten Jahren eindrucksvoll ergänzt durch das Portrait Peter Huchels, das die geistige Energie des Lyrikers erspürbar macht, und den Kopf des Gründers und lang-jährigen Vorsitzenden des Kunstkreises Hameln, Rolf Flemes, in dem Aufgeschlossenheit und nüchtern-kritisches Beobachten domi-nieren. Gerade auch in diesen Arbeiten zeigt sich, daß der Künstler immer wieder in der Natur und im Menschen den richtigen Maß-stab findet, was nichts, aber auch gar nichts mit Naturnachahmung zu tun hat. Auch die Auswahl der Zeichnungen, deren Spannbreite von der sparsamen Umrißlinie einer menschlichen Figur oder eines Tieres bis zu der in schwungvoller Schraffur angedeuteten Körper-lichkeit reicht, bestätigt, daß Lehmann bei aller Bereitschaft, Neues zu erproben, die Natur als Grundlage seines Schaffens niemals preis-gibt.

Wer auf kunstgeschichtliche Einordnung Wert legt, wird Kurt Lehmann im Zusammenhang mit Bildhauern wie Lehmbruck, Blu-menthal, Marcks, Seitz, aber auch Maillol sehen. Indes können diese Namen nicht mehr als eine erste Orientierungshilfe geben. Dazu ist sein Werk zu vielgestaltig, zu eigenständig. In den siebziger Jahren vollends erreicht es durch seine gesteigerte Sinnenhaftigkeit eine neue Dimension: es ist von dionysischer Lebenskraft geprägt. Mit Recht hat daher der „Große Bacchus" den Weg nach Hameln gefun-den.

Staufen, 19. August 1979

Lieber Rolf!

Von Almarde und Kurt-Arthur ganz herzliche
Glückwünsche zu Deinem 70. Geburtstag! Wenn
wir auch nicht mit Euch in Hameln feiern können,
so haben wir den Trost, dass ich mir Dein Bildnis
im Atelier aufstellen kann, und morgen auf Dein Wohl,
auf Deine Gesundheit prosten werden. Vor allem,
lieber Rolf, halte durch, die Kräfte wie wünschen
wir Dir von ganzem Herzen!

Euer Besuch war so schön und erfreuend
und ich wünschte nur, dass das Ergebnis meiner
Arbeit Euch Freude macht.

Danken möchte ich Dir noch für den Gedicht-
und Prosa-Band Deines Vaters. Ich hatte bisjetzt nur
Zeit, darin herum zu blättern. Heute fährt unsere
alte Freundin Illa Müller wieder nach Hannover
zurück. Von ihr habe ich endlich das lang versprochene Porträt machen können. (81 Jahre)

Feiert in Fröhlichkeit mit Euren Kindern
und Freunden Deinen Geburtstag. Wir
wünschen Dir, lieber Rolf, dass Du uns
allen noch lange erhalten bleiben mögest,

und – Dank Dir und Deiner einmaligen
mit lieben, kunstfördernden Charakter für alle
segensreiche Mühe und Arbeit für die Kunst
und Künstlerschar!!

Deine, Eure
Almarde und Kurt-Arthur

Von ganzem Herzen alles Glück
wünscht Almaida (hierselbst)

VIELES GIBT UNS DIE ZEIT

Es war für unsere Freundin Luise Seitz selbstverständlich, extra nach Hameln zu kommen, um die Lehmann-Ausstellung zu sehen. Wie es ihre Art war, brauchte sie lange Zeit dafür. Immer wieder kehrte sie zu Rolfs Kopf zurück und beobachtete ihn besonders aufmerksam, vielleicht auch kritisch. Sie enthielt sich ihrer Meinung, bis ich sie fragte, ob sie nicht traurig sei, daß Gustav den Kopf nicht mehr habe modellieren können. Sie schaute mich lange und liebevoll an und drückte vielsagend meinen Arm.

Als wir anschließend zu uns nach Haus gingen, war sie ganz betroffen über Rolfs Befinden und Aussehen. Wie immer ganz Kavalier ging er ihr bis zur Gartenpforte entgegen. Luise aber entging es nicht, wie sehr es ihn anstrengte, eine Unterhaltung zu führen. Besorgt fragte sie mich nach der offensichtlichen Verschlechterung des Gesundheitszustandes ihres kranken Freundes. Ich gestand ihr, daß die Ärzte sich vergeblich bemühten, eine Besserung der Lungenfibrose zu erzielen. Keinesfalls wolle Rolf aber in ein Krankenhaus gehen, er wolle unbedingt zwischen seinen Büchern, speziell seinem Goethe bleiben. Um ihm Erleichterung zu verschaffen, führe ich täglich zum Roten Kreuz, um eine kleine Sauerstoffbombe zu holen. Nach dem Einatmen mittels einer Atmungsmaske fühle er sich dann etwas wohler.

Luise, die eigentlich zwei Tage bei uns bleiben wollte, fuhr deprimiert weiter nach Rinteln zum Bronzegießer Barth, um nicht zu stören.

Als sie die Nachricht erreichte, daß Rolf am 26. Juli 1980 gestorben war, schickte sie einen faksimilierten Goethe-Spruch:
„Vieles giebt uns die Zeit und nimmts auch,
Aber der Beßern holde Neigung
sie sey ewig dir froher Besitz"
und schrieb dazu: „Liebste Charlotte, nicht nur aus Zuneigung denk ich an Sie so viel. Unsere beiden Männer hatten gemein, daß der Lebenshauch sie immer mehr und mehr verließ. Ich wünsche Ihnen, daß nach der ersten Zeit, wo die Trennung vom Geliebten so schwer so schwer so schwer ist, die ‚holde

Neigung' spürbar bleibt und ein Besitz, der uns vieles erleichtert. Innige Grüße Ihre Luise."

Unvermutet stand eine Woche später ihre hohe schlanke Gestalt in der Bibliothek. Sie war, ohne zu klingeln, hinten durch den Garten über die Veranda ins Haus gekommen. Ihr langer, prüfender Blick durch die dunkelgefaßte Brille, wie war ich ihn gewohnt! Nur eine Nacht wollte sie bleiben, wollte auch sehen, wie der Boxerhund Bolle sich ohne sein Herrchen befindet.

Als ich ihr später schrieb, daß die Mitglieder des Kunstkreises in der Jahreshauptversammlung mich zur 1. Vorsitzenden gewählt hätten, wunderte sie sich gar nicht darüber, versuchte vielmehr, mir meine Zweifel auszureden, ob ich überhaupt die Richtige dafür sei, die Nachfolgerin des langjährigen Präsidenten zu werden. Sie verstand meine Einwände, daß man wohl immer an einem bedeutenden Vorgänger gemessen wird. Doch beharrte sie darauf, daß ich doch immer schon seine „rechte Hand" gewesen und mit allen Vorgängen aufs engste vertraut sei. Und daß das Ausstellungsprogramm und die Atelierbesuche doch seit eh und je meine Domäne gewesen seien. Sie bestärkte mich darin, Rolfs eminente Kraft der Entscheidungen mit der Zeit entwickeln zu können. Vor allem vertraute sie darauf, daß mein lieber Freund, Dr. Egon Golze – der Schatzmeister –, den ich doch „fratello" = Freund nennen würde, mir bestimmt mit Rat und Tat zur Seite stehen würde. Sie erinnere sich gut an ihn und seine Frau Gisela, die sie auf der Florenz-Reise kennen- und schätzengelernt hatte.

Wie meistens im Leben mußte ich mich wohl oder übel an die Arbeit machen. In Ministerien und Verwaltungen machte ich meine Besuche, sperrte Ohren und Augen auf und war sehr erstaunt, daß sich nirgendwo Widerstand oder Zweifel an meiner Kompetenz meldete.

Regelmäßig fragte Luise nach meinem Befinden, fragte nach meiner Arbeit und wollte auch ausführliche, detaillierte Antworten hören. Durch die vielen Pflichten war ich so eingebunden, daß ich zur Not ohne ihren Zuspruch auskommen konnte, der ausbleiben mußte, als sie ohne Verschulden in einen Autounfall verwickelt wurde. Eine lange Leidenszeit und Krankenhausaufenthalte mußte sie ertragen, um die Brüche und Quetschungen behandeln zu lassen und mit Kuren in Badenweiler auszuheilen. Fast tägliche Kartengrüße gingen zwischen uns hin und her, die ein Zusammensein ersetzen mußten.

Um neue Kräfte nach einer schweren Operation zu gewinnen, ging sie mit mir, unseren gemeinsamen Freunden Oesterlens und meiner Freundin Anita Kästner für einige Wochen im April 1988 auf die Insel Ischia. Obwohl häufig schmerzgeplagt, klagte sie nie in diesen so ausgefüllten Wochen. Wir konnten sogar Ausflüge nach Neapel unternehmen. Dabei freute sie sich, daß „ihre" Charlotte es fertigbrachte, den Pförtner im Aquarium durch einen harten Händedruck (Trinkgeld) zu bewegen, daß er uns die breite Treppe zu den Büroräumen und dem Sitzungssaal des Baron von Doorn – dem Gründer des Aquariums – hinaufführte, damit wir eine Stunde lang die berühmten Fresken des Hans von Marees ansehen durften.

Sie genoß das Museum Capo di Monte und ließ sich durch die ungelüftete Atmosphäre auch nicht in ihrer Andacht vor den Tizian-Bildern stören. Daß das Antiken-Museum gerade mal wieder wegen Streik geschlossen hatte, nahm sie bedauernd hin und vertröstete uns mit „Na, dann ein nächstes Mal, ihr kommt ja wieder!"

Bei einem Ausflug nach Salerno ließ sie sich am Dom die Geschichte der Staufer und Normannen vortragen. Sie liebte diese Erzählungen von unserer Reise nach Sizilien und unter welchen Umständen Rolf und ich die Kathedralen in Palermo, Monreale und Cefalu besichtigt hatten und welche Erlebnisse damit verbunden waren. Es war uns beiden in den vielen Jahren eine besondere Trostform geworden, miteinander von unseren toten Männern sprechen zu können.

Wir vermuteten nicht, daß ihre Tage, die sie zufrieden im Hotelgarten oder auf der Piazza in Forio mit uns verbrachte, schon gezählt waren. Hier an diesen Orten antiker Vergangenheit, im Kreis von vertrauten Freunden, blühte sie noch einmal auf.

Sie wünschte in ihrem Testament, daß ihr Haus, das Anwesen, das Atelier mit den Plastiken ihres Mannes als „Gustav-Seitz-Stiftung" weiterleben sollte. Als Kuratoren bestimmte sie

Dr. Ursel Grohn und Dr. Gerhard Gerkens, ihre liebsten und zuverlässigsten Berater und Mitarbeiter.

8. X. 80

Liebe Charlotte,

soviel denke ich an Sie, da
will ich's auch mal kurz auf
dem Papier tun. Sie haben mir
so lieb geschrieben und alles,
alles kann ich Ihnen nachfühlen.
Das Alleinsein braucht man.
Das können die meisten nicht
verstehen. Aber wenn Sie mal einen
Abend mit mir sprechen mögen,
komme ich gern. Ich führe dann
z. B. am nächsten Tag weiter nach
Rinteln zum Bronzegiesser.

Jeder hat so seine Art mit dem
grossen Schmerz zu leben. Ich könnte
mir denken, dass Sie grosse Spazier-
gänge mit dem treuen Bolle machen.
Ich selbst wollte ja nichts sehen damals,
keinen Baum, keinen Himmel. Ich
machte sogar die Gardinen zu, weil

mir die Schönheit im Garten fast
wie eine Beleidigung vorkam! Sie
aber werden im Garten ansehen
und hüten, was er gepflegt und
geschützt hat. Nicht wahr, das tun
Sie bestimmt.

Wie können wir glücklich sein das
wir Haus und Garten haben, das wir
in der Athmosphäre unserer lieben
weiter bleiben dürfen, wo sie ja noch
etwas anwesend sind.
Ich bin in diesem Jahr besonders
mit Gustav verbunden durch 8
Ausstellungen. Von der Herforder,
die schön ist wegen des Oesterlenbaus
aber auch wegen der netten Herforder
lege ich Ihnen ein Faltblatt bei.
Sonst war und ist es ein schwieriges
Jahr wegen lauter Familienprobleme.
Hoffentlich ist bei Ihren Kindern u.
Enkeln alles in Ordnung.

Ich umarme Sie mit liebevollen
Gefühlen
                        Ihre
                    Luise Seitz

ER WAR DER GEBORENE PRÄSES

Es konnte niemand voraussehen, daß der Lehmannschen Portrait-Büste von Rolf noch eine besondere Bedeutung beigemessen werden sollte. Daß ein Zweitguß in Auftrag gegeben werden mußte, hatte folgende Bewandtnis:

Viele Mitglieder waren nach Rolfs Tod zur Jahreshauptversammlung erschienen und machten den Vorschlag, daß zu seinen Ehren das Studio fortan auch seinen Namen tragen sollte.

Das wurde beschlossen. Daraufhin wurde die Graphikerin Gisela Holste mit dem Entwurf der Schrift beauftragt. Nachdem der Vorstand sich für eine Version der verschiedenen Vorschläge entschieden hatte, nahm sich Prof. Oesterlen selbst die Zeit, die aus weißer Pappe original großen Buchstaben provisorisch an den Ziegelmauern anbringen zu lassen. Dabei konnte er beobachten, wie sich die Schrift aus der Nähe und aus der Ferne wirkungsvoll ausnehmen würde. Schließlich hatte er sich entschlossen, eine Unterteilung in verschiedenen Schriftgrößen ausführen zu lassen:

der kunstkreis
Rolf Flemes Haus
Die Schrift wurde in weiß eingebranntem Metall angefertigt und rechts vom Eingang des Studios an der langen Ziegelmauer angebracht.

Damit nicht genug! Der Vorstand – angeführt von dem 2. Vorsitzenden Dieter Burkart – wünschte, daß ein Zweitguß unserer Portraitbüste in der Halle aufgestellt würde.

Im August 1981 wurde in einer Gedenkfeier diese Büste im Foyer enthüllt. Der langjährige Freund und Mitgründer des Kunstkreises, Dr. Herbert Wolfgang Keiser, hielt die Laudatio:

... Zuversicht und Trauer erfüllt uns, aber Tristesse ist gewiß eine schlechte Genossenschaft für jeden, der gewillt ist, über Aktivitäten in „Kunst und Leben" zu reden. Wer die Nachkriegsjahre in den vergangenen 35 Jahren mit wachen Augen und Sinnen beobachtet und positiv betrachtet hat, wird die persönlichen Beiträge der schöpferischen Kräfte zum allgemeinen Zeitablauf in der Bundes-

republik Deutschland keinesfalls leugnen können. Rolf Flemes, der als leitender Ministerialbeamter im Niedersächsischen Ministerium für Wirtschaft und Verkehr tätig war, dessen organisatorische Begabung, kluge Verhandlungsführung, verbunden mit einer außergewöhnlichen Tatkraft als musischer Erdenbürger, war der g e b o - r e n e P r ä s e s einer Gesellschaft zur Förderung der bildenden Künste, von der ersten Stunde bis zum letzten Atemzug.

Keiser schilderte die ersten mutigen Schritte, die er ja miterlebt und mitgetragen hatte:

... das Programm lief an, bei jeder dieser Unternehmungen mit einem erheblichen Risiko behaftet, sich mehr und mehr profilierend, so daß 1955 bis 1957 ein von Prof. Dieter Oesterlen entworfener und in der Praxis vorzüglich bewährter Kunsthallenbau errichtet werden konnte, der jetzt mit Recht die Bezeichnung „Rolf Flemes Haus" erhielt.

Auf Rolf angewandt zitierte Keiser die besonders treffende Formulierung über die Frage, woher denn der Mut zu diesen Aktionen genommen werde, aus einem Artikel im Feuilleton der FAZ zum 30jährigen Bestehen des Kunstkreises:

... Wer Kunstausstellungen zu organisieren hat, muß beschwingten Geistes sein, aber auch die Akribie eines Bürokraten handhaben; ihn sollte die Unempfindlichkeit eines Boxers auszeichnen, die Wendigkeit eines Werbeagenten, der Mut eines Seiltänzers und, als Wichtigstes, die Zuversicht eines Wünschelrutengängers, der immer neue Geldquellen aufzuspüren weiß. Diese menschliche Spezies ist selten.

Keiser schloß mit den Worten:

... für das Kulturleben der Stadt Hameln war es ein besonderer Glücksfall, einen so unbeirrbaren Streiter in ihren Mauern zu haben!

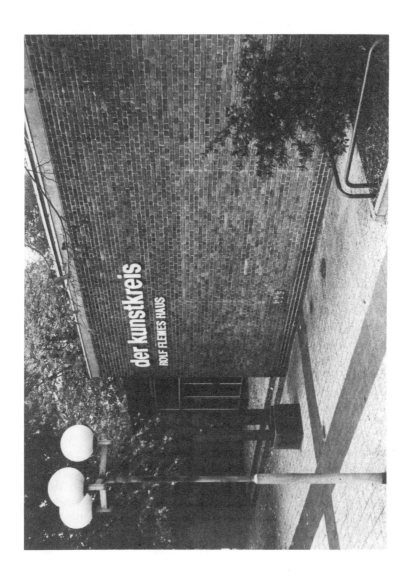

SO SOLLTE DIE WELT NICHT AUSSEHEN

Wenn es zum Gewohnheitsprinzip geworden ist, von acht Ausstellungen im Jahr eine der Bildhauerkunst zu widmen, heißt es, aus der Fülle der Möglichkeiten eine gute Reihenfolge aufzubauen. Zufälle sind dabei ausgeschlossen. So ist es selbstverständlich, daß beispielsweise als erstes ein Gustav Seitz und einige Jahre später sein Meisterschüler Edgar Augustin gezeigt wird und nicht umgekehrt, wobei die Planung „Meister – Schüler" eher die Ausnahme bleibt.

Bedeutende Zeitgenossen vorzustellen, das ist in jedem Fall die erklärte Absicht. Um sich kundig zu machen, fuhr der Vorstands-Freundeskreis 1976 nach Darmstadt. Die Neue Darmstädter Sezession zeigte „Plastiken auf der Ziegelhütte", und zwar handelte es sich um Werke von sechzig Bildhauern. Auf dem ausgedehnten Gelände einer ehemaligen Ziegelei standen weit über 200 Skulpturen, realistische und gegenstandslose, wie es schien, wahllos in der Gegend herum. Das Terrain war tatsächlich nur „Gegend", unebener von Ziegelstaub roter Boden, Büsche, Kuhlen und Unkraut.

Plastiken in der freien Natur kennt man gewöhnlich in gepflegten Anlagen, vor repräsentativen Gebäuden, auf Marktplätzen und neuerdings in Fußgängerzonen.

Die verwahrloste Ziegelhütte erwies sich für den Ausstellungszweck zwar als ruppiger, doch idealer Ort. Nichts Geschöntes als Ambiente, nichts Erprobtes zur besseren Darstellung! Wertfrei, nur mit Nummern versehen, standen die Plastiken plan auf dem Boden, ohne Sockel, ohne Namensschild.

Zunächst schlenderten wir gemeinsam durch das weitläufige Gelände, einigten uns dann darauf, daß jeder für sich die Sache erkunden sollte. Jeder sollte an erster Stelle drei Plastiken angeben, an zweiter Stelle drei weitere und an dritter Stelle 10 Plastiken unter „ferner liefen". Zur verabredeten Zeit trafen wir uns wieder und waren auch gewappnet, beim abendlichen Umtrunk eine kontroverse Diskussion zu führen.

Unsere Verblüffung war enorm! Alle Stimmen vereinigten sich an erster Stelle auf drei Plastiken eines Bildhauers Waldemar Otto.

1. „Mann aus der Enge heraustretend"; zwischen 3 Meter hohen, schräggestellten Bronzewänden, so daß sie eine Art Trichter ergaben, versucht ein Mensch sich herauszuzwängen. Betont wird der Versuch durch die Blindheit des Gesichtes, das Tasten der über den vorderen Rand der Wände herausragenden Hände.

2. „Torso in der Enge"; in eine Kastenform gepfercht windet sich der Körper eines Mannes in einer S-Kurve. Durch das Fehlen des Kopfes wird das Schwergewicht auf die großen Hände und auf das Geschlecht gelegt, dadurch wird das Qualvolle der Enge besonders deutlich.

13. „Mann im November", eine lebensgroße Gewandfigur, eine Alltagsfigur. Die Hände tief in die Taschen versenkt, die Schultern hochgezogen, das Gesicht mit dem tief herabgezogenen Mund drückt Resignation oder Einsamkeit aus.

Das ungewöhnliche Herzeigen des Erleidens hatte uns tief beeindruckt; um es zu gestehen, es hatte uns erschüttert. Obwohl wir nur den Namen des Bildhauers, Waldemar Otto, in Erfahrung bringen konnten, war es später nicht schwierig, herauszufinden, daß er in Petrikau in Polen (im ehemaligen Ostpreußen) 1928 geboren wurde, daß er in Berlin studiert hatte, daß er als wissenschaftlicher Assistent an der Technischen Hochschule in Braunschweig gearbeitet hatte, daß er als Professor an den Hochschulen in Berlin und Bremen Lehraufträge hatte und daß er in Worpswede ansässig geworden war.

Waldemar Otto freute sich über unser Interesse, vor allem über die Ziegelhütten-Erzählung. Nun hatte er vorerst eine Reihenfolge zu beachten. Die Kunsthalle Bremen würde 1980 eine umfangreiche Ausstellung seiner Werke veranstalten, ließ er uns wissen, dort könnten wir uns am besten treffen und dabei die Ausstellung in Hameln besprechen.

Wir verabredeten uns also dort. Ich war absichtlich so früh da, damit ich mir die Ausstellung allein und in aller Ruhe ansehen konnte. Zusammen dann mit Otto und Dr. Gerkens, dem damaligen Oberkustos der Kunsthalle, schloß sich ein zweiter Rundgang an. Dabei schlug ich gleich vor, welche Plastiken sich für unser Studio, für den Gartenhof und den großen Saal eignen würden, da das Volumen der Räume in der Kunsthalle natürlich unvergleichlich viel größer war. Otto kündigte seinen Besuch an, um sich an Ort und Stelle einen Überblick zu verschaffen. Obwohl das Studio soviel kleiner als der Monumentalbau in Bremen ist, frohlockte er, begeistert von der Architektur und den so ganz idealen Voraussetzungen für einen Bildhauer.

Den Redner für einen Einführungsvortrag zu gewinnen, der sowohl über das spezifische Arbeiten des Künstlers als auch über dessen Position in der Kunstlandschaft zu berichten weiß, wird sehr wichtig genommen, gilt es doch jedes Mal, den Mitgliedern ein umfassendes Bild zum aktuellen Anlaß zu vermitteln. Dr. Gerhard Gerkens war der ideale Vortragende!

Es ist – soweit es sich um einen lebenden Künstler handelt – selbstverständlich, daß er zur Eröffnung anwesend ist. Hier hatten wir uns verrechnet! Am gleichen Tage wurde in Italien die internationale Ausstellung „Meister der Nachkriegszeit" in Carrara eröffnet. Die Auszeichnung, an dieser wichtigen Skulpturen-Schau teilzunehmen, hatte Otto verständlicherweise veranlaßt, Italien den Vorzug zu geben. Dafür stellte er in Aussicht, zu einem Extraabend zu erscheinen.

Gerkens pries zunächst den optimalen Rahmen für die Otto-Plastiken, die hier im wechselnden Spiel des Lichtes so wirkten, wie es der Absicht des Künstlers entspreche und daß dies dem Zuschauer den Zugang zum Kunstwerk wesentlich erleichtere. Die selbstgestellte Verpflichtung Ottos sei, Mitleid und Mitleiden zu bewirken. Im Gegensatz zu den Torsi, die ihr Schicksal indirekt erkennen lassen, versuche die formende Kraft in den Wand-Figur-Elementen, eine Wirklichkeit wiederzugeben. Wie wenige Künstler denke Otto über sich, sein Werk und die Zeit nach. Gegenständlichkeit werde oft vorschnell als ein wenig vorgestrig interpretiert in der Zeit der „optimistischen Entfaltung der abstrakten Kunst als Weltsprache". Otto wolle sein Schaffen durchaus nicht aus diesen Zusammenhängen „ausklinken", doch sehe er die Welt eben nicht optimistisch. Sein künstlerisches Schaffen vollziehe sich aus der moralischen Verantwortung „So sollte die Welt nicht aussehen" heraus. Er schildere nicht nur hilfloses Ausgeliefertsein, sondern auch mögliche Lösungen. Stets bleibe dabei die Suche nach dem Sinn der Kunst die Grundfrage, auf die nur der Künstler selbst die Antwort geben könne.

Die Skulpturen hatten sofort das lebhafte Interesse, das Verstehen beim Publikum gefunden. Besonders das „Bildnis der Rentnerin Katharina Weyl", eine Berliner Rentnerin, die im selben Haus wie Otto wohnte – es zeigt eine am Krückstock gehende Figur, deren Formen des Körpers unter der engen Hülle der Kleidung fast bloßliegen, scharf und mager; die übergroßen Füße, die tastende Hand und der weit vorgestreckte Stock vermitteln ein Bild äußerster Unsicherheit.

„Kleine alte Frau im Sessel" ist das Bildnis der Mutter des Bildhauers; zwischen den übergroßen schwellenden Formen der Polster verschwindet fast in der Masse des Sessels der schmächtige Körper. Die im Schoß verschränkten Hände sind durch eine dritte Hand ergänzt, so wird das unruhige Hin- und Herstreichen auf dem Arm ausgedrückt. „Großer bekleideter Mann zwischen Wänden" zeigt einen an Bedeutung gewöhnten Menschen, der dennoch in Einschränkungen seine Macht ausüben muß. „Hamburger Arbeiter": er tritt aus vier Meter hohen Wandelementen heraus, einen vier Meter langen Steg hinter sich lassend. Hier wird die Arbeitswelt verbildlicht, das tägliche Einerlei, gegen das sich die lange Figur durchzusetzen hat.

Der „Adam" ist Symbol des Widerspruches zwischen dem Raubbau an der Natur und der gleichzeitigen Anlage eines „künstlichen Paradieses". Der goldene Baum, in den Evas Hand greift und den Apfel pflückt, symbolisiert die schöpferische Kraft der Natur. Als zerstörerisches Element verzehrt Adam in blinder Gier einen Apfel. In der „Begegnung" wird das Thema „Jugend" angeschlagen, Sehnsucht nach Liebe und Kommunikation und das Unvermögen, in menschliche Beziehung zueinander zu treten. Die überlangen Figuren, Junge und Mädchen, stehen auf einem 250 cm langen Podest. Die Ätzzeichnung auf dieser Bodenplatte, die ein sich umarmendes Paar zeigt, weist auf den Wunsch der jungen Menschen hin, während sie selbst sich voneinander abwenden. Lässig halten sie Zigaretten in den Händen als scheinbar überlegene Haltung, in Wirklichkeit beweist sie innere Unsicherheit. „Der Bildhauer" stellt eine Ehrung für den Vorgänger an der Bremer Hochschule, Gerhard Schreiter, dar. Wie auf einem Modelliertisch liegen vor der Portraitbüste zwei Hände, in der einen liegt ein kleiner weiblicher Torso und in der anderen die Negativform – Zeichen bildhauerischer Arbeit und künstlerischer Imagination.

Wie versprochen hielt Waldemar Otto noch einen Vortrag, nach dem sich ein reger Dialog zwischen Künstler und Besuchern entwickelte. Eine zentrale Frage galt der Begründung der augenscheinlichen Schwachheiten in seinen Menschendarstellungen. Otto führte aus, daß der heutige Mensch gefährdet erscheine durch den Mechanismus der Sachzwänge, selbst in der Freizeit sei er ebenso wie in seiner Entscheidungsfreiheit oft durch unbewußte Zwänge eingeengt. Seine Kunst beziehe deshalb eine Antistellung zum Kult der Jugend und des Erfolges. Er betonte in seiner Antwort auf die Frage nach einer positiven Wendung in seinem Werk, es sei nicht Aufgabe des Künstlers, Lösungsvorschläge zu machen. Durch sinnfällige Darstellungen betroffen und nachdenklich zu machen, das sei eine Möglichkeit, Zwängen und Einengungen zu entkommen. Er meine, die Erkenntnis des Übels sei der erste Schritt zu seiner Überwindung.

Ein langgehegter Wunsch, eine Bronzeplastik vor unserem schönen Studio-Bau aufstellen zu können, wurde in dieser Ausstellung virulent. Die Auspizien standen gut dafür. „Carpe diem" hätte Rolf gesagt und die Sache angepackt. Der Vorstand schwankte zwischen dem „Adam" und dem „Übergang". Bei letzterem ist das Thema die Auswanderung: ein Mann läßt das eine Stadium hinter sich und sucht ein vor ihm liegendes, das er bereits mit der Hand berührt. Die Negativform im hinteren Wandelement deutet auf die Lücke hin, die jeder reißt, der seine Heimat verläßt, während das ungegliederte vordere Wandelement die ihm noch unbekannte Situation kenntlich macht. (Es ist ein Zweitguß einer Auftragsarbeit des Senates der Freien Hansestadt Bremen, ein Geschenk an die USA anläßlich der 200-Jahr-Feier der Stadt Hahneville, Louisiana, einer Gründung von Bremer Auswanderern.)

Ein Übergang kann vielerlei Bedeutung haben: Berufswechsel, Tod, Trennung, neue Bindung; wie auch immer, Gültigkeit hat er für jeden Menschen, früher oder später.

Die relative Klassizität der Plastik und ihr anwendbarer Sinn bewog uns, diesen „Übergang" zu erwerben. Die Finanzierung ließ sich natürlich ziemlich schwierig an. Doch kam uns der sympathische Bildhauer entgegen, überrascht und erfreut über die Zahl der Ankäufe im Besonderen und der Resonanz im Allgemeinen, so daß durch einen Landeszuschuß und durch ein paar nennenswerte Spenden von Kunstfreunden die Bronze in den Besitz des Kunstkreises übergehen konnte.

Auf einem schwarzen Lavablock, mehr als einen Meter tief im Boden verankert, steht unser „Waldemar Otto" rechts vom Eingang der Kunsthalle. Jeder, der hineingehen will, wird an ihr vorbeikommen (siehe Foto Nr. 3).

So auch die Meisterschülerin von Waldemar Otto, Christa Baumgärtl aus Bremen, der 1993 eine Ausstellung eingeräumt wurde. Und Dr. Gerhard Gerkens (inzwischen Direktor des Museums für Kunst und Kulturgeschichte in Lübeck) hat wieder den Einführungsvortrag gehalten.

So bekommt denn alles seinen „Schick", wie man in Hansestädten zu sagen pflegt!

HINTERLASSENE RÄUME

Ist die Rede von Venedig, denke ich zugleich an Rolf Escher, diesen bewunderten Zeichner. Nicht, daß seine Motive sich ausschließlich mit Venedig befassen – das wäre vielleicht zu einseitig – zumal er kein Vedutenmaler ist.

Ich hatte den Namen Escher zum ersten Mal im Zusammenhang mit einer Broschüre über Franz Schubert von Theodor Adorno gelesen, der eine Kaltnadelradierung mit dem Bildnis von Schubert beigegeben war. Daraufhin hatte ich mir einen Katalog besorgt, den ich sorgfältig und immer neugieriger werdend anschaute. Es schien sich in der Wahl seiner Themen vor allen Dingen um verlassene Räume, um leere Stühle, aufgestapelte Koffer, Fenster mit zugezogenen Gardinen zu handeln. Menschen sah man weit und breit nicht. Dennoch spürte man ihr „Eben-noch-dagewesen-Sein" durch die Abbildung einer hingeworfenen Decke, einer über die Stuhllehne gehängten Jacke, einer aufgezogenen Kommodenschublade, aus der allerlei Kleidungsstücke quollen, als habe man eben noch danach gesucht. Faszinierend diese Anwesenheit der Abwesenheit!

Natürlich kann man Kunstwerke nicht nach Abbildungen in Katalogen beurteilen. Es ist ja auch unsere feste Regel, zur Vorbereitung einer Ausstellung immer erst eine gehörige Anzahl von Originalen gesehen zu haben, möglichst im Atelier des Künstlers selbst. So schrieb ich an Rolf Escher, ob Gisela Chelius und ich ihn in seinem Haus in Essen besuchen dürften.

Er holte uns vom Bahnhof ab und brachte uns in einen waldreichen Vorort. Sein Haus gefiel uns von außen so wie eine gute Adresse, Bauhausstil, klar gegliedert. Obwohl Gisela und ich sehr häufig zur Übersicht eines ganzen Ausstellungsprogrammes für das nächste oder übernächste Jahr diese Atelierbesuche unternahmen, waren wir stets aufs neue gespannt, was wir vorfinden würden. Immer waren sie anders, immer interessant. Mal im Keller, mal auf einem ausgebauten Dachboden, mal in angemieteten Räumen; mal herrschte geniale Unordnung, mal systematische Übersicht.

Escher führte uns in den zweiten Stock, der im wesentlichen sein Arbeitsbereich ist, und wir merkten an den nüchternen, weißen Räumen: Dieser Künstler braucht Übersichtlichkeit und Ruhe. Auf dem großen Arbeitstisch lagen unzählige, gespitzte Bleistifte verschiedener Härtegrade, keine wie zufällig hingelegte angefangene Zeichnung. Das war auch nicht nötig, an den Wänden hingen genug großformatige, sorgfältig passepartourierte Zeichnungen in weißen Rahmen. In einem Raum stand die Druckpresse, auf der er selber die Probe- und Zustandsdrucke als Kontrolle für seine Radierungen druckte.

Wieder mal bewahrheitete sich unser Grundsatz: man muß hin, muß Formate und Macharten in Originalen sehen! Gisela und ich wechselten mehrfach Blicke des Einverständnisses. Unersättlich wird man im Betrachten, wenn es um große Kunst geht! Sonst ermüdet man schnell. Das Privileg, die Blätter in die Hand nehmen zu dürfen, ist unschätzbar, auch für die Beurteilung.

Da waren sie nun alle; die Stühle, die Koffer, die Treppenhäuser, Kommoden und Fenster aus dem Katalog! Benutzte, vielfach beschädigte Hinterlassenschaften, Stilleben in des Wortes Bedeutung: „Natura morte – Tote Natur". Wir sahen vor unsrem geistigen Auge bereits diese Bilder an den Wänden unseres Kunsthauses hängen, all die Zeichnungen und Radierungen, denn letztere standen den Zeichnungen gleichwertig zur Seite. Die atemberaubende Präzision der Technik ist wohldurchdacht und erprobt. Und wenn Escher Aquatinta verwandte, dann weniger, um Stimmung und Schummerlicht zu erzeugen, sondern um die angestrebten Kontraste zu erreichen – wie das etwa Goya gleichermaßen gehandhabt hat. Niemals eine plakative Formulierung, dafür fast immer ein Hauch von Ironie und Skurrilität.

Nach der Ausstellungseröffnung im Mai 1982 verbrachten Jutta und Rolf Escher, der Vortragende Dirk Schwarze aus Kassel und ein paar Fans einige Stunden in unserem Jugendstilhaus. Verschmitzt fragte Escher, ob unter diesem hohen Dach sich auch noch Räume befänden.

„Nein", antwortete ich amüsiert, „darunter befindet sich nur ein großer Dachboden mit einem gewaltigen Dachstuhl."

„Und der ist bestimmt sehenswert!"

„Um Himmels willen", warnte Jutta Escher, „erzählen Sie meinem Mann bloß nicht noch mehr davon, sonst will er rauf und alles ansehen."

„Na, das kann er ja, wenn's ihm Spaß macht."

Der höfliche Escher wartete aber erst meine Aufforderung ab, bevor wir alle hinaufstiegen. Oben angekommen, rief er begeistert aus: „Das ist ja eine fabelhafte Zimmermannsarbeit, so massive Ständer und Verstrebungen, wie in alten Schafställen! Das ist ja eine Rarität."

Dann guckte er sich um und deutete auf einen Kofferstapel, auf übereinandergestellte Stühle, auf weißlackierte Kommoden und ausrangierte Tische.

„Was mag hier wohl drinliegen? Jutta, schau doch mal, Spiele, lauter Spiele! Und hier in dieser Kommode Bilderbücher. Sind das noch Spielsachen von Ihren Kindern? Und was befindet sich in diesen Kartons? Weihnachtsbaumschmuck?! Und hier unter der Dachgaube stehen ja blinde Spiegel, wohin gehörten die denn? Natürlich ja, über die Kommoden. Waren das früher mal Waschkommoden, weil sie Marmorplatten haben? Und hier steht ein richtiger Überseekoffer! Und was bedeuten diese Körbe mit den blauen Kacheln?"

„Das sind Ersatzkacheln zu dem Meißener Kachelofen, der unten in der Bibliothek steht."

„Und all diese Stühle und Korbsessel, werden die gar nicht mehr benutzt?"

„Das ist nun mal der Lauf der Welt! Als unsere Kinder so nach und nach das Haus verließen, wurde manches Mobiliar überflüssig, man richtet dann mindestens deren Zimmer anders ein. Von meinen Schwiegereltern stammen noch diese Bettstellen und Kommoden. Ich müßte schon längst mal wieder entrümpeln."

„Oh, nein, bitte tun Sie das nicht, das hier ist ja alles so besonders und gehört hierher", bat Escher.

In dieser Stunde hatte ich begriffen, daß diese Dinge alle von einem stattgehabten Leben, von unserem eigenen Leben, unserer eigenen Vergangenheit Kunde geben. Erst durch Eschers Augen wurde mir bewußt, was er mit „Hinterlassenen Räumen" ausdrücken wollte.

„Ach, und hier diese blaue Tür, gibt es also doch noch Räume hier oben?"

„Nein, das ist die einzige Mansarde. Gucken Sie mal das rausgebaute Fenster, wir nennen es ‚Schwalbennest'. Es ist unser Brautzimmer. Das haben unsere Töchter benutzt bei ihren Hochzeitsfeiern. Dafür hatten wir es weiß-blau eingerichtet – hier waren sie ungestört. Herr Escher, weil Ihnen das hier oben so gut gefällt und weil Sie mir die Augen über den Doppelsinn unserer Hinterlassenschaften geöffnet haben, möchte ich Ihnen diesen Stuhl schenken für Ihre Stühle-Sammlung. Er muß so aus der Jahrhundertwende stammen."

„Das kann ich nicht annehmen, so gut gedrechselt, sogar das Peddigrohrgeflecht ist noch in Ordnung."

„Bitte, machen Sie mir doch die Freude, Sie sind doch mit Ihrem Auto hier."

Es blieb nicht aus, daß man Escher nach seinen nächsten Plänen fragte. Zumal man sich vorstellen kann, daß ein so wißbegieriger, lebhafter Geist nicht auf seinen Lorbeeren ausruhen will.

Nun berichtete er von seinem Vorhaben, im kommenden Jahr die oberitalienischen Städte aufzusuchen, er wolle ein Sabbatjahr nutzen. Als Professor an der Fachhochschule zu Münster stand ihm nach sechs Jahren Lehre ein Jahr zu, das er in den Städten der Lombardei und Venetiens verbringen wollte.

„Also kann man gespannt sein auf Architektur-Zeichnungen?" fragte ich.

„Mal sehen. Aber in dieser Richtung werde ich mich wohl umtun, ich habe ja zum Glück Zeit und Muße."

Auf seinen Streifzügen durch die historischen Stadtzentren von Bergamo, Padua, Mantua, Ferrara, Vicenza, Bologna, Venedig und in den Palästen an der Brenta hielt Escher zeichnend fest, was ihn faszinierte: Marktzelte, Paläste, Caféräume, alte Theater und Spielcasinos, Prüfungszimmer in Universitäten, Laternen, Spiegelschränke, Prunksessel und Beichtschemel – alles Zeugen einer längst vergangenen Pracht.

„Historische Petrefakte, in denen Vergangenheit Bestandteil der Gegenwart wird und der verlassene Schauplatz sich plötzlich wieder belebt", so schrieb Walter Jens in seinem Text zu dem 1984 erschienen Kunstband „Rolf Escher – Schauplätze" – Zeichnungen aus italienischen Städten.

Die Nüchternheit und Präzision der Bilder ist es, ihre exakte, sich allem Stimmungshaften, Impressionistisch-Momentanen widersetzende Kälte, ihre Objektivität und ihre handwerkliche Meisterschaft, die es zuwege bringt, daß der Augenblick transzendiert und aus räumlicher Impression eine Zeitfolge entwickelt werden kann, die Vergangenheit und Gegenwart in eins umfaßt: Welche Schatten aufs Heute wirft das Gestern, und mit welcher Verweisungskraft zielt das Präsens auf Imperfekt, die noch andauernde Vergangenheit, und das nicht etwa dank angestrebter Bemühung und einer akademischen Didaktik, die Beispiele gefällig zur Schau stellt, sondern beiläufig und gelassen.

Kurz entschlossen beraumten wir schon für 1985 die nächste Rolf-Escher-Schau an, damit unsere Kunstfreunde die Möglichkeit hatten, diese vielen neuen Zeichnungen betrachten zu können, zumal seine Arbeiten beim ersten Mal einen so großen Anklang gefunden hatten. Escher ging auf unsere Bitte ein und fertigte nach der Blei- und Farbstiftzeichnung „Eingang zu einem Palazzo" eine Radierung als Jahresgabe an.

Der im III Programm Nord gezeigte Fernsehfilm „Gezeichnet: Rolf Escher" erregte hier ziemliches Aufsehen. Für mich war es ein Hochgenuß, mit ihm in Gedanken die vertrauten Gassen und Plätze in Venedig zu durchwandern, über Kanalbrückchen zu eilen, am Café Florian anzuhalten, einzutreten und ein kleines Frühstück einzunehmen; und wenn er seinen Feldstuhl entfaltete, stehen zu bleiben und über seine Schultern auf seine zeichnende Hand oder auf das mit schnellen Blicken anvisierte Kirchenportal zu schauen, bevor er sich zur Piazetta wandte und einen Karren voller Krebse anpeilte. Solch ein Film ist eine verzaubernde Illusion, der Eintritt in verschlossene Paläste und Museen ermöglicht und als des Scenariums 2. Teil den Künstler in sein Essener Atelier begleitet. Dort verweilt die Kamera geduldig bei der Arbeit an einer venezianischen Radierung bis hin zu dem aufregenden Moment, wenn der erste Zustandsdruck aus der Druckpresse kommt.

Der Escher quasi an die Hand gewachsene Zeichenstift produziert fort und fort: Frankfurter Fundstücke, Wiener, Pariser, Dresdener Eindrücke, Illustrationen zu Gedichten von Hans Georg Bulla und zitiert den verfallenen Zustand des historischen Stadtgottesackers in Halle an der Saale. Und endlich findet man in einem Katalog „Hinterlassene Räume" von 1992 ein Selbstbildnis! „Blick in den Rasierspiegel", seine Hand hält zwischen Zeige- und Mittelfinger einen gespitzten Bleistift!

NEUER WEIN IN ALTEN SCHLÄUCHEN

Ende 1979 hatte Rolf zwei jungen Persönlichkeiten angeboten, im Vorstand mitzuarbeiten, da zwei Plätze vakant geworden waren: der Juristin Helga Pflugmacher und dem Kunsthistoriker Dr. Norbert Humburg.

Helga Pflugmacher, eine bildschöne Rheinländerin aus Bonn, war durch die Heirat mit dem Rechtsanwalt und Notar Dr. Jürgen Pflugmacher nach Hameln gekommen. Und Dr. Humburg hatte 1977 die Leitung des Hamelner Stadtmuseums übernommen; er war mit seiner Frau Ortrud – Apothekerin ihres Zeichens – aus Münster gekommen. In beiden Fällen also wehte ein „frischer Wind" aus anderen Städten, und zwar aus Universitätsstädten!

Helga übernahm, außer der Publicity-Pflege, zunächst die Seminare, die zusammen mit der Volkshochschule durchgeführt werden. Diese „Führungen durch die Ausstellungen des Kunstkreises" waren viele Jahre lang von dem Kunsterzieher Horst Magel betreut worden, der sich aus Altersgründen nun zurückgezogen hatte. Sorgfältig und einschlägig vorbereitet zog sie mit den Teilnehmern eine ganz andere Art des Mitmachens auf. Sodann schlug Helga vor, wieder Vortragsreihen im Kunstkreis durchzuführen, die wir bewußt hatten einschlafen lassen, da die Bücherstube Seifert außer Dichterlesungen auch kunsthistorische und philosophische Vorträge in hervorragender Qualität arrangierte. Nach dem Tod von Fritz Seifert wurden zunächst nur noch wenige und dann gar keine Vorträge von der Bücherstube mehr angeboten. Sie kam Helgas Vorschlag gerade zur rechten Zeit.

Sie hatte sich um gute Kontakte zu gleichaltrigen Kunsthistorikern aus Göttingen und Hannover bemüht, die sie privat so gastfreundlich pflegte, daß alle – die Damen und auch die Herren – sehr gern wieder nach Hameln kamen. Und zwar verfolgte Helga außerdem einen ganz vortrefflichen, didaktischen Plan; zur Vor- und Nachbereitung für die ausgeschriebenen Fahrten zu besonderen Ausstellungen in Berlin, Essen, Hamburg, Düsseldorf und Hannover verpflichtete sie diese Kunsthistoriker, über El Lissitzky, Modigliani, Van Gogh, Picasso, Dix u. a. einführende Lichtbildervorträge zu halten. Ebenfalls sorgte sie dafür, daß Fachleute vor und nach den großen Studienreisen nach Amerika über „New York; Museen und Kunst im Straßenbild", „Amerikanische Malerei des 20. Jahrhunderts" referierten. Zur Reise nach Moskau und Leningrad ließ sie 1990 fünf Vorträge halten, in denen die Geschichte dieser Städte und die ihrer berühmten Kunstsammlungen ausführlich behandelt wurde.

Ganz von der seltenen Eigenschaft abgesehen, die eigene Begeisterung auf andere übertragen zu können, entwickelte sie dynamisch, ideenreich und zuverlässig ein vielseitiges Programm, das mit ihrem uneigennützigen Einsatz für den allgemeinen Ausstellungsbetrieb Hand in Hand ging. So fragte man sich immer mehr, wie man ohne Helga Pflugmacher so lange hatte auskommen können.

Mit Norbert Humburg verhielt es sich folgendermaßen: In einem Jahresendbrief an die Mitglieder hieß es 1982 unter anderem: „Wer hätte gedacht, daß die Wiederaufnahme der ‚Burgenfahrten' so lebhaftes Interesse finden würde. (In den fünfziger Jahren wurden sonntägliche Busfahrten zu Kirchen, Schlössern, Wasserburgen durchgeführt, daher der Name ‚Burgenfahrt'.) Wie damals wurde mit einem westfälischen Programm begonnen. Auf kurzweiligen Stadtwanderungen durch Münster und Paderborn, zu Schlössern, Domen, Kirchen, Klöstern, Rathäusern wurde unter Dr. Humburgs Führung ein großes historisches Programm abgewickelt, das jeweils mit einem deftigen westfälischen Vesper endete." Soweit die Mitteilung.

Dr. Humburg hatte mich eines Abends angerufen und erzählt, daß er über Bänden der heimischen Deister- und Weserzeitung sitze, um als Neubürger zu erfahren, was sich nach dem Kriege in Hameln so abgespielt habe. Dabei sei er immer wieder auf bebilderte Artikel gestoßen, in denen Burgenfahrten des Kunstkreises ausführlich gepriesen wurden. Warum wir das eigentlich hätten eingehen lassen? Ich erklärte ihm, daß sich immer mehr Mitglieder damals ein eigenes Auto angeschafft hätten, um so auf eigene Faust ihre Sonntage zu gestalten. Und daß wir obendrein damit angefangen hätten, über unseren Kirchturm hinaus mehrtägige Fahrten auszuschreiben, die sich sofort großer Beliebtheit erfreut hätten, wie z. B. Amsterdam, Flandern, Paris, Provence. Durch den Erfolg und den „run" auf die auf 25 Personen begrenzten Plätze seien wir mutig geworden und hätten dann zwei- bis dreiwöchige Studienfahrten unter Führung kundiger Wissenschaftler vorbereitet, die dann Jahr für Jahr durchgeführt worden seien. Das sei der Grund gewesen, die Burgenfahrten ganz vom Programm zu streichen.

„Du weißt doch selber Bescheid", erinnerte ich ihn, „nachdem du die unvergeßliche Fahrt ‚Schwäbischer Barock' 1979 geführt hast. Aber, mein Lieber, wie wäre es, wenn du mal wieder eine solche Reise führen würdest?"

„Ja, liebend gern! Und da hätte ich auch gleich einen Vorschlag zu machen. Seid ihr schon in Dänemark gewesen?"

„Nein, das hatten wir noch nie auf dem Programm, da es uns – offen gestanden – immer mehr in die südlichen Regionen Europas gezogen hat."

„Na gut! Aber diese Studienreisen müssen ja kein Hindernis sein, die Burgenfahrten wieder fröhliche Urständ feiern zu lassen."

„Gute Idee! Wir können es ja probieren. Aber unter einer Bedingung: du selbst mußt diese Fahrten ausarbeiten und auch führen."

Humburg lachte und meinte, daß er dieses natürlich beabsichtige. Er denke da an zwei Fahrten im Jahr, eine im Frühjahr und eine im Herbst. Er möchte als erstes „Münster" vorschlagen, das sowieso seine Domäne sei.

Nun hat nicht jeder Gelehrte die Gabe, sein Wissen an die Mitfahrenden so lebendig weitergeben zu können. Humburg verstand es so vortrefflich, sein Publikum in seine Ausführungen einzubeziehen, daß sich vor den Objekten immer ein lebhaftes Gespräch entwickelte, durch das sich das Wesentliche anders festigte als durch das bloße Zuhören.

Von Mal zu Mal freuten sich die Teilnehmer darauf, daß Humburg zu Beginn der Fahrt ein Gedicht zitierte, das er – der Hochgebildete und Belesene – passend zum Tage ausgewählt hatte, wie beispielsweise Gottfried Kellers „Wegelied":

234

Drei Ellen gute Bannerseide,
Ein Häuflein Volkes, ehrenwert,
Mit klarem Aug, im Sonntagskleide,
Ist alles, was mein Herz begehrt!
So end ich mit der Morgenhelle
Der Sommernacht beschränkte Ruh
Und wandre rasch dem frischen Quelle
Der vaterländschen Freuden zu.

In der Folge ging Humburg ganz gezielt pädagogisch vor; er setzte ganze Stil-Zyklen aufs Programm. Dabei machte er sich die Sehenswürdigkeiten vor unserer Haustür zunutze: „Romanische Baukunst an der Weser" in vier Teilen, die er mit Lichtbildervorträgen im Studio vorbereitete. Das Weserbergland ist ja so reich an einzigartigen Stätten wie Corvey, Bursfelde, Lippoldsberg, Fischbeck, Minden usw.! Durch Fahrten in die Seitentäler der Weser ergänzte er das Programm durch Fahrten nach Wunstorf, Loccum, Amelungsborn, Stadthagen.

Folgerichtig nahm er sich danach der „Schloßbauten der Weserrenaissance" an und führte wieder vier Partien durch.

Humburg hatte ganz schnell sein Publikum und wußte es zu halten mit Stadterkundungen in Hildesheim, Osnabrück, Braunschweig, Paderborn, Soest. Als er diese denkwürdigen Orte „abgegrast" hatte, kam es 1988 zur neuntägigen Exkursion, auf der er „Städte, Dome an Rhein, Mosel, Main" – also Aachen, Trier, Worms, Mainz, Speyer, Würzburg – vorstellte.

Die Wende, die Wiedervereinigung beider Teile Deutschlands, machte es ihm möglich, sich nun verstärkt den östlich gelegenen Orten wie Magdeburg, Gernrode, Quedlinburg, Halberstadt, Memleben, Merseburg, Naumburg zuzuwenden.

Um Einfälle ist er nicht verlegen! So ist mir nicht bange, daß er uns in Zukunft noch viele historische Orte erschließen wird.

Aber nicht die Ziele allein sind die großen Anziehungspunkte: es ist außer Humburgs eigenem Enthusiasmus, seinem charmanten und hilfsbereiten Wesen, seiner fachlichen Kompetenz auch sein bedeutendes pädagogisches Talent, das die Menschen in den Bann ziehen kann.

Deshalb muß es mal wieder bedauert werden, daß Hameln keine Hochschule besitzt, in der eine solche Qualität sich zu Nutz und Frommen der Jugend einsetzen könnte.

Helga Pflugmacher und Norbert Humburg – die idealen Neubesetzungen!

EULEN NACH HAMELN GETRAGEN

Der Kontakt mit Piatti begann damit, daß wir ihm zu seinem 60. Geburtstag eine Ausstellung vorschlugen. „Gern, sehr gern!" schrieb er zurück. „Nur bitte ich Sie um Geduld, nur etwas Geduld. Mein Metier ist ja das Zeichnen und Malen, und das unaufhörlich. Das Zusammenstellen und Heraussuchen von Arbeiten für eine Ausstellung raubt viel Zeit – wann werde ich sie haben? Vielleicht 1983?"

Geduld wollten wir natürlich aufbringen, dennoch mußten wir den ungefähren Bescheid haben, wann Piatti sich in der Lage sehen würde, unseren Wunsch zu erfüllen. Daher verlegten wir uns in der Folge auf das Telefonieren. Diese Kommunikation gelang besser als durch Briefe, die ja für Piatti durch die Beantwortung auch zeitraubend geworden wären. So einigten wir uns schließlich auf den März 1984.

Um einen besonders geeigneten Redner für die Eröffnung zu finden, der über profunde Kenntnisse des Schaffens von Celestino Piatti verfügte, mußten wir uns den Kopf zerbrechen. Piatti hatte für den dtv von der Nr. 1 – dem Irischen Tagebuch von Heinrich Böll – bis zu Tausenden von Titeln die Cover gestaltet. Was lag näher, als den Chef des Deutschen Taschenbuch Verlages, Heinz Friedrich, zu bitten, nach Hameln zu kommen. Ob er dies als Zumutung empfand, weiß ich nicht genau. Wie auch immer, er antwortete, daß er verhindert sei, da er am Vorabend unserer Eröffnung in der Akademie der Künste in München einen Vortrag zu halten habe und daher unabkömmlich sei. Im übrigen sei er kein Bäckerjunge, den man einfach um die Ecke zum Brötchenaustragen schicken könne!

Der Vortrag und die Akademie wären plausible Gründe zur Absage gewesen. Aber Bäckerjunge? Ich legte den Brief fürs erste zur Seite, dachte aber sehr oft an seinen seltsamen Inhalt. Nach einiger Zeit hatte ich ausgedacht und mich entschlossen zu antworten. Eine Verhinderung durch einen Vortrag am Vorabend unserer Veranstaltung sei wirklich ein verständlicher Grund, nicht zu uns kommen zu können. Ansonsten hätten wir allerdings im Traum nicht daran gedacht, ihn mit einem Bäckerjungen zu verwechseln. Es sei lediglich um das Beste vom Besten gegangen. Piatti sei schließlich doch wohl das beste Pferd im Stalle des dtv und habe erheblich zum Ruhm desselben beigetragen. So hätte ich unsere Bitte nicht als unmögliches Ansinnen betrachtet, ausgerechnet den Verlagschef für unsere Sache zu gewinnen. Ich bäte meinerseits den hochgeschätzten Herrn Heinz Friedrich zu bedenken, daß die gesamte Arbeit für diesen Hamelner Kunstverein von einem Vorstand, der anderweitig seine Berufe ausübe, ehrenamtlich geleistet werde – und das seit 1948 –, wenn er vom notwendigen technischen Personal absehen wolle. Ich selber sei in Personalunion die 1. Vorsitzende, Schriftführerin und „Bäckerjunge" in einem. Und das mache mir noch Freude, zumal man damit unter Beweis stellen könne, daß es außer in Süddeutschland auch im „hohen Norden" der Bundesrepublik beachtliche Kunstbestrebungen gebe. Halten zu Gnaden, Herr Friedrich!

Liebenswürdig und amüsiert antwortete er, daß er am 17. März gern den Einführungsvortrag für Piatti halten würde. Ich möchte dafür sorgen, daß er am Flughafen Hannover abgeholt werde. Natürlich ließ es sich der Schatzmeister Dr. Golze nicht nehmen, den Verleger abzuholen.

Ich gab meiner Freude über seine Zusage in einem weiteren Brief Ausdruck und sprach darin die Einladung aus, nach der Eröffnung zusammen mit Piatti mein Gast in unserem Hause zu sein.

Nun wünschte der dtv, für diese Kunstkreis-Ausstellung ein Taschenbuch als Sonderausgabe herauszugeben. Hatte man dafür Worte? Ein Taschenbuch mit dem Titel „Celestino Piatti: Plakate, Buch- und Druckgraphik – Arbeiten für den Deutschen Taschenbuch Verlag – Der Kunstkreis Hameln. Rolf Flemes Haus."

Dafür mußte ich ein Vorwort schreiben:

Um seinen Mitgliedern einen Eindruck über Kostbarkeiten der Buchkunst zu vermitteln, führt der Kunstkreis Hameln seit 1967 in unregelmäßigen Abständen Ausstellungen zu dem Thema „Buchkunst und Dichtung" durch.

Angefangen bei der „Geschichte der Bremer Presse und Corona"
über die „Otto Rohse Presse Hamburg" und „Sigill, eine bibliophile
Zeitschrift und ihr Kreis" zu „Roswitha Quadfliegs Raamin
Presse".
Bei diesen vier Ausstellungen handelte es sich ausschließlich um
bibliophile Kunst, die sowohl die Dichtung, die Illustration in Origi-
nalgraphiken, den Satz in bemerkenswerten Schrifttypen als auch
den kostbaren Einband zu einer Einheit verbindet. Als Gesamt-
kunstwerke erschienen diese Bücher in kleinen, limitierten Auflagen.
Jetzt wird im Gegensatz dazu und zugleich als Ergänzung unter
„Buchkunst und Dichtung V" dem Maler und Graphiker Celestino
Piatti eine Ausstellung gewidmet, die das ganz ungewöhnlich große
graphische Werk eines Künstlers zum Thema hat, dessen publizisti-
sche Wirkung, dessen Vielseitigkeit von hoher Bedeutung ist.
Was selten einem Künstler beschert ist, widerfuhr Piatti 1961.
Damals erschien das erste Taschenbuch des neugegründeten Deut-
schen Taschenbuch Verlages. Inzwischen hat dieser Verlag fast fünf-
tausend Titel verlegt, deren Umschläge in Piattis unverwechselbarer
Handschrift gestaltet wurden und deren Verbreitung bis 1984 etwa
140 Millionen Exemplare beträgt.
Wo sonst sind kleine Kunstwerke – und seien es nur ihre Repro-
duktionen – wohl so in jedermanns Hand? Diese zumindest jedem
Leser bekannten Gestaltungen erheben sich weit über den Rang not-
wendiger Gebrauchs- und Werbegraphik und zeigen Piattis unnach-
ahmliches Talent, mit Witz und Prägnanz und Einfühlungsvermö-
gen (meistens wirkt alles zusammen) eine wesentliche Aussage über
ein inhaltsreiches Buch in eine lesbare Hieroglyphe zu kleiden.
Diese Treffsicherheit zeichnet aber nicht nur die Bücher aus!
Piatti ist ebenso als freier Maler, als Graphiker von Plakaten und
Briefmarken, als Buchillustrator zu bewundern.
Die Hamelner Ausstellung mit Werken aus den verschiedensten
Bereichen, frei oder zweckgebunden, dient somit nicht der exclusiven
Liebhaberei bibliophiler Kunst, sondern als Zeugnis dafür, wie
Kunst im Alltag wirksam wird.

Rechtzeitig trafen die großen, vom Schweizer Zoll plombierten
Kisten hier ein. Für die vielen Plakate waren sogar zwei Kisten
vonnöten. Es galt nun, die notwendige Sorgfalt walten zu lassen, zumal Piatti gewünscht hatte, die Plakate weder anzukle-

ben, anzunageln und auch nicht mit Reißbrettstiften zu befestigen.

Alle Plakate hatten das Weltformat A 0, da war guter Rat teuer. Rahmen hatten wir in fast jeder Größe genug, aber nicht in dieser enormen Übergröße. Wie befestigen wir also 100 Plakate?

Mit meiner besten Mitarbeiterin Helga Eisenberg, die Innenarchitektin von Beruf ist, lassen sich alle anstehenden Probleme jederzeit lösen. Und als Sekretärin ist sie die ideale Gesprächspartnerin, was die Vorbereitung und Nachbereitung aller Unternehmungen betrifft, vor allem und in jedem Falle ist sie absolut zuverlässig. Mit dieser idealen Partnerin knobelte ich ein ganz simples System aus, wie man die Plakate unbeschadet hängen kann. Man mußte nur erst mal darauf kommen! Für die beiden hohen Stirnwände im großen Ausstellungssaal ließen wir acht 3 cm dicke Vierkantlatten schneiden, die mit Drähten an den Hängeleisten so befestigt wurden, daß jeweils vier Latten untereinander im Plakathochformat hingen. In dieses Gerüst klebten wir mit Hafties die Plakate an die Latten – denn Hafties kann man leicht entfernen. Zwei fabelhaft interessante, bunte Wände mit den nahtlos aneinander und übereinander gesetzten Plakaten! Obwohl alle Plakate als Werbung für Theateraufführungen, für den Baseler Zoo, für die Deutsche Caritas, für Gartenbaubetriebe, für El Salvador, für Kasseler Musiktage, für den Europarat in Straßburg samt und sonders von einer solchen künstlerischen Qualität waren, hätten sie – anders präsentiert – als hochwertige Ausstellung schon genügt.

Das Foyer diente der Repräsentation der gesamten Entwürfe für den dtv, in Form von gezeichneten und gemalten Originalentwürfen, als Cover und als Bücherexemplare.

Daß Piatti trotz des riesigen Umfanges seiner Aufträge sich in seinen Einfällen nicht erschöpft, niemals monoton, niemals routiniert wird, verdankt er seiner geistigen Haltung und Selbstdisziplin. Unter diesem Gesichtspunkt waren auch seine freien Arbeiten zu betrachten, die zarte Landschaftszeichnungen ebenso einschließen wie Farblithographien auf der Grenze zwischen Wirklichkeit und Traum, gemalte und gezeichnete

Portraits, Tierdarstellungen, wobei die Eule eindeutig sein Favorit war.

Zu einer Reihe liebenswerter Bilderbücher, die ihn als exzellenten Illustrator auszeichneten, beflügelte ihn auch die außerordentliche Einfühlung in die Texte.

Kaum vorzustellen, daß der Künstler, der das Fell eines Mäuschens zum Anfassen weich auf das Papier tuscht, es auch verstand, in der satirischen Zeitschrift „Nebelspalter" in aufschreckenden Bildzeichen Kritik an politischen und sozialen Mißständen zu üben. Trotzdem: mit all den Plakaten, Bildern und Büchern war das Haus in einen Ort verwandelt, an dem man fröhlich gestimmt wurde.

Es ist anzunehmen, daß Heinz Friedrich neugierig auf diesen Ort der Kunst geworden war. Das Kennenlernen und das Zusammensein mit ihm entwickelte sich zu schönstem Einvernehmen. Ich stellte ihm meine Tochter Corinna vor, die aus Hildesheim gekommen war, um Piatti und Friedrich zu erleben. Sie überreichte ihm einen Brief, den er – Friedrich – ihr 1961 geschrieben hatte. Und zwar als Antwort auf ein Schreiben von ihr, in dem sie ihm ihre Bewunderung über diese neue Taschenbuchreihe ausgesprochen hatte, sie als preiswert, ästhetisch und spannend mit den Covern von Piatti gepriesen hatte und daß er sich nicht durch Kritiken, die man jetzt in etlichen Zeitungen lesen könnte, entmutigen lassen solle. Sie sei nicht der Meinung, daß es schon genug Taschenbuchverlage gebe, der dtv jedenfalls hebe sich allein schon durch die Cover von Piatti als höchst kunstreich ab.

Friedrich war ganz gerührt, daß man ein Schreiben von ihm über zwanzig Jahre aufbewahrt hatte.

In aufgeräumter Stimmung verbrachten wir den Abend mit Piatti, seiner Frau Ursula und den Töchtern Barbara und Celestina in unserem Haus, das Friedrich speziell wegen der großen Bibliothek sehr gefiel.

Vorher aber hatte Piatti nach der Eröffnung den Wunsch vieler Besucher erfüllt, die geduldig mit den Taschenbüchern Schlange standen. In das Frontispiz schrieb er den Namen des Autogrammwünschers und signierte unverdrossen und zeichnete sogar für jeden in Windeseile eine Eule dazu. Es hat uns alle sehr belustigt, daß am nächsten Sonntagmorgen ein Besucher mit seiner Frau und zwei halbwüchsigen Söhnen erschien und sie einlud, daß jeder sich ein Bild auswählen könne. Das war mal eine lobenswerte Einladung für Kinder, die geduldig oder ungeduldig mit den Eltern zu einer Matinee gehen müssen.

SAGENHAFTE 700 JAHRE

Die Stadt Hameln schickte sich 1984 an, die 700-Jahr-Feier der Rattenfängersage vorzubereiten. Natürlich wurde erwartet, daß wir mit einer interessanten Ausstellung ebenfalls unseren Beitrag leisten würden. Nur was? Was sollte man zeigen? Auf die berühmte Sage wurde schon im Stadtmuseum Bezug genommen. Alte Stiche und Städtekupfer zu zeigen, schien uns zu simpel, die konnte man schließlich überall sehen. Aber es galt, im Verbund mit all den geplanten Theater- und Opernaufführungen, Prunkumzügen, Festvorträgen, die sich alle auf den alten Sagenstoff bezogen, etwas Sehenswertes zusammenzustellen.

Durch Gespräche und Grübeleien erhellt, war plötzlich die Idee da!

Uns fiel ein, daß es hervorragende graphische Zyklen zum Thema „Hameln" gibt. Dann wollten wir dem Einfall nachgehen, durch Zeitungsaufrufe die Bevölkerung Hamelns zu bitten, Leihgaben zu Verfügung zu stellen. Die Stadt war im Zweiten Weltkrieg im wesentlichen von Zerstörungen verschont geblieben, darum hatten wir die Vorstellung, daß sich in den Bürgerhäusern ein Schatz von Bildern befinden müsse.

Wir dachten uns, die vergangenen hundert Jahre als überschaubaren Zeitraum im Spiegel der Stadt- und Landschaftsmalerei heraufzubeschwören.

Alle Leihgeber, die sich gemeldet hatten, wurden zu einem bestimmten Tag gebeten, mit den Bildern ins Studio zu kommen. Mit vorbereiteten Formularen nahmen wir für jedes Kunstwerk alle notwendigen Angaben wie Titel, Technik, Maße, Versicherungspreise auf. Ein Fotograf stand im Gartenhof bereit, jedes Bild dreimal zu knipsen, damit wir auf diese Weise die notwendigen Abbildungsunterlagen für den Katalog verfügbar hatten. Zugleich jurierten wir – Gisela Chelius, Helga Pflugmacher, Helga Eisenberg und ich – die Bilder an Ort und Stelle und konnten überschauen, was sich für die Ausstellung eignete. Um spätere Peinlichkeiten zu vermeiden, baten wir die freundlichen Leihgeber darum, die aussortierten

Bilder gleich wieder mitzunehmen und die gewählten Bilder ins Depot stellen zu dürfen.

Mit einem Schlage konnten wir übersehen, daß wir eine hervorragende und ungewöhnlich interessante Ausstellung auf die Beine stellen könnten.

Mit Feuereifer machten wir uns an die Arbeit. Zunächst galt es, den Katalog mit dem Ausstellungstitel „Künstler sehen Hameln und Umgebung" vorzubereiten, der dann als Buch im Verlag CW Niemeyer erscheinen sollte.

Dem einführenden Textteil stellten wir die uralte Inschrift, sie sich am Rattenfängerhaus befindet, voran:

ANNO 1284 . AM DAGE . IOHANNIS ET PAVLI . WAR DER 26. IUNI . DORCH . EINEN PIPER . MIT . ALLERLEI . FARVE . BEKLEDET . GEWESEN . CXXX KINDER . VERLE-DET . BINNEN . HAMELN . GEBON . TO CALVARIE . BI DEN KOPPEN . VERLOREN .

Wir rechneten damit, daß die Ausstellung großen Zulauf von Einheimischen und Fremden haben würde, darum wollten wir die architektonischen und landschaftlichen Besonderheiten in den Mittelpunkt stellen, gewissermaßen „Kunst als Werbemittel".

Zwei großformatige Graphiken bildeten die Ouvertüre; sie umfaßten am sinnfälligsten den Zeitraum von 100 Jahren. 1875 hatte ein C. M. Mann eine Lithographie als Tableau geschaffen: um das mittlere Rechteck, das eine Darstellung des Blikkes vom nahen Ohrberg auf die Stadt zeigt, gruppieren sich fünfzehn, damals wichtig gewesene Punkte wie Kirchen, Brücken, Plätze und Fabriken. Als Vergleich dazu bot sich der 1975 von Otto Rohse geschaffene Kupferstich an. Der berühmte Hamburger Kupferstecher Rohse hatte angefangen, einen Zyklus mit „Deutschen Stadtlandschaften" zu schaffen. Nach Münster, Würzburg, Freiburg nahm Hameln schon die vierte Stelle ein. Topographische Genauigkeit war nicht Rohses Absicht, obwohl er die Stadt und ihre Umgebung tagelang sorgfältig erkundet hatte. Ihm lag mehr an der freien künstlerischen Umsetzung. Die Reihung der berühmten Bauwerke: die obere Begrenzung. Der Strom mit Schiff, Werder, Münster, Mühle und Brücke: der Mittelpunkt, flankiert vom Stift Fischbeck und vom Schloß Hämelschenburg. Als untere Vedute:

ein Blick vom Norden auf die Stadt. Auf diese Weise bildeten die Motive dieser Künstler vorab den gesamten Inhalt der Ausstellung, die in verschiedenen Abteilungen gezeigt wurden.

Jede alte, an einem Strom gelegene Stadt genießt den Ruf des Besonderen, des Malerischen, und Hameln macht da keine Ausnahme. Es liegt inmitten der lieblichen Landschaft der Flußauen, der bewaldeten Hügel und langgestreckten Bergzüge. Von welchem Blickwinkel der verschiedenen Höhen auch immer: hingebreitet bieten sich Hameln und die in Schleifen sich windende Weser dem Betrachter dar. So nimmt es nicht wunder, daß diese Ausblicke wieder und wieder gemalt worden sind.

An zweiter Stelle wurden die Mühlen favorisiert. Denn Hameln ist seit altersher eine Mühlenstadt und trägt auch einen Mühlstein im Stadtwappen. Jahrhundertelang wurden die Mühlen durch die gestaute, enorme Wasserkraft der Weserwehre betrieben, dadurch ist das Bild vom Strom ein wesentlicher Zug im Gesicht der Stadt. Und auf die Rattenfängersage bezogen, waren es die Mühlen mit ihrem Getreide, die eine Ratten- und Mäuseplage verursacht haben müssen, so daß die verzweifelten Bürger und ihr Bürgermeister für einen erfolgreichen Rattenfänger einen hohen Lohn ausgesetzt hatten.

In der weiteren Folge nahmen die Bilder all der Straßen und Gassen, der Kirchen und Häuser, der Mühlen, Brücken und Wehre einen breiten Raum ein. Der Wiederholung dieser Motive lag die Absicht zugrunde, daß man die unterschiedlichen Auffassungen der Künstler durch ein Jahrhundert verfolgen konnte.

In ein System von vier graphischen Zyklen wurden die Gemälde, Aquarelle und Zeichnungen eingebunden. Der 1867 geborene Maler Otto Ubbelohde (berühmt als Illustrator der Grimmschen Märchen) schuf 1921 im Auftrag des Magistrates eine Folge von 20 Federzeichnungen, in denen er Hameln überzeugend darzustellen wußte. Der 1877 geborene Architekt und Maler Wilhelm Hauschteck lithographierte 1926 ein Mappenwerk „Stift Fischbeck", dem sich die architektonischen Besonderheiten Hamelns in loser Folge anschlossen. Für den 1892 geborenen Maler und Meister der Holzschnittkunst Rudolf Riege hatte die Stadt Hameln ein Mappenwerk „Landschaften des Weserberglandes", die zwischen 1929 und 1959 entstanden waren, herausgegeben.

Einzelne Radierungen und Zeichnungen, unter denen jene von Wilhelm Busch hervorzuheben sind, erhöhten den Reiz des Potpourris.

Zur Einstimmung in den zweiten Teil des Titels „Künstler sehen Hameln und Umgebung" sollten drei Themen bedeutender Malkunst dienen: das Stift Fischbeck, die Schlösser und die alles umfassende Weserberglandschaft. Kostbare Landschaftsgemälde von Gerhard Ausborn, Hans Düne, Ernst Duttmann, Josef Hatzl, Wilhelm Hauschteck, Oswald Pohl und anderen wurden die Kernpunkte.

Stromabwärts, vor den Toren der Stadt, liegt ein romanisches Kleinod, das Stift Fischbeck. Um die kreuzförmige Basilika gruppieren sich ein frühgotischer Kreuzgang, die Abtei, Gärten und Gutsgebäude. Dieses ehemalige Kanonissinnenkloster, das schon 1528 in ein evangelisches adliges Damenstift umgewandelt wurde, war ein bevorzugtes Motiv der Maler. Zum anderen die berühmten Renaissance-Schlösser, die das Wort „Weser-Renaissance" geprägt haben.

Nun weiß man ja, daß es zur Entstehung großer Baudenkmäler immer einer Menge materieller Dinge bedarf, die vor allem mit dem gesunden Organismus einer Stadt zusammenhängen. Stets haben die Zeiten wirtschaftlicher Blüte ihre Spuren im Bilde von Stadt und Land hinterlassen. Die berühmten Gebäude wären nicht geschaffen worden, wenn nicht der durch die Stromverhältnisse in Hameln bedingte Warenumschlag seit dem 14. Jahrhundert einen Reichtum gezeitigt hätte, der durch Handel und Gewerbefleiß noch gesteigert wurde.

Als die Renaissance sich im Norden von Europa durchzusetzen begann, übernahm auch das Wesergebiet die neuen Formen. Diese durch Giebel und Schmuckornamente reichen Steinbauten, durch die Hameln mit Rattenkrug, Museum, Hochzeitshaus und Rattenfängerhaus eine so hervorragende Rolle spielt, weiteten sich natürlich auch auf die Umgebung aus. Durch die Baufreudigkeit der ländlichen Adelsherren und auch durch die ansässig gewordenen Baumeister entstanden im 16. und im 17. Jahrhundert einzigartige Prachtbauten. Das Hameln am nächsten gelegene Schloß Hämelschenburg gilt als das Hauptwerk unter diesen Schlössern. Zu dem sich über dem Emmerthal erhebenden noblen Dreiflügelbau mit polygonalen Treppentürmen gehören außer der Schloßkapelle die architektonischen Raritäten der gewaltigen stilechten Gutsgebäude. Das dreiflügelige Wasserschloß Schwöbber ist in seiner gesamten Anlage wohl das liebenswürdigste, vielleicht, weil es einen Schloßgarten besitzt, der – wohl als erster derartiger Park in Deutschland – im englischen Stil gestaltet worden ist. Das dicht an der Weser errichtete vierflügelige Schloß Hehlen stellt eine der frühen Schöpfungen der Weserrenaissance dar. Die Architektur, die vier Rundtürme mit welschen Hauben bevorzugte, weist noch die Herbheit auf, die diesem Stil im ersten Stadium seiner Entfaltung zu eigen war.

Vom Reichtum der am Strom und in den Seitentälern gelegenen Burgen und Schlösser, der Herrensitze in Bad Pyrmont, Ohr, Hastenbeck, Polle, Ohsen, Grohnde und Coppenbrügge zeugten derartig viele Bilder, die in ihrer Vielfaltigkeit den Rahmen unserer vorhandenen Räume zu sprengen drohten. Ein Wald von Stellwänden und die neben- und übereinandergehängten Bilder gaben uns eine Menge von Problemen auf, wie man sie am wirkungsvollsten hängt. So wurde es, wie zu erwarten, eine gedrängte Fülle.

Wie es sich gehört, war die gesamte Prominenz aus Stadt und Land zur Eröffnung der Ausstellung anwesend. Zum Glück herrschte schönstes Hochsommerwetter, so daß sich die vielen Besucher im Gartenhof ergehen konnten.

Angesichts der Überfülle der Arbeiten fragte der Oberbürgermeister Dr. Kock: „Wollen Sie nicht mal an einen Anbau denken?"

Die dabeistehenden Herren, Ministerialrat Grabenhorst und Kulturdezernent Slawski, bekräftigten diesen Vorschlag.

„Meine Herren, ich nehme Sie beim Wort! Denn ohne Ihre Hilfe könnten wir an so etwas doch überhaupt nicht denken!" erwiderte ich.

Ein schicksalsschweres Wort hatte der Oberbürgermeister gelassen ausgesprochen, wie sich noch zeigen wird.

„Projektionen der Zeit" nannte die Presse diese Ausstellung, apostrophierte sie sogar als wohl einmalige „Jahrhundertschau". Das beste Kompliment kam von zwei Touristen, die einen Hinweis auf die Ausstellung im Verkehrsverein vermißt hatten. Sie boten eine Werbung mit folgendem Wortlaut an: „Kennen Sie Hameln noch nicht? Dann sollten Sie sich zunächst die Ausstellung ‚Künstler sehen Hameln und Umgebung' ansehen!"

ROTE GRÜTZE FÜR OLDA KOKOSCHKA

„Was haben Sie im nächsten Jahr vor?" fragte Heinz Spielmann nach einem Vortrag, den er über die Gobelins von Gabriele Grosse gehalten hatte. „Haben Sie Lust, Oskar Kokoschka auszustellen?"

„Klar doch", erwiderte ich belustigt, „aber erst mal haben ein Gewehr. Wie kommen Sie darauf? Und wo sollen wir denn Kokoschka hernehmen? Ist er nicht 1980 gestorben?"

Ich gestand Spielmann, daß wir in den sechziger Jahren einmal mit einer Kokoschka-Ausstellung jämmerlich Schiffbruch erlitten hatten. Damals hatten wir, zusammen mit vier anderen Kunstvereinen, eine Kokoschka-Gemälde-Ausstellung vorbereitet. Jeder Partner hatte den errechneten Anteil für Transporte, Versicherung, Anfertigung von Spezialkisten, Verpackung usw. zu entrichten, und das war ein ganz hübsches Sümmchen. Soviel wir auch rechneten, unser Budget sogar überziehen wollten, einige Spenden von privater Seite zugesagt bekommen hatten, es fehlten 3000 Mark. Was sind lumpige 3000 Mark? könnte man heutzutage denken. Damals war das aber eine enorme Summe. Wir haben es uns seinerzeit sehr zu Herzen genommen, daß wir auf diese fabelhafte Chance verzichten und aussteigen mußten.

Spielmann hörte sich alles interessiert an und meinte daraufhin: „Na, dann wird es ja höchste Zeit, daß Sie jetzt eine Kokoschka-Ausstellung bekommen! Zwar keine Gemälde, es wird sich ausschließlich um Aquarelle und Zeichnungen handeln. Vielleicht läßt sich was machen."

Für 1986, zum 100. Geburtstag von OK (Spielmann sprach immer nur von OK) habe er für Hamburg drei Kokoschka-Ausstellungen vorzubereiten und durchzuführen. In der Kunsthalle sollten außer den Triptychen noch frühe Zeichnungen gezeigt werden. Im Museum für Kunst und Gewerbe werde er einen Kosmos von Arbeiten für das Theater zusammenstellen. (Zu jener Zeit war Spielmann noch Oberkustos in diesem Museum, seit 1986 ist er Direktor des Schleswig-Holsteinischen Landesmuseums Schloß Gottorf.) Und als drittes solle die B.A.T. in ihren Ausstellungsräumen an der Esplanade eine Auswahl von Zeichnungen und Aquarellen aus der Zeit von 1930 bis 1976 bekommen.

Diese Auswahl könnten wir, falls wir wollten, höchstwahrscheinlich übernehmen. Da es sich um Leihgaben aus dem Besitz von Olda Kokoschka handele, sehe er keine nennenswerten Schwierigkeiten.

Spielmann war seit langer Zeit mit dem Ehepaar Kokoschka befreundet. Er hatte die Bände der Schriften mit politischen Äußerungen Kokoschkas herausgegeben und war deshalb häufig zu redaktionellen Besprechungen im Kokoschka-Haus in Villeneuve am Genfer See gewesen. Er hatte auch zu Portraits sitzen müssen, die der 90jährige OK an mehreren Vormittagen gezeichnet hatte. Nun, da diese Bände längst abgeschlossen waren, wollte er zusammen mit Olda K. das Konvolut der Briefwechsel herausgeben. Dazu erwartete er ihren Besuch in Hamburg. Deshalb schlug er vor, ich solle in der fraglichen Zeit auch nach Hamburg kommen, er wolle mich mit Frau Olda zusammenführen. Es hänge ein bißchen von mir ab, wie die Begegnung verlaufen und ob sie ihre Einwilligung zum Ausleihen der Werke für Hameln geben würde.

„Ich lasse rechtzeitig von mir hören", versprach Spielmann und fügte hinzu, daß er natürlich mit Olda K. im voraus schon über den Kunstkreis und sein gehaltvolles Programm sprechen wolle.

Im Februar 1986 wohnte ich wie immer bei Luise Seitz. Bevor ich zu ihr nach Blankenese fuhr, besuchte ich die Kokoschka-Ausstellungen in der Kunsthalle und in der B.A.T., damit ich auf jeden Fall im Bilde war, welche Arbeiten möglicherweise nach Hameln kommen sollten.

Zum Glück konnte ich Luise überreden, zu dem Treffen mit Olda K. mitzukommen, zumal sie mir von früheren Begegnungen mit dem Ehepaar Kokoschka erzählt hatte, als Gustav Seitz OK portraitiert hatte.

Wir brauchten viel Zeit, um die Theater-Arbeiten anzusehen. Eine kostbare Fülle von Bühnenbildern, Kostümentwürfen, den danach geschneiderten Kostümen, Bühnenvorhängen, unzähligen Fotos hatte Spielmann in den Sälen des Kunst- und Gewerbemuseums installiert.

Wir mußten einstweilen unseren Rundgang unterbrechen, um uns pünktlich um 11 Uhr „auf der Treppe" einzufinden. Dort im 1. Stock hat sich ein Selbstbedienungs-Bistro etabliert, das eine wahre Oase an Hamburger Schlemmereien ist.

Spielmann erschien mit der hochgewachsenen, weißhaarigen, sehr feschen Dame Olda K. Sie freute sich aufrichtig, daß Luise mitgekommen war. So konnten wir ohne tastendes Vorgeplänkel gleich ins Gespräch kommen. Luise und ich standen noch ganz unter dem Eindruck der eben gesehenen Arbeiten für die Bühne und mußten zunächst unserer Begeisterung für Spielmanns Inszenierungskunst Luft machen. Von Hameln und vom Leihen sprachen wir eigentlich kaum. Es wurde mehr eine behagliche Plauderei unter alten Freunden, die sich lange nicht gesehen hatten. Als Olda K. vernahm, daß die rote Grütze (bekanntlich eine Hamburger Spezialität) „aus" sei, war sie grenzenlos enttäuscht.

„Falls Sie nach Hameln kommen sollten, Frau Kokoschka, werde ich Ihnen eine viel bessere rote Grütze zubereiten", stellte ich ihr in Aussicht.

„Na gut! Aber das ist ein Versprechen! Dann muß ich ja unbedingt kommen."

Als ich später Luise fragte, ob sie eine Ahnung habe, wie alt Olda K. wohl sein möge, sagte sie prompt: „Jahrgang 1915 – also 70 Jahre alt." Kokoschka habe 1935 die damals 20jährige im Hause ihrer Eltern in Prag kennengelernt. Daher stammten auch die berühmten Olda-Zeichnungen, die wir bekommen würden. Olda mal verträumt, mal ernst geradeaus blickend, mal burschikos dasitzend, mal entspannt hockend – immer in einer ungezwungenen Haltung ohne Pose, so wie sie ja heute noch ist.

Wir setzten unseren Rundgang durch die Ausstellung fort; plötzlich stand Spielmann neben uns und fragte mich, ob uns der August/September passen würde, Olda sei einverstanden. Vage hatten wir diesen Termin bei unserer Planung für 1986 schon vorgesehen, zumal Spielmann davon ausgegangen war, daß alles „klappen" werde.

Frau Olda war also tatsächlich mit dem Ehepaar Spielmann gekommen! Sie zeigte sich durchaus zufrieden mit dem Studio und mit der Hängung ihrer Leihgaben. Das Plakat fand sie einfach großartig. Es sollte sogar zum Sammler-Objekt werden. Für die Einladung hatten wir außer einer Zeichnung „Olda 1935" ein Foto von OK gewählt, das ihn in Griechenland mit dem Zeichenblock auf den Knien, 7 Stifte in der linken, 2 Stifte in der rechten Hand darstellt.

Der Oberbürgermeister Dr. Walter-Dieter Kock rechnete es sich zur hohen Ehre an, diese für die Stadt Hameln so bedeutende Ausstellung und die Anwesenheit von Frau Olda Kokoschka mit einer Ansprache zu rühmen.

Spielmanns Vortrag über das Leben des Künstlers, über die ausgestellten Werke Griechenland, Nordafrika, Schottland und Villeneuve, Blumen–, Früchte- und Tieraquarelle, insonderheit über die 30 Portraitzeichnungen war ungemein fesselnd. Berühmtheiten wie Carl Zuckmayer, Teddy Kollek, Hans Wimmer, Konrad Adenauer, Swiatoslaw Richter, Helmut Schmidt und nicht zuletzt Heinz Spielmann waren darunter. In diesem Zusammenhang zitierte er OK: „Wenn ich zeichne oder male, sind Besucher nicht erwünscht; auch das Tier, das niederkommt, oder einer, der seine letzte Stunde erwartet, wird am besten alleingelassen."

Er habe in völliger Deutlichkeit erklärt, warum es von der Entstehung seiner Bilder so wenige Augenzeugen-Berichte gebe. Eigentlich seien immer nur die Portraitierten in der Lage gewesen, Kokoschka bei der Arbeit zu erleben. Als OK ihn im Juni 1976 zeichnete, habe er immer am gleichen Tage Notizen gemacht. Im Oktober desselben Jahres habe er Aufzeichnungen über die Portrait-Sitzungen mit Carl Zuckmayer gemacht, ohne zu ahnen, daß diese Zeichnungen, die er gerade habe entstehen sehen, die beiden letzten Portraits sein würden, die in Kokoschkas Augen als vollendet anzusehen gewesen waren. Sicher seien diese Sitzungen bei seinem Freund eine der letzten großen Freuden für Carl Zuckmayer gewesen, wenige Wochen später sei er gestorben.

Angeführt vom Oberbürgermeister warteten viele Besucher darauf, den Katalog von Frau Olda signiert zu bekommen. Mit Grandezza und Charme schrieb sie unermüdlich ihre Widmungen.

Dann wurde es Zeit, zum Essen zu fahren. Luise Seitz, die bei mir wohnte, Eva und Dieter Oesterlen hatte ich auch dazu eingeladen. Und als die große Schale mit der roten Grütze aus Himbeeren und der Vanillesoße (Stangenvanille, versteht sich) auf den Tisch kam, war Olda K. ganz überrascht und begeistert.

„Was? Sie haben das nicht vergessen? Das ist ja wirklich rührend! Da freue ich mich aber so sehr."

Mit Genuß betrachtete Olda K. nach dem Essen die vielen „Herumsteherles", die wir gesammelt oder von unseren Reisen mitgebracht hatten. Stück für Stück nahm sie die Kleinplastiken in die Hand, die Keramiken, Gläser, Steine und Versteinerungen und erzählte, daß O K dergleichen Dinge besonders geliebt habe, sie seien es, die vom wirklichen Leben Kunde geben könnten. Er habe wegen des bei ihnen entstandenen ähnlichen Sammelsuriums mal geäußert: „Wer selber Stil hat, kann jeden Stilbruch begehen."

Luise Seitz schrieb mir nach diesem Zusammensein: „Viel Glück mit Kokoschka! Als wir bei Ihnen mit Olda K. zusammensaßen und über die Briefe sprachen, war ich drauf und dran, von meiner Nichte, die 36 Briefe von ihm hat, zu erzählen. Nun habe ich sie animiert, an Olda zu schreiben. Das hat sie getan und hat einen sehr netten Brief von ihr wieder gekriegt. Wir nehmen an, daß Spielmann sie aufnimmt."

Spielmanns Epilog im Katalog ist so wichtig, daß er zitiert werden muß:

Die so überzeugend gelungenen Zuckmayer-Portraits erschienen als eine gute Voraussetzung für den Plan, nun auch die seit mehr als einem Jahr von Kokoschka versprochenen Zeichnungen Helmut Schmidts zu verwirklichen. Daß es noch nicht dazu gekommen war, lag an der zeitlichen Belastung des Bundeskanzlers. Jetzt, nach dem Wahlkampf und in der vergleichsweise ruhigen Zeit, in der er seine Regierungserklärung vorbereitete, war es möglich, nach Villeneuve zu reisen. Für Kokoschka wäre in seinem Alter von 90 Jahren die Reise zu beschwerlich gewesen. Natürlich konnte das Unternehmen nicht so zwanglos vonstatten gehen wie das der beiden letzten Portraitfolgen. Allein, um politischen Gerüchten vorzubeugen, hatte das Bundeskanzleramt das Ziel der Reise nennen müssen. Es war deshalb nicht möglich, die Presse ganz auszuschalten. Eine freie und

*lockere Atmosphäre, ein Ausschalten von Rücksichtnahmen auf die
Öffentlichkeit ließen sich nicht erzwingen.*

*Am 29.10. begann Kokoschka mit der Arbeit. An diesem Tage
entstanden zwei Blätter, ein skizzenhaftes, ein ausgeführtes. Man
spürte, worauf der Maler zielte, er wollte nicht den Politiker, sondern den Menschen darstellen. Der Blick ist in eine unbestimmte
Ferne gerichtet, schwebt zwischen Sorge, Abwarten, Unbestimmt-
heit, die Mundwinkel verraten eine aufkommende Resignation.
Mehr als eine Studie ist diese Zeichnung nicht. In weiteren Bildnissen wären ohne Zweifel weitere Facetten sichtbar geworden, hätten
sich mehrere Aspekte zum Bild gefügt. Dazu kam es nicht mehr. Das
lange schöne Herbstwetter schlug um. Am Genfer See wurde es grau
und neblig. Das Licht, das Kokoschka für seine Zeichnungen
brauchte, reichte nicht mehr aus.*

Von diesem Herbst des Jahres 1976 an hat Kokoschka nicht
mehr gezeichnet, er zahle – wie er sagte – dem „Kalender"
seinen Tribut.

IL MAESTRO E SUA FIGLIA

Als Standort für eine Thermalbadekur auf der Insel Ischia hatte ich mir den Ort Forio ausgesucht. Es war mir seit langem bekannt, daß es speziell in Forio und Sant' Angelo eine deutsche Malerkolonie gegeben hatte, die nach dem Tode von Werner Gilles und Eduard Bargheer 1961 erloschen war. Das Andenken an sie und die anderen dort oft weilenden Maler wie Hans Purrmann, Hans Düne, Werner Heldt war aber lebendig geblieben. Davon konnte ich mich überzeugen, als ich den Hotelbesitzer Castaldi fragte, ob er von Gilles und Bargheer gehört habe. Er war fast gekränkt, daß ich dies überhaupt in Frage stellen konnte. Als ich wissen wollte, wo Bargheer in Forio gelebt habe, verwies er mich an Don Pasquale, den Geistlichen der nahegelegenen Kirchen San Michele und Santa Lucia.

An einem Morgen sah ich ihn mit einer Schar von Bengels auf dem Kirchplatz in der Soutane Fußball spielen. Geduldig wartete ich auf den Moment, in dem ich ihn fragen konnte, ob er Don Pasquale sei und ob er mir helfen könne, das Haus von Eduard Bargheer zu finden. Er verabredete sich mit mir für den Nachmittag. Mit Riesenschritten eilte er mir auf den schmalen Bürgersteigen voran. Auf der Piazza angekommen, schwenkte er plötzlich in die Bar „Internazionale" und rief „Ecco!"

Leicht verwirrt glaubte ich an ein Mißverständnis und wiederholte meinen Wunsch.

„Si, si, signora!" rief er und wies mit großer Gebärde auf die Wände der Bar. Nun erst begriff ich. Dicht an dicht hingen gerahmte Aquarelle und kleine Gemälde dort; in ihrer Gesamtheit bildeten sie gewissermaßen eine Art Tapete. Und etliche dieser Bilder stammten von Eduard Bargheer. Die verstorbene Barbesitzerin, die im Volksmund „Maria Internazionale" genannt wurde, hatte ein Herz für große und für weniger bedeutende Maler gehabt. Sie pflegte die genossenen Getränke nicht anzuschreiben, sondern ließ sie sich in Form von Bildern, die man ihr verehrte, abzahlen. Ein derartiges Kuriosum hatte ich noch nicht gesehen.

Don Pasquale ließ sich gern zu einem Drink einladen, setzte sich und ließ mich in Ruhe die Bilderwände betrachten. Dann schritten wir eine Straße hinauf und kamen vor einem Palazzo an, zu dem eine prachtvolle Marmortreppe hinaufführte. Der Bewohner des Hauses war sehr „gentile" und ließ uns das prächtige Treppenhaus besehen und in den Innenhof eintreten, der mit Blumenkübeln besetzt war. Don Pasquale meinte später, vielleicht sei es der Sohn gewesen. Er hob die Schultern und rief: „Wer weiß – wer weiß!"

Mehr konnte ich nirgendwo erfahren, war aber zufrieden mit dem Erreichten, zumal ich täglich in den Behandlungsräumen der Poseidon-Gärten die schönen Radierungen und Aquarelle von Bargheer bewundern konnte.

Im folgenden Jahr war ich zusammen mit meiner Freundin Anita Kästner wieder auf Ischia. Ich hatte ihr von der Heilwirkung der Thermalbäder so viel vorgeschwärmt, daß sie beschloß mitzufahren, und auch sie war hingerissen von der im April schon so üppig blühenden Insel. Sie wollte nun ihrerseits auf den Spuren von Werner Gilles wandeln, den sie und ihr Mann Erhart Kästner gut gekannt hatten.

So en passant erfreuten wir uns an den Aquarellen älteren Datums, die in der Hotelhalle hingen. Wir sprachen Castaldi darauf an und bedeuteten ihm, daß die hübschen Bilder leider sehr gefährdet seien; sie müßten dringend von Glas und Rahmen befreit werden. Er meinte etwas obenhin, das wisse er, die Bilder habe sein Großvater gemalt. Ich erklärte ihm, unbedingt auf Frau Kästner zu hören, in ihr habe er eine berühmte Kapazität als Gast im Hause, sie sei Restauratorin. Da machte er allerdings Augen und hörte sich ihre Vorschläge an. In diesem Gespräch kam es heraus, daß er Werner Gilles sehr gut gekannt hatte, er sei von Sant' Angelo immer ins Hotel gekommen, um sich in der Fangoabteilung Packungen machen zu lassen.

Auf unsere Frage, ob es auf der Insel die Möglichkeit gebe, einen Gilles oder einen Bargheer zu kaufen, verabredete er sich mit uns für den nächsten Nachmittag. Er fuhr in die Francesco-Bucht zu einem Restaurant-Besitzer, dem er unseren Besuch angekündigt hatte. Bereitwillig holte der einen Stapel von Bargheer-Aquarellen her, die er – wie er stolz verkündete

– alle vom Maestro erworben habe. Anita – eine Spezialistin für Kunstwerke auf Papier – raunte mir zu, daß alle Blätter verdorben seien, verdorben durch stauende Nässe. Da die Häuser im Winter wenig oder gar nicht geheizt werden, wird die richtige Aufbewahrung der Blätter ein Problem gewesen sein. Der Wirt glaubte, seine Schätze, schön aufeinandergelegt in einer Schublade, wohl verwahrt zu wissen.

Aus dem Kauf wurde nun leider nichts. Castaldi gab nicht auf und sagte, er wisse noch eine andere Stelle, wo wir vielleicht Besseres, Interessanteres vorfinden würden.

Mitten in Forio bog er plötzlich in eine kleine Gasse ein. Er klingelte an einer schmiedeeisernen Tür und geleitete uns durch einen Blumen- und Gemüsegarten zu einem flachen Gebäude. Wir waren nach seiner Ankündigung zwar nicht auf verdorbene Bilder gefaßt, erwarteten aber auch nichts Wesentliches mehr. Wir betraten einen großen Raum, der sich durch Staffeleien gleich als Atelier erwies, und wurden von einem stattlichen Mann begrüßt, der bei näherem Hinsehen den ausdrucksvollen Kopf eines Propheten oder eines bärtigen Fischers hatte. Luigi Coppa war sein Name.

Anita und ich schauten uns fragend an und signalisierten uns mit leichtem Schulterheben, daß wir noch nie etwas von diesem Maler gehört hatten. Castaldi schien sich hier zu Hause zu fühlen. Er erklärte Coppa, wer wir seien, und dolmetschte zwischen Coppa und uns. Dann rückte er damit heraus, daß er selber Werke dieses Künstlers sammele.

Coppas Motive beschränkten sich ganz auf die Landschaften und Menschen aus dem Maghreb, also Marokko, Tunesien und Algerien. Mehrfach war er dort gewesen, um im Atlas-Gebirge, in den Stein- und Geröllfeldern, den endlosen Sanddünen, in den Speicherburgen und Zeltlagern der Berber und Tuaregs seine Beobachtungen zu machen. Ob er nun Landschaften, Städte oder Märkte gemalt hatte, immer reduzierte er seine Motive auf große Formen, benutzte erdige Farben und bevorzugte ein Kobaltblau für die nächtlichen Impressionen.

Auf all diese Bilder waren wir nicht vorbereitet gewesen, zumal wir ja unbedingt Gilles oder Bargheer sehen wollten. Aber die gute Qualität der Coppaschen Kunst erkannten wir natürlich, waren aber fürs erste befremdet, warum wir ausgerechnet auf Ischia nordafrikanische Motive sehen sollten. Da wir aber nun einmal hier waren, verständigten wir uns wieder mit Blicken, mehr Interesse für die hier gebotene Kunst zu zeigen. Bequem saßen wir in den schwarzen Ledersesseln und besahen uns auch die Kataloge, die Coppa uns überreicht hatte. Mit Erstaunen entdeckten wir ein Vorwort, das Dr. Marion Gräfin Dönhoff geschrieben hatte.

„Ist das die berühmte Gräfin von der ‚ZEIT' in Hamburg?"

„Si, si, veramente! Mia amica!" erklärte Coppa nicht ohne Stolz.

„Und was macht sie hier auf der Insel?" fragten wir weiter.

„Dasselbe wie Sie, meine Damen", erwiderte Castaldi lachend. „Um hier zu kuren. Jahrelang war sie mit ihrer Schwester Gast in unserem Hotel, bis sie ein eigenes Haus in Forio erwarb."

„Und besucht sie jedesmal Coppa, wenn sie hier ist?" Das schien das natürlichste auf der Welt zu sein.

Der unerwartete Atelierbesuch hatte uns doch beeindruckt, zumal wir die Kataloge mitgenommen und studiert hatten, aus denen der Werde- und Ausbildungsgang Coppas hervorging.

Nach einigen Tagen baten wir Castaldi, doch noch einmal mit uns zum Coppa-Atelier zu fahren, wir würden gern die Aquarelle ansehen. Er freute sich über unsere Bitte, rief Coppa an und fragte, ob wir kommen dürften. Er holte die sorgfältig verwahrten Aquarelle her und stellte eines nach dem anderen auf die Staffelei.

„Na, Pollo", fragte Anita, „wie ist es? Willst du ihn nicht ausstellen?"

„Ja, gut genug wäre er bestimmt. Das würde mich schon reizen. Aber wie soll man das alles nach Deutschland raufkriegen, bedenk' doch diese riesigen Formate seiner Gemälde. Das würde ja ein Vermögen kosten."

Castaldi hatte mit gespitzten Ohren zugehört und fragte, ob ich denn auch etwas mit Kunst zu tun hätte. Als Anita ihn darüber aufgeklärt hatte, beteuerte er, daß eine Coppa-Ausstellung in Hameln nicht am Transport zu scheitern brauche. Wenn wir sie für die Winterzeit, wenn sein Hotel geschlossen sei, planen könnten, dann würde er alles arrangieren. Gern würde er das für seinen Freund erledigen, er habe einen Kombi, mit dem er die Bilder transportieren könne. Um die Zollabfertigung brauchten wir uns auch keine Sorgen zu machen, zumal er die Beamten in Neapel alle kenne! Ich bat um Geduld, da ich zunächst erst mit meinen Vorstandsfreunden Rücksprache halten müsse. Coppa war ganz überrascht, gab dann aber ganz gelassen seine Einwilligung. Castaldi avisierte telefonisch sein Kommen und erschien pünktlich vier Tage vor Ausstellungsbeginn mit dem Bildertransport. Ein komplizierter Transport, da alle Bilder unter Glas und Rahmen waren. Wir hatten einen kleinen Katalog vorbereitet, für den die Gräfin Dönhoff auf Coppas und meine Bitte ein Vorwort geschrieben hatte:

Luigi Coppa in Forio d'Ischia
Der erste Eindruck: ein mediterranes Ambiente. Man geht durch einen kleinen Vorgarten, in dem ein paar Zitronenbäume stehen, Tomaten und Bohnen wachsen, und betritt ein großes, ebenerdiges, weinumranktes Atelier. Der Meister ist zunächst gar nicht zu entdecken, so vollgestopft ist der Raum: drei Staffeleien, viele Schränke mit Handwerkszeug aller Art, auf einem langen Tisch sind Aquarelle hoch aufgestapelt, drei andere Tische überhäuft mit Farben, Teekannen, Whisky-Flaschen, Bilder stehen an den Wänden, liegen auf dem Boden. So mögen die Werkstätten der französischen Impressionisten ausgesehen haben; und der Urheber dieses Chaos erinnert auch ein wenig an sie.
Ich kenne Luigi Coppa – von seinen Freunden Gino genannt – seit 20 Jahren. Immer hatte er wie ein Besessener gearbeitet, gezeichnet, entworfen, verworfen, seine eigenen Farben hergestellt – ein Blau so leuchtend, daß einem die Augen übergehen. Manchmal findet man auf ein und demselben Blatt neben Aquarell- auch Temperafarbe, beispielsweise, wenn er einen Schatten stärker betonen will. Oder es wird eine Linie mit der Rohrfeder gezogen. Mit Rohrfeder aus Bambus, der vor der Tür wächst und den er sich in verschiedener Stärke zurechtschnitzt; innen hinein hat er einen kleinen Schwamm praktiziert, der die Tusche hält. Die Arbeit damit ist jedes Mal ein aufregendes Geschäft, denn nichts wischt so einen Strich wieder weg, der mit sicherer Hand, ohne abzusetzen, durchgezogen werden muß.

Aber seit seine Mutter alle Zeichnungen des Fünfzehnjährigen zerrissen hat – denn sie wollte, er solle wie viele Ischitaner zur See fahren und Kapitän werden –, hat Gino nie aufgehört, just dieser einen Aufgabe zu leben: Auge und Hand zu schulen. Selten hat er Zeit – „Nein, heute kann ich unmöglich" –, immer ist er absorbiert von irgendeinem malerischen Problem; wie kann man das Wesen von Licht und Schatten optimal darstellen, wie die spontane Bewegung von Menschen einfangen?

Mehr als alles andere beschäftigt ihn Afrika. Das arabische Afrika mit seiner kargen Landschaft und seinen ernsten Menschen. Was ihn allein fasziniert, ist nicht das Fremde, sondern im Gegenteil das Vertraute: „So ähnlich haben auch wir gelebt, in diesem Dorf von Fischern und Weinbauern, ehe der Tourismus über uns hereinbrach." Drei pralle Skizzenbücher sind voll mit Impressionen aus Marokko und Algerien von der letzten Reise im vorigen Jahr.

Renato Guttuso, der Altmeister unter den Malern Italiens, ist mehrfach in Ginos Atelier gewesen – zuletzt vor ein paar Monaten. Er hat auch diesmal wieder mit rückhaltloser Bewunderung die Fortschritte betrachtet. Das sind dann, neben den seltenen Reisen, die Höhepunkte in Ginos sonst gleichmäßig dahinfließendem Leben. Er strahlt, wenn er daran denkt.

Zu unser aller Freude war die Gräfin selbst zur sonntäglichen Matinee am Tag nach der Eröffnung im November 1986 gekommen, um an dem „Gespräch mit dem Künstler" teilzunehmen. Eine Freundin der Familie Coppa, Gisela Polt, die Frau des berühmten Kabarettisten Gerhard Polt, war aus Schliersee angereist, um die Fragen der Besucher und Coppas Antworten zu übersetzen. Das ZDF drehte alles für eine Sendung „Nachbarn in Europa".

Meine beiden Hausgäste, die Töchter Marianna und Teresa Coppa, genossen in vollen Zügen all diese Ereignisse.

Um diese nicht alltägliche Matinee mit den auswärtigen Gästen zu feiern, hatte ich zum sonntäglichen Brunch eingeladen. Gräfin Dönhoff hatte mit ihrer Schwester meine Einladung gern angenommen; so saßen wir mit vierzehn Personen um die rustikal gedeckte Tafel, die mit appetitlichen deutschen Spezialitäten – von mir selber zubereitet – bestellt war. Marinierte Heringe in Sahne-Äpfel-Gurken-Zwiebel-Soße mit

Pellkartoffeln, eine Schinken-Dill-Mousse, ein Hühner-Wein-Aspik, ein Porreesahneauflauf, eine Käseterrine, in der Harzkäserollen mit Zwiebelringen in Essig-Öl und Kümmel aromatisch durchgezogen waren. Rote Grütze mit Vanillesoße. Als kleine Aufmerksamkeit für meine vier italienischen Gäste hatte ich, damit sie ihre tägliche „Pasta" nicht entbehren mußten, einen üppigen Makkaroni-Schinken-Eier-Auflauf heiß aus dem Backofen gezogen und ihn köstlich duftend mitten auf die Tafel gesetzt: „Attenzione, molto caldo!" Ohne Ausnahme wollten alle Geladenen davon eine Portion genießen. So eben, daß es langte! Die große Form wurde – wie in einer kinderreichen Familie – noch nach Eierresten ausgeschrappt.

Ausgerechnet ein Franzose, der Fotograf Bernhard Lesaing aus Aix-en-Provence delektierte sich an diesen deutschen Gerichten. Zum Dank schickte er große Abzüge seiner Fotos, die er während der Eröffnung, der Matinee und der Brunch-Mahlzeit gemacht hatte.

Mehrfach flog ich wieder nach Ischia, traf mich dort zuweilen mit Anita Kästner. Jedes Mal machten wir Luigi Coppa unseren Besuch, zumal sich nach den Hamelner Tagen ein freundschaftliches Verhältnis zur Familie entwickelt hatte. Speziell zu Marianna, die die Akademie der Künste in Neapel besucht hatte und sich weiter vom eigenen Vater ausbilden ließ. Nach mehrfachem Bitten holte sie ihre eigenen Bilder hervor. Offensichtlich war sie so erzogen, daß der Vater immer die Hauptperson war. Ich hatte schon bemerkt, daß er bei aller Liebe etwas Possessives hatte und die Töchter ständig als Dolmetscherinnen und Briefschreiberinnen „benutzte". Marianna hatte mir schon in Hameln davon erzählt, daß sie leider deshalb viel zu wenig zum Malen komme.

Sie ist hochbegabt. Sie geht absolut eigene Wege in ihrer Malerei. Auf den ersten Blick scheinen die gemalten Gegenstände wie auf eine alte Leinwand geheftet oder an die Wand genagelt zu sein. Man merkt erst auf den zweiten Blick, daß sie gemalt und so beiläufig und trügerisch an einem Fenster oder einem Stuhl lehnen. Das ist das Merkmal ihrer Kunst. „Utensili – Gegenstände" nennt sie manche Bilder, bei denen es sich um alltägliche, gewöhnliche Garten- und Handwerksgeräte handelt, die sich einerseits in der Wirklichkeit verstekken, andererseits aber die Wirklichkeit täuschend vorstellen. Trompe l'oeil! In altmeisterlichen Lasuren malt sie, ein arbeits- und zeitaufwendiger Prozeß!

Da wir seit langem eine Ausstellung planten, die unter dem Thema „Trompe l'oeil heute – die Kunst der Augentäuschung" zusammengestellt werden sollte, waren dazu bereits sieben Künstler aufgefordert worden. Als Achte wurde nun auch Marianna eingeladen. Sie kam 1990 nach Hameln und erfuhr, daß ihre Bilder besonders viel Beachtung fanden und daß sogar etliche Bilder bei ihr in Auftrag gegeben wurden. Vor allem ihr berühmter Kollege Wolfgang Lenz, der Altmeister des Trompe l'oeil, hatte viel Gefallen an den hervorragend gemalten Bildern und an der dunklen Schönheit der zurückhaltenden Marianna gefunden. Das Ehepaar Lenz lud sie nach Würzburg ein und hat ihr ausführlich die Stadt, die Residenz, die „Laube" gezeigt und sie auf das gastlichste verwöhnt.

Im April 1993 konnte ich mich davon überzeugen, daß gerade dieser Würzburg-Aufenthalt Marianna große Kraft und Zuversicht gegeben hatte. Sie hatte sich neuen Motiven zugewandt, blieb aber immer weiter ihrer Umwelt verhaftet. Nun hatte sie Stilleben mit Artischocken, mit Zwiebeln, Kartoffelbergen, mit Bambusgeflecht gemalt. Und nirgendwo war sie der Versuchung erlegen, Gefälliges zu malen. Ihre Sorge, niemals genug Bilder für eine Einzelausstellung zu haben, konnte ich zerstreuen. Trotz der langsamen Malweise war klar zu erkennen, daß es im Laufe der nächsten Jahre ohne weiteres möglich sein wird, ihr eine eigene Ausstellung zu widmen.

EIN LEUCHTENDES TAGEBUCH

Nürnberg war 1982 das Ziel einer Vorstandsreise. Wir wollten dem Maler Gerhard Wendland in Unterhaidelbach einen Atelierbesuch abstatten und dabei vor Ort die Bilder für eine Ausstellung auswählen, die wir ihm für 1983 zugesagt hatten. Zugleich wollten wir die Sammlungen des berühmten Germanischen Nationalmuseums ansehen und die „Triennale der Zeichenkunst", die in der Kunsthalle stattfand, zu der man auch den Leipziger Maler und Zeichner Werner Tübke eingeladen hatte.

Die erste Berührung mit einigen seiner Werke war 1977. Wir waren besonders gespannt auf diesen Künstler, dem Aushängeschild der DDR in Sachen Kunst. Auf der „documenta 6" in Kassel hatte man vier DDR-Malern ein Kabinett eingeräumt. Tübkes „altmodische Malkunst" nahm sich verblüffend genug aus, zumal auf dieser documenta die Environments von Joseph Beuys, die Film- und Videoschau, die Performance-Artisten und Spurensicherer (man erinnere sich an den „Vertikalen Erdkilometer" von Walter de Maria) das Ausstellungsfeld beherrschten. Es gab damals einen gewaltigen Eklat, der mit einem Chaos begann. Eine Reihe von Künstlern hängte ihre Bilder ab, um gegen die Beteiligung der DDR-Maler Tübke, Mattheuer, Sitte und Heisig zu demonstrieren. Dennoch blieben deren Gemälde hängen und wurden nicht wenig bestaunt.

In der Nürnberger Kunsthalle war ein großer Saal den Zeichnungen von Werner Tübke vorbehalten. Gemessen an diesen genialisch gezeichneten Blättern nahmen sich die Arbeiten der anderen Künstler eher mittelmäßig aus. Wir hüteten uns davor, dem perfekten Realismus Tübkes allzuviel Bewunderung zu zollen. Doch kehrten wir immer wieder zu seinen Arbeiten zurück. Die unerhörte Beherrschung der verschiedenen Techniken, ob Bleistift-, Farbstift- oder Rötelzeichnungen, gab uns doch zu denken. Das war hohe Kunst, Menschen, Landschaften, Städte und Portraits in altmeisterlicher Manier zeichnen zu können. Die gesuchte Nähe zu Dürer, Altdorfer, Grünewald konnte durchaus Vorbild und Anlehnung gewesen sein, keinesfalls war sie Imitation. Nur ein Beispiel der gleichen Genialität in unserer Zeit wollte uns einfallen: Horst Janssen in Hamburg! Von dessen stupender Begabung konnten wir uns 1978 überzeugen, als wir seine Zeichnungen und Radierungen zum 30jährigen Bestehen des Kunstkreises ausstellten.

Was lag nun näher, als der Wunsch, auch an eine Tübke-Ausstellung zu denken! Beim gemeinsamen abendlichen Umtrunk diskutierten wir den Fall, kamen immer wieder auf den Punkt, daß er ein „Paradiesvogel" unter den vielen Zeitgenossen sei.

Wie kommt man mit der DDR klar? Wie sollte man die dem „kapitalistischen Westen" so abholde, so feindliche Gesinnung der DDR-Regierung beseitigen? Wird da nicht eine große Sperre sein? Mit welchen Auflagen muß man rechnen? Wie erreicht man für eine kulturelle Sache die Genehmigung? Das waren die Fragen. Aber schließlich hatte die documenta und die Kunsthalle Nürnberg diese Ausnahmegenehmigungen erhalten, warum sollte uns das nicht auch gelingen?

Zunächst schrieb ich nach Leipzig, daß wir große Lust hätten, eine „Werner-Tübke-Ausstellung" zu zeigen. Wir hätten in Nürnberg die Zeichnungen gesehen und seien tief beeindruckt davon. Wir hofften, seine Einwilligung für den Hamelner Plan zu erhalten. Es war Frau Brigitte Tübke, die uns antwortete. Ihr Mann könne leider nicht schreiben, da er in Frankenhausen mit dem Panorama-Gemälde zum Bauernkrieg überbeschäftigt sei. Sie habe aber mit ihm telefoniert, und er habe gern seine Zusage gegeben. Allerdings könne er uns nur Aquarelle, Zeichnungen und Druckgraphik in jeder gewünschten Menge zur Verfügung stellen. Aber: es sei nichts davon verkäuflich!

Ein schnelles und durchaus entgegenkommendes Schreiben! Um so leichter fiel uns der Entschluß, auf die Gemälde zu verzichten. Vielleicht lag diese Einschränkung auch bei dem „Zentrum für Kunstausstellungen der DDR" begründet?

Mit Tübkes Zusage, so dachte ich mir, sei es so schwierig doch nicht, genau wie bei uns auch drüben mit den Künstlern selbst alles verabreden zu können. Das war aber reichlich optimistisch, besser gesagt, reichlich naiv gedacht. Wie oft und mit welchen Auflagen ich noch durch den Direktor dieses Zentrums, Dr. Pollack, vom Gegenteil überzeugt werden sollte, das ahnte ich glücklicherweise noch nicht. Ich weiß allerdings auch nicht, ob ich mich durch Schwierigkeiten von dem nun einmal gefaßten Entschluß hätte abbringen lassen. Eines stand jedoch fest: Tübkes hatten um Erlaubnis bei Pollack für diese Ausstellung nachsuchen müssen.

Nach einiger Zeit erhielten wir ein amtliches Schreiben vom Ministerium für Innerdeutsche Beziehungen aus Bonn. Darin wurde uns mitgeteilt, daß die von uns gewünschte Ausstellung „Werner Tübke, Leipzig" von der Bundesrepublik unterstützt werde und daß sie von der DDR in den Vorschlagskatalog für gegenseitige kulturelle Maßnahmen im Rahmen des Kulturabkommens der Bundesrepublik und der Deutschen Demokratischen Republik aufgenommen worden sei.

Auf was hatten wir uns da eingelassen? War das alles nicht eine Nummer zu groß für uns?

Nun ging es in der Folge nicht nur um den Briefwechsel mit Brigitte Tübke, sondern zusätzlich um eine Korrespondenz mit dem Büro der Ministerin Frau Dr. Dorothea Wilms. Für den zu erstellenden Katalog, Transport, Versicherung pp. wurde uns sogar eine nennenswerte Summe in Aussicht gestellt. Formulare über den Umfang der Ausstellung und der voraussichtlichen Versicherungssumme wurden übersandt mit der Bitte um sorgfältige Ausfüllung. Im Gegenzug erhielten wir vom „Zentrum" Unterlagen, aus denen hervorging, welche Kosten wir für die Hotelunterbringung, Tagegelder, Reisekosten für das Ehepaar Tübke und für Dr. Pollack zu übernehmen hätten!!! Aus Bonn erhielt ich wiederum die „beruhigende" Nachricht, daß das Land Niedersachsen aufgefordert worden sei, das Unternehmen zu fördern. Nun wurde es mir aber doch zu bunt!

Über unseren Kopf hinweg waren die für uns zuständigen Herren im Hannoverschen Ministerium für Wissenschaft und Kunst schlicht vor diese Tatsache gestellt worden. Das wollte mir überhaupt nicht gefallen; schließlich wollten wir auf gar keinen Fall die Gunst der „die Hände über uns Haltenden" verlieren. Ein Telefongespräch mit dem leitenden Ministerialrat klärte alles zur Zufriedenheit.

Da die Sache amtliche Formen angenommen hatte, mußten wir damit rechnen, daß die Korrespondenz mit Tübkes überwacht wurde. Trotzdem schrieb ich Frau Brigitte von unserem Prinzip, nur das ausstellen zu können, was wir vorher eingehend im Atelier angesehen hatten. Sie sah das ohne weiteres ein und lud mich ein, zu ihr nach Leipzig zu kommen.

Das war ein guter Vorschlag. Die Frage war nur, ob man ohne weiteres eine Einreise- und Aufenthaltsgenehmigung von diesem seltsamen Staat bekommen würde. Nein, natürlich nicht!

Aber gut Ding will Weile haben! Eine unserer Studienreisen sollte in die DDR, nach Thüringen, Sachsen und Brandenburg führen. Unter den bei Intourist angemeldeten Teilnehmern war ich sowieso. Da konnte ich im Zuge dieser Gruppengenehmigung auch mit einem Visum für mich rechnen. Man wurde ziemlich lange auf die Folter gespannt, ob man willkommen war oder nicht. Es dauerte natürlich auch eine Ewigkeit damit, ganz von den Bosheiten, unser Programm umzuschmeißen, abgesehen.

Es war in jener Zeit so gut wie unmöglich, telefonisch durchzukommen. Spät abends gelang es mir einmal doch, Brigitte Tübke sagen zu können, daß ich Mitte Juni 1987 drei Tage in Leipzig sein werde, wobei allerdings ein Tag für die Fahrt nach Naumburg und Meißen abgehen würde. Sie war hocherfreut, und diese Zeit passe ihr sehr gut.

Kaum in Leipzig im Hotel „Merkur" angekommen, überreichte man mir an der Rezeption ein Briefchen von ihr. Ich möge doch, wenn's ginge, gleich zu einem Täßchen Kaffee zu ihr kommen. Man werde mir den Weg zeigen, es sei nicht weit, Taxen hätten Seltenheitswert.

Ich pilgerte also dorthin, fand auch die großbürgerliche Jugendstilvilla und wurde so herzlich begrüßt, als sei ich eine alte Bekannte. Frau Brigitte freute sich über das Mitbringsel mit verschiedenen Teesorten und bekannte auf meine Frage, ob ihr Mann eine besondere Vorliebe habe, daß er gern Lakritze-Konfekt lutsche.

Sie kam dann gleich zur Sache und richtete von ihrem Mann aus, daß er es sehr bedaure, meinetwegen nicht nach Leipzig kommen zu können. „Sie wissen ja, man darf ihn nicht aus seinem streng eingeteilten Arbeitsrhythmus bringen. Aber er ist am letzten Wochenende von Frankenhausen hierher gekommen, um alles für Ihren Besuch vorzubereiten."

Von der Sorgfalt, mit der er dies getan hatte, war ich am nächsten Tag bei meinem Arbeitsbesuch auf das angenehmste überrascht. Wir stiegen in den 1. Stock, in dem seine Ateliers lagen. Dort entnahm sie den Schubfächern der Graphikschränke ganze Stapel von passepartourierten Aquarellen. Mir gingen die Augen über! Keine Abbildung könnte je den Zauber dieser Landschaften wiedergeben; es war wie ein leuchtendes Tagebuch seiner klassischen Reisen zwischen Italien und Griechenland, den Alpen und dem Kaukasus. Sie steckten alle voller Geschichte und voller Erinnerung an die Kunst von Dürer bis Blechen. Die hohe Kunst des Aquarellierens, hier war sie ein Ereignis! Nur ein großer Meister kann mit Wasserfarben so schnell, so behutsam den berückenden Zauber frühmorgendlichen Lichtes von Fiesole oder von St. Gilgen auf das Papier bringen!

Mein Arbeitsmotor lief auf vollen Touren vor lauter Begeisterung, die beim Betrachten all der Zeichnungen anhielt. Auf diesen Blättern hatte Tübke eine unglaubliche Figurenphantasie entwickelt; von der Antike bis zum Rokoko, vom Totentanz bis zur Narrenposse trieb ein sonderbar kostümiertes Figurenpersonal sein Wesen darauf.

Brigitte Tübke, erfreut über meinen Enthusiasmus, ging ins angrenzende Atelier, um mit ihrem Mann zu telefonieren. Da sie die Tür nicht geschlossen hatte, konnte oder mußte oder sollte ich mit anhören, wie sie eine temperamentvolle Schilderung meiner Person und Betrachtungsweise gab. Aus ihren Antworten konnte ich seine Fragen entnehmen. Es war zwar ganz nett, soviel Gutes über sich zu hören, dennoch war mir die Rolle der „Lauschenden" höchst unangenehm. Ich sagte es ihr sofort, als sie zurückkam. Sie lachte und meinte: „Na, dann wissen Sie ja schon fast alles. Mein Mann läßt Sie herzlich grüßen und ausrichten, daß wir gern zur Eröffnung der Ausstellung nach Hameln kommen werden."

Die Auspizien stehen gut, frohlockte ich.

Allmählich lenkte ich die Sprache auf den Katalog. Sie gestand, daß das Filmmaterial in der DDR derartig miserabel sei, daß man für gute Reproduktionen speziell für die Aquarelle besseres Material verwenden müsse. Ob wir nicht einen Fotografen nach Leipzig schicken könnten? Für ein nettes Quartier wolle sie schon sorgen. Die Strichätzungen von den Zeichnungen und Lithographien könne sie in Leipzig zufriedenstellend anfertigen lassen. So reiste der Fotograf Helge Bias mit seinem Wagen – ein Permit hatten ihm Tübkes besorgt – nach Leipzig, arbeitete dort zwei Tage lang und brachte eine gute Ausbeute mit nach Hameln.

Aber – man soll sich nicht zu früh freuen!

Plötzlich tauchten neue Wolken am Horizont auf. Das „Zentrum" wünschte, daß die Tübke-Ausstellung als erstes in einer westdeutschen Großstadt gezeigt werden müsse! Schikane! Dies nach all den angelaufenen Vorarbeiten!

Was bildet dieser Pollack sich eigentlich ein, wie er mit uns umspringen kann? Müssen wir uns solche Befehle erteilen lassen? dachte ich empört. In meiner Antwort ließ ich keinen Zweifel daran, daß entweder Hameln als erste Stadt die Ausstellung zeige oder daß wir darauf verzichten würden. Wir hätten nichts dagegen, wenn eine andere Stadt n a c h uns die von uns vorbereitete Ausstellung übernehmen würde. Aber nur eine! Keinesfalls seien wir damit einverstanden, daß Hameln möglicherweise in einen „Wanderzyklus" eingebunden würde.

Ich hatte alles auf eine Karte gesetzt! Mit der Absegnung durch meine Vorstandsfreunde war ich mutig geworden und war entschlossen, mir keine weiteren unverschämten Ansinnen gefallen zu lassen.

Und siehe da: Hameln sollte die Nummer EINS werden! Und im Anschluß daran sei Saarbrücken in Aussicht genommen, hieß es. Aha, dachte ich, das ist wohl ein Spezialwunsch des Genossen Honnecker, der bekanntlich aus dem Saargebiet stammt.

Wir blieben auf der Hut vor möglichen neuen Bedingungen. Wegen der Postkontrolle konnte ich Brigitte Tübke schwerlich von meiner Empörung berichten, vielleicht hatte sie aber am Rande einiges darüber erfahren.

Inzwischen hatte ich an Dr. Eduard Beaukamp, dem berühmten Kunstkritiker der Frankfurter Allgemeinen Zeitung, geschrieben und ihn um einen Essay über Werner Tübke für unseren Katalog gebeten. Er ist ja bekannt als besonderer Kenner und Verehrer der Tübkeschen Kunst. Drum waren wir hocherfreut, daß er uns keinen Korb gab, lediglich darum bat, ihm eine Druckfahne seines Textes vor der endgültigen Drucklegung zu schicken. Pünktlich sandte er sein Manuskript. So nahm nun endlich alles seinen vernünftigen Lauf. Ein Transportwagen holte die wohlverpackten Pakete aus Leipzig ab, so daß wir rechtzeitig alles hier hatten. Wir ließen wegen der unterschiedlichen Größen und Farben der Blätter, entsprechend unseren Rahmengrößen, Passepartouts anfertigen. Auf diese Weise erzielten wir eine ausgesprochen noble Präsentation.

Am 13. Oktober 1988 holte ich Tübkes von der Bahn ab. Ein hochgewachsener, schlanker Herr im feschen Salzburger Lodenmantel mit passendem Hut stieg mit Brigitte aus und musterte mich freundlich-prüfend. Brigitte sorgte dafür, daß ihr Mann keine schwere Tasche trug; wir hatten uns darauf verständigt, daß er das nicht merken sollte; seine Hand war durch die jahrelange Überbeanspruchung des Malens immer noch nicht geheilt und steckte in einem Lederverband.

Im Hotel „Bellevue" hatte ich vorher einen Karton mit 20 Katalogen im Zimmer deponiert, hatte einen Obstkorb, Blumen dazugestellt und dafür gesorgt, daß Tübkes beim Eintritt in die Hotelhalle gleich das Plakat sehen konnten. Ob sie mir die Freude machen würden, zum Dämmerschoppen und zum anschließenden Abendessen zu mir zu kommen, fragte ich, ich wohne nur 200 Meter entfernt vom Hotel.

„Dämmerschoppen? Das klingt sehr gut! Wir kommen gern."

Als sie Platz genommen hatten, meinte er gut gelaunt: „Sekt, ja, der wäre nicht unbedingt ein Fehler!" Brigitte trinkt nur Rotwein, das wußte ich von Leipzig her und hatte für einen wohltemperierten Burgunder gesorgt.

Um den hohen Herrn zu ehren, hatte ich den Oberbürgermeister Dr. Kock gebeten, dem Professor einen Empfang im Rathaus zu geben und ihn zur Eintragung ins „Goldene Buch" der Stadt Hameln zu bitten. Daß danach die Renaissance-Stadt in Augenschein genommen werden mußte, bevor wir zur

Pressekonferenz in das Studio gingen, verstand sich von selbst.

Er ist ein Profi, dachte ich stolz, wie souverän er Auskunft gibt! Und toll, daß er dabei die schöne Kunsthalle so lobt.

Er lobte auch, wie gut die Bilder plaziert und gehängt seien. Die neue Passepartourierung hatte er sofort bemerkt. Er wiegte den Kopf hin und her. „Nun, das lasse ich mir gefallen!"

Wieder hatte ich zum Abendessen gebeten und Tübkes auch gefragt, ob es ihnen recht sei, daß ich Dr. Pollack ebenfalls dazu eingeladen hatte. Tübke runzelte die Stirn und war überhaupt nicht begeistert. Brigitte glättete seinen Unmut: „Ach, Werner, wer weiß, wie wir den noch mal brauchen werden."

Herr Pollack erschien und entpuppte sich als großer vierschrötiger Mann. Weil er gleich Bier „forderte" (er trinke keinen Wein), dachte ich im stillen: Prolet. Tübke runzelte schon wieder die Stirn und erteilte dem Herrn ironisch eine Belehrung.

„Also, wenn Ihnen zum Rehbraten Bier besser schmeckt, Ihre Sache! Sie haben Glück, daß Frau Flemes eine so höfliche Gastgeberin ist, daß sie bereits ein anderes Glas für Sie hingestellt hat." Tübkes grinsten sich verstohlen an.

Nun war der Eröffnungstag angebrochen. Die Presse hatte schon vom Empfang im Rathaus, von dem Interview mit dem Künstler ausführlich berichtet. Man konnte gespannt sein! In Scharen waren die Besucher gekommen, die Prominenz aus Stadt und Land schüttelte Tübke die Hand, der Vortragende Prof. Dr. Hanns Theodor Flemming zeigte lebhaft, wie vertraut er sich hier fühlte. Die gute Stimmung wurde plötzlich unterbrochen, als Brigitte mir zuflüsterte, daß soeben der Kulturattaché der DDR aus Bonn mit seiner Frau eingetroffen sei. Wir müßten nun schleunigst ein Hotelzimmer bestellen.

„Er hat doch offiziell abgesagt", antwortete ich, „er sei unabkömmlich. Wieso erscheint er nun doch wie aus heiterem Himmel?"

„Es tut mir leid, so sind unsere Herren nun mal", flüsterte Brigitte zurück, „was machen wir nun?"

„Ein Hotelzimmer? Das ist ganz unmöglich. Hier findet ein Hals-Nasen-Ohren-Ärztekongreß auf Bundesebene statt, da ist alles seit Wochen schon reserviert."

Alle Bemühungen von Helga Eisenberg blieben erfolglos. Um keinen Unmut in der bisher so harmonischen Atmosphäre aufkommen zu lassen, nahm ich Brigitte mit ins Büro, um ihr ungestört zu sagen, daß das Ehepaar gern in meinem Gästezimmer nächtigen könne, Bad nebenan, und für ein gutes Frühstück wolle ich auch sorgen.

„Um des Himmels willen! Das geht nicht."

„Das geht nicht? Warum soll das nicht gehen? Ist es nicht gut genug?"

„Nein, das ist es nicht. Aber diese Leute dürfen doch nicht privat wohnen, das ist einfach verboten!"

Das sind ja sklavenhafte Zustände, dachte ich. „Dann müssen wir es weiter versuchen, vielleicht gelingt es Frau Eisenberg außerhalb von Hameln. Aber wer sind denn diese Herren, die immer um Ihren Attaché herumstehen? Müssen die auch ein Hotelzimmer haben?"

„Nein, die schlafen im Auto, das sind die Leibwächter."

„Leibwächter? Sie meinen Stasi?"

„Ich habe nichts gesagt", warnte mich Brigitte.

Nach dem Vortrag signierte Tübke im Foyer geduldig die Kataloge, er freute sich auch über die lange Schlange der wartenden Kunstfreunde.

Im gegenüberliegenden Dorint-Hotel hatte man gegen unseren ausdrücklichen Wunsch nicht eine runde Tafel, sondern einen langen Tisch gedeckt. Wie man weiß, ist er meistens der Tod einer guten Unterhaltung. Damit die nüchterne Atmosphäre nicht zu frostig wurde, fragte ich Tübke verstohlen, ob er etwas dagegen einzuwenden habe, wenn wir nach dem Essen gleich zu mir fahren würden. Das sei eine fabelhafte Idee, aber ich möchte doch den Kulturattaché fragen, ohne dessen Zusage könne er die Einladung nicht annehmen. Meine Vorstandsfreunde und ihre Ehepartner waren auch erleichtert, die Tapeten wechseln zu können. Also fuhr der ganz Trupp los. Vor meiner Haustür „fing" ich den Chauffeur und die Stasimenschen ab und bedeutete ihnen: „Meine Herren, leider kann ich Sie nicht hineinbitten, das würde zu eng. Ganz in der Nähe befindet sich aber eine gute Kneipe, ‚Zum Reichsadler'."

Herr Pollack spielte den „mit allem Vertrauten", hatte sich schon einfach ein kostbares Glas aus der Vitrine genommen und sich Bier aus dem Kühlschrank geholt und trank auch bereits. Typisch, dachte ich halb ärgerlich, halb belustigt, typisch Prolet!

Es ging mir aber über die Hutschnur, daß er eine Empire-Porzellanschale vom Sekretär nahm, auf den Fußboden stellte und seine Kamera mit Selbstauslöser installierte.

Obwohl das Attaché-Ehepaar ziemlich einsilbig blieb, wurde es ein zünftiger Kunstkreisabend.

Am Sonntag nahmen Tübkes und ich die Einladung der Äbtissin des Klosters Fischbeck, Frau von Schön-Angerer, an, die ihnen gern persönlich die romanische Stiftskirche und die romantischen Gärten zeigen wollte. Tübke war ganz hingerissen, so lebhaft und aufgetaut hatte ich ihn überhaupt noch nicht erlebt. Hier könnte, nein, möchte er wohl mal eine Woche verbringen; einfach ruhig sitzen und nichts tun als zeichnen. Die Äbtissin sprach gleich eine Einladung aus, er könne dann ohne weiteres in der Abtei wohnen.

In freundschaftlicher Herzlichkeit verabschiedeten wir uns nach fünftägigem Zusammensein voneinander, nicht ohne ein baldiges Wiedersehen verabredet zu haben.

Das fand im Oktober 1989 – kurz vor der Wende – statt; wir trafen uns mit Tübkes in Bad Frankenhausen und betrachteten zusammen sein Monumental-Panorama-Gemälde, an dem er acht Jahre gearbeitet hatte.

BESSER UNTERNEHMEN ALS UNTERLASSEN

Ein Anbau! Welch schöner Gedanke! Leider kann man einen Bau nicht aus dem Hut zaubern. Wir hatten schon öfter seufzend daran gedacht, wenn wir an oder über die Grenzen unserer Ausstellungsmöglichkeiten gelangt waren. Ein Wunschtraum, den wir wie eine Seifenblase, wie eine Vision abtaten.

Konnte man es überhaupt wagen, dieses in der Architekturgeschichte der Nachkriegszeit als vorbildlich gepriesene Studio durch einen Anbau zu ergänzen? Schließlich kann man nicht einen x-beliebigen Schuppen daneben stellen.

1956/57 hatte die Stadt Hameln uns das notwendige Grundstück in Erbpacht überlassen. Würde sie sich erneut darauf verstehen? Der Nachbar, eine große Bank, müßte auch befragt werden. Fragen und Probleme!

Damals, anläßlich der 700-Jahrfeiern der Rattenfängersage, hatten hochmögende Herren den Vorschlag gemacht und ermutigende Hilfe in Aussicht gestellt. Auf Befragen standen sie immer noch zu ihrem Wort.

Jede Vorstandssitzung hatte nun als Tagesordnungspunkt Nr. 1 den möglichen Erweiterungsbau. Der Ausdruck „Anbau" kam uns doch zu profan vor.

Ein wichtiger Glücksumstand kam unseren Entschlüssen zu Hilfe. Der Architekt unserer Kunsthalle, Prof. Dieter Oesterlen, hatte in Hannover noch sein Büro. Wir fragten an, ob er willens sei, sein in sich so geschlossenes Bauwerk durch einen Erweiterungsbau zu ergänzen.

Der Stadtbaurat Eckard Koss hatte signalisiert, als er vernahm, daß Oesterlen um Entwürfe gebeten worden war, sich für die Bereitstellung des Grundstückes in Erbpacht einzusetzen.

Oesterlen hatte zunächst skizzenhafte Entwürfe vorgelegt. Am besten gefiel dem Vorstand eine Halle, die durch einen Korridor mit eigenem Eingangsportal mit dem Haupthaus verbunden werden konnte. Das schien uns die Lösung zu sein, zumal man den Altbau nur an einer Wandstelle öffnen mußte und auf diese Weise der Ausstellungsbetrieb während der Bauphase weiterlaufen konnte. Die genau ausgeführten Feinzeichnungen, die Grundrisse und detaillierten Ansichten von verschiedenen Seiten eröffneten ideale Aspekte. Der vom Korridor abgehende Sozialtrakt mit Toiletten, Garderobe, Heizungs- und Haustechnikräumen würde die gleichen im Altbau befindlichen, renovierungsreifen Räume überflüssig machen, so daß wir dadurch Räume für eine Kunstbibliothek, für einen Leseraum und für zusätzliche Arbeitsräume ohne großen Aufwand gewinnen könnten.

Langsam befreundeten wir uns mit der zu erwartenden Schönheit dieser architektonischen Abfolge, die ebenfalls eine Ziegelbauweise vorsah.

Die Maxime: besser unternehmen als unterlassen sorgte für endgültige Entschlüsse. Das Jahr 1986 ging hin mit Besprechungen, Fahrten nach Hannover, Sitzungen im Bauamt der Stadt Hameln, beim Landkreis Hameln-Pyrmont, um Zusagen, Genehmigungen und Zuschüsse zu erlangen.

Die Sitzungen mit den Herren der Bank hatten sich günstig entwickelt, zumal sie als Nachbarn ihr Einverständnis erteilt hatten, daß wir ein großes Magazin direkt an der gemeinsamen Grenze errichten lassen könnten.

Inzwischen waren etliche nennenswerte Spenden eingegangen, mit deren Bekanntgabe wir dann die Ämter zu den notwendigen Genehmigungen bewegen konnten. Die Ausschreibungen vom Architekturbüro Oesterlen an die hiesigen Handwerkerbetriebe waren längst herausgegangen. Nun konnte die Baugenehmigung beantragt werden. Die Vermessungen und die notariellen Eintragungen waren abgeschlossen.

Selbstverständlich wurden die Mitglieder in der Jahreshauptversammlung und durch Rundschreiben vom Stand der Dinge unterrichtet.

„Das Bauen ist 'ne Lust!
Doch, was das Ende kost'
das war mir unbewußt!"

Das kann man an einem der alten Fachwerkhäuser, in den Eingangsbalken geschnitzt, lesen! Nichts wahrer als dieser Spruch!

Im Frühjahr 1988 lagen die Angebote und Preise der in Aussicht genommenen Handwerkerbetriebe vor. Dabei kam das niederschmetternde Resultat heraus, daß sich die vorgesehene Bausumme um über 100.000 DM erhöhen würde. Oesterlen hatte uns nach Hannover gebeten, um dies mitzuteilen und um gemeinsam nach Möglichkeiten zu suchen, den Plan dennoch durchführen zu können. Aber uns war die Petersilie verhagelt!

Wir sahen überhaupt keinen Ausweg und keine Möglichkeit, weitere Gelder aufzutreiben. Nach Hameln zurückgekehrt, wurde groteskerweise die ersehnte Baugenehmigung per Einschreiben zugestellt. Ironie des Schicksals. Zu ausweglos, um eine optimistische Gemütsart aufzubringen, war die Situation. Das Bewußtsein, daß wir bei Nichtausführung des Baues alle Gelder und Zuschüsse zurückgeben müßten, da sie zweckgebunden waren, vertiefte die verzweifelte Stimmung um ein Beträchtliches!

Das tage- und nächtelange Grübeln nach Auswegen brachte keine Lösung. Aber wie ein „deus ex machina" erschien unangemeldet eine Freundin, die mir nur „rote Grütze" und frisch gekochte Marmelade als kleine Freude bringen wollte. Sie erschrak über mein Aussehen und wähnte mich krank. Nur zögernd nannte ich die Ursache meines desolaten Zustandes. Sie, eine erfahrene Bauherrin in privater Sache, wußte sofort, wo der Schuh drückte. Nach kurzem Überlegen bot sie mir eine hohe Summe an, die sie für den Bau spenden wolle, da er ihrer Meinung nach unbedingt ausgeführt werden müsse. Ich hörte nur ungläubig zu, doch kam nach und nach Belebung in mein Gemüt.

Erneut fuhren die für den Bau verantwortlichen Vorstandsmitglieder mit mir zu Prof. Oesterlen. Er verstand sich zu einer anderen Dachkonstruktion, die wesentlich preiswerter als das im Altbau bewährte Shed-Dach sein würde. Eine abgehängte Decke mit einem an den Seiten umlaufenden Shed-Band, das man elektronisch verdunkeln konnte, war sein Vorschlag. Speziell die Verdunklung bei Tage war uns wichtig, da wir das neue Haus auch als Vortrags- und Seminarraum nutzen wollten.

Das war im Juli 1988!

Es war kaum zu glauben, daß mit Hilfe einflußreicher Freunde im September mit den Ausschachtungsarbeiten begonnen werden konnte. „Und wenn uns Petrus einen milden Winter beschert, dann könnten wir durchbauen und im Sommer 1989 einweihen!" Das war das erhoffte Ziel.

Aus den ehemaligen Wunsch-Visionen war handfeste Realität geworden. Als Mensch, der nicht alles Gute als selbstverständlich nimmt, wurde ich mit einem hocherfreulichen Umstand beglückt, dem ich im nachhinein noch große Dankbarkeit zolle.

Die Nachbar-Bank plante ebenfalls einen Neubau, der sich dem um die Jahrhundertwende errichteten Altbau anschließen sollte. Das war uns bekannt. Da dieser Bank-Neubau mit seiner Längsseite an dem sehr verkehrsreichen Kastanienwall errichtet werden sollte, war guter Rat teuer, wo die Baubaracke ihren Standort haben könnte. Die Bankleitung fragte bei uns an, ob wir das Aufstellen der Baracke vor unserem Altbau, neben dem Eingang, erlauben würden. Das hieß, zwei Jahre lang – möglicherweise auch länger – unser Haus „zu verschandeln." Das war zu überlegen, zumal es sich um eine sehr geräumige Baracke mit großem Sitzungsraum, zwei Büros, Toilette, Vorplatz und Küchenecke handeln sollte. Im Gegenzug fragten wir, ob die Herren der Bauaufsicht für das Bankgebäude – gegen finanzielle Beteiligung – auch unseren Erweiterungsbau mit übernehmen könnten und ob wir die Baracke mitbenutzen könnten. Das wurde ohne weiteres erlaubt! So gelangten wir in den bekömmlichen Umstand, mit den bauaufsichtführenden Herren Timm und Jacke hervorragend zusammenzuarbeiten.

Petrus blieb uns hold! Herr Jacke, als der täglich Zuständige, erwies sich als zuverlässig planender und auf die Ausführung dringender Partner, er war einfach ein Glücksfall! Mit gegenseitiger Sympathie und Vertrauen lief alles wie geschmiert. Am 10. November konnten wir die Grundsteinlegung vornehmen. Zum Richtefest am 17. Februar 1989, das wir in der Baubaracke nach den üblichen Zeremonien mit Aufziehen des Richtekranzes, Aufsagen des Richtespruches durch den Maurerpolier, Ansprachen durch den Architekten und die Bauherrin, feiern durften, hatten wir auch viele kunstkreisverbundene Künstler eingeladen. Damit verfolgte ich einen bestimmten Zweck: In handgeschriebenen Briefen hatte ich 47 Künstler von diesem Ereignis unterrichtet und damit zugleich bessere Ausstellungsmöglichkeiten für die Zukunft in Aussicht gestellt. Um für diesen Zweck neue Stellwände, neue Rahmen und Zubehör anschaffen zu können, dächten wir an eine Kunstauktion im April, damit wir von dem Erlös der von den befreundeten Künstlern gestifteten Kunstwerke diese Utensilien rechtzeitig bestellen könnten.

Es wurden – sage und schreibe – 67 hochwertige Gemälde, Aquarelle, Zeichnungen, Druckgraphiken und Kleinplastiken von den angeschriebenen Künstlern gestiftet!

Am 15. April ging die Auktion über die Bühne. Dr. Norbert Humburg hatte sie professionell glänzend vorbereitet. Es bestand die Möglichkeit der Vorbesichtigung, und die Ausgabe von Bieternummern wurde stark frequentiert. Humburg schuf angesichts der unzähligen Besucher durch eine geistreiche Ansprache eine spannende Atmosphäre, und dann konnte er als launiger Auktionator loslegen. Die Bieternummern schnellten hoch. Und in knapp zwei Stunden waren sämtliche Kunstwerke in privaten Besitz übergegangen. Nach sofortiger Bezahlung konnten sie gleich wohlverpackt mitgenommen werden. Und das Geld, das notwendige, klingelte im Kasten.

Um, analog zu unserem bisherigen schwarzen Arne-Jacobsen-Gestühl, für ein Neues sorgen zu können, veranstalteten wir eine Stuhl-Aktion. Die Mitglieder wurden davon unterrichtet, daß das neue Haus vorzugsweise als Seminar- und Vortragsraum genutzt werden solle und daß man dafür Stühle brauche. Das alte, jetzt 31 Jahre alte Gestühl sei absolut verbraucht; es sei ein Wunder, daß es überhaupt so lange gehalten habe. Ob die Mitglieder nicht Lust hätten, auf einem eigenen Stuhl zu sitzen, also einen zu stiften? Es könne auch ein halber sein oder – wenn man unbedingt darauf bestehen sollte – könnten es auch mehrere sein. Wir hätten ein günstiges Angebot weißer Arne-Jacobsen-Stühle eingeholt. Und siehe da: binnen kurzem konnten wir über stattliche Stapel von vierbeinigen weißen Stühlen verfügen.

Es hatte sich in Hameln natürlich herumgesprochen, daß im Sommer eingeweiht werden sollte. Die Presse hatte monatelang im voraus immer wieder wohlwollende Zustandsberichte veröffentlicht. Die Spannung stieg, zumal man das neue

Gebäude bisher lediglich von außen in Augenschein nehmen konnte. Die Öffnung der großen Wand im Altbau erfolgte erst wenige Wochen vor der Einweihung, so daß tatsächlich erst mit der Eröffnung der Festausstellung das Geheimnis gelüftet wurde.

Daß zum Erfolg irgendeine Leistung gehört, das wollten wir dabei unter Beweis stellen.

PIED PIPER

Es liegt auf der Hand, daß man die Einweihung eines Kunsthauses – und sei es auch nur ein Erweiterungsbau – mit einer nicht alltäglichen Ausstellung vornehmen muß. Schon seit geraumer Zeit hatten wir uns im Vorstand für den amerikanischen Maler Jere Allen entschieden. Dieser Entschluß kam natürlich nicht von ungefähr, er beruhte auf einer soliden Kenntnis der Kunstwerke dieses Malers. Und die war durch mehrere Jahre gefestigt worden.

Nach jeder der fünf Studienreisen, die ich in den Jahren 1981-1987 in den USA unternommen oder geleitet hatte, war ich im Anschluß daran für zwei Wochen an den Mississippi geflogen, um meine Nichte Jutta und ihren Ehemann John Ferretti zu besuchen und auch, um einen Kreis von Freunden dort wiederzutreffen. Zu diesen Freunden zählte in erster Linie das Ehepaar Evi und Erwin Neumaier. Beide sind als Professoren an der Universität Oxford, der Alma Mater des Staates Mississippi, tätig. Sie waren in den 60er Jahren mit ihren kleinen Töchtern aus Bayern eingewandert. Als ich das erste Mal bei ihnen eingeladen war, kam es uns so vor, als seien wir von Kindesbeinen an befreundet. Es war die berühmte Sympathie auf den ersten Blick!

Es ist in einem fremden Land alles so neu, so interessant, daß man sich nicht von vorn herein überlegt, welche Bilder die Gastgeber wohl an den Wänden haben mögen. In den meisten Familien handelte es sich in ihren Kolonialstil-Häusern um amerikanisches Mobiliar und repräsentatives Zubehör. Bei Neumaiers nun sah ich mich unvermutet ganz ungewöhnlichen Gemälden gegenüber, die mir von hoher Qualität schienen. Wie es so geht mit Kunstenthusiasten, das Gespräch drehte sich von Stund' an um diese Bilder und ihren Maler. Neumaiers boten mir an, ihn gemeinsam in seinem Atelier zu besuchen. Er lehre an der Hochschule Malerei, heiße Jere Allen. Sie seien nicht nur Sammler seiner Bilder, sondern auch eng mit ihm befreundet. Sie verabredeten ein „date" für diesen Besuch in den nächsten Tagen.

Die Begegnung mit Allen und seiner Kunst wurde zu einem Schlüsselerlebnis. Seine frühen Arbeiten mit ihren philosophisch-religiösen Inhalten, ihren tragisch verschlüsselten Botschaften hatten mich schon bei Neumaiers in ihren Bann gezogen. Um so mehr überraschten mich die gesellschaftskritischen Themen seiner neuen Gemälde. Waren es vorher dunkel-gesättigte Farben, so herrschte jetzt eine leuchtende Farbbrillanz mit dramatischer Licht- und Schattenwirkung vor. Der krasse Übergang von bewältigter Phantasie zur Realität mußte doch einen Grund haben. Stillschweigend stellte Allen ein Bild nach dem anderen auf die Staffeleien. Ich fragte Erwin: „Wie alt ist denn dieser Mann? Siebenunddreißig Jahre? Unglaublich!"

„Ich erkläre es dir nachher, du wirst staunen", erwiderte Erwin.

Mit der Frage, ob ich im nächsten Jahr wiederkommen dürfe, verabschiedete ich mich. Ob Allen mit einem Verkauf gerechnet hatte, weiß ich nicht, er freute sich aber über mein Interesse.

Neumaiers erzählten mir später, daß Allen nach einigen Augenoperationen für längere Zeit weder malen, noch zeichnen, noch lesen, noch fernsehen durfte. So wurde er zum Radiohörer. Er machte sich Notizen zu besonderen Vorfällen und fertigte blindlings skizzenhafte Entwürfe an. So war der krasse Übergang zu erklären, daß er sich plötzlich diesen sozialkritischen Aspekten zugewandt hatte.

Er war 1944 in Selma (Alabama) geboren und entstammte einer seit mehreren Generationen hochtalentierten Familie. Sein Kunststudium hatte er an der bekannten Ringling School of Art in Sarasato (Florida) absolviert. Speziell von seinem Lehrer Frank Rampolla war er für Symbolik beeinflußt. 1970 hatte er sein Baccalaureat gemacht und in Knoxville (Tennessee) seinen Magister of Art erworben. Schon 1972 konnte er als Dozent seine Hochschullaufbahn beginnen und ab 1980 als Professor an der Universität Oxford Malerei und Zeichnen lehren.

Neumaier bemerkte, daß die unglaubliche Begabung, Portraits malen zu können, ihn als erstes auf diesen jungen Kollegen aufmerksam gemacht habe. Er selber habe ihm gesessen und habe dabei gespürt, wie „besessen" Allen in seiner Arbeit gewesen sei und wie er ihn als Freund völlig abstrahiert habe. Das Bild war mir schon wegen seiner sonderbaren Anordnung aufgefallen. Der Kopf des Gelehrten schaut grüblerisch an der linken unteren Ecke in die Leere des Großformates; später bemerkte ich etwas Mephistophelisches in dem Gesicht. Als ich das Erwin bekannte, nickte er nur.

Beim nächsten Atelierbesuch ein Jahr später hatte Allen mit einem Bilder-Zyklus begonnen. Es handelte sich um das Thema „Dots and Stripes" (Punkte und Streifen), eine ironische Anspielung auf die amerikanische Nationalflagge „Stars and Stripes" (Sterne und Streifen), das in Allens Augen zur puren Dekoration – vom Eisbecher bis zum T-Shirt – zur blöden Floskel verkommen war. Der Zyklus sah mindestens 20 Gemälde vor, auf denen Allen das Thema in vielen Variationen umsetzen wollte: vor gelben, roten, grünen Hintergründen – den horror vacui kennt er nicht – baden, sonnen, räkeln sich erotisch verhüllte junge Frauen oder trocknen sich in gestreiften oder in gepunkteten Laken ab, die ihre Körper verführerisch modellieren. Und die enganliegenden Badekappen sind als Sexsymbole gedacht. Alles in allem eine brillant gemalte Absage an den Schönheitskult vieler amerikanischer Girls, die ganz anders als in der Pop-Art ohne Sprechblasen und Verfremdungen auskommt. Seltsamerweise, so absurd das klingt, war in jedem Bilde ein wirkliches Schönheitsideal verkörpert.

Beim dritten Besuch war unser zweiter Vorsitzender Dieter Burkart (ein exzellenter Kunstkenner und -sammler) und seine Frau Elke mit von der Partie. Meine Verwandten hatten sie – nach der Studienreise „Philadelphia und Washington" – auch eingeladen und ihnen ihr Gästehaus im Garten eingeräumt.

Burkarts konnten es kaum erwarten, den in Aussicht gestellten Atelierbesuch in Oxford machen zu können. Sie waren völlig überrascht von der Schönheit dieser Universitätsstadt. Nach der stundenlangen Fahrt entlang der unendlichen Baumwollfelder hatten sie eine bewaldete Stadt nicht erwartet. Die repräsentativen College-Gebäude im Kolonialstil, mit den hohen Säulen an jedem Portikus, die herrlichen Eichen-Alleen und die gemütlichen Bungalows, auf deren Veranden die

Schaukelstühle wippen, beherrschen das Stadtbild. Riesige Solitärbäume der Magnolia Grandiflora geben einen herrschaftlichen Anstrich. Es ist das Faulkner-Land!

Burkarts waren – obwohl ich ihnen das ja angekündigt hatte – total überwältigt von der enormen Bilderfülle. Allen schleppte wieder ein großes Gemälde nach dem anderen auf die Staffeleien, derweil wir groteskerweise in ausgedienten Zahnarzt-Folter-Stühlen Platz genommen hatten. Den Zyklus „Dots and Stripes" hatte Allen inzwischen abgeschlossen. Er hatte sich längst sozialkritischen Bildinhalten zugewandt. Mit relativ harmlosen Titeln hatte er eine Gesellschaft von Geistern auf die Leinwand gebracht, die er uns in seinem breiten Südstaaten-Englisch vorstellte. „Wolken und Schatten": Ku-Klux-Klan. „Schöne heile Welt": Ritualmord. „1500 Dollar das Gedeck": Geld regiert die Gesellschaft. „Zuschauer am Boxring": Lediglich auf den Gesichtern zeichnet sich der Kampf ab. „Die sieben Sünden": Übersättigte Prasser, sündhafte Verführungen. „Pied Piper": Verführung. Natürlich waren wir bei aller Betroffenheit von der Malkultur, der Problematik dieser Bildergeschichten – und Anklagen – beeindruckt.

Zum Glück hing immer noch mein Lieblingsbild, ein ganz stilles Bild, an der Wand. Ein Frauen-Halbakt auf weißem Fond; der dunkelhaarige schöne Kopf und die rosa-weiße Blüte einer Magnolia grandiflora in den Händen waren die einzigen Farbnotierungen. Wenn man so will, ein weißes Bild!

Temperamentvoll und ein bißchen vorwurfsvoll fragten Burkarts: „Sag mal, Charlotte, warum hast du nicht schon längst diese phantastischen Bilder für den Kunstkreis an Land gezogen, zumal du nun schon das vierte Mal hier bist?"

„Ihr seid gut! Wer soll das denn bezahlen?" war meine Gegenfrage.

Allen, der kein Wort deutsch spricht, geschweige denn versteht, wollte gern wissen, über was wir so lebhaft diskutierten. Als Erwin Neumaier ihm erklärte, daß wir in Hameln einen Kunstverein hätten, dessen Vorstand wir angehörten, und daß wir seine Bilder an sich liebend gern dort ausstellen möchten, rief er entgeistert aus: „I always thought, Charlott is only a fan of art!"

Damit hatte er ja nicht unrecht!

Kaum waren wir aus den USA zurückgekehrt, kam ein Anruf von Erwin Neumaier. Ich glaubte, mich verhört zu haben, was er mitzuteilen hatte. Es hatte Jere Allen doch nicht ruhen lassen, daß wir nicht nur „Kunstfans" wären. Er hatte einflußreichen Gönnern von der Möglichkeit erzählt, in Deutschland ausstellen zu können und von meinen Besuchen berichtet. Daraufhin hatte sich ein Kreis von Sponsoren – fünf Privatsammler, „The University of Mississippi Foundation" und „The University of Mississippi, College of Liberal Arts Faculty, Development Found" – gebildet, der die hohen Transportkosten übernehmen wollte. Allen seinerseits wollte auf eine Transport-Versicherung verzichten. „Wenn der Flieger ins Meer fallen sollte, sind meine Bilder sowieso futsch, dann muß ich sie neu oder anders malen!" hatte er gesagt.

Als nächstes schickte er auf meine Bitte 80 Farbdias. Die wurden dem Vorstand vorgeführt, damit er sich eine Vorstellung von den Bildinhalten machen konnte. In dieser Sitzung wurde einstimmig beschlossen, diese Gemälde zur Einweihung des Erweiterungsbaues als Festausstellung zu zeigen.

Nach einer Studienreise „New England und New York, USA IV" hängte ich im Herbst 1987 noch eine Woche dran, um diese Ausstellung nun detailliert vorzubereiten. Tagelang arbeitete ich mit Hilfe von Erwin Neumaier in Allens Atelier. Alle bekannten und alle neu hinzugekommenen Werke wurden kritisch betrachtet, diskutiert, in der Zugehörigkeit zu ihren Zyklen selektiert. Maße, Technik, Titel, Preise, deutsche Übersetzungen wurden sorgfältig notiert. In den nächsten Tagen nahmen wir unsere Auswahl noch einmal von vorne vor, jetzt auf die Räumlichkeiten des Kunstkreises, der alten wie der zukünftigen, zugeschnitten.

Der Umstand, daß so viele Mitglieder durch die Studienreisen in Amerika fasziniert von den Städten, ihren Kunstschätzen, den Künstlern waren, drängte uns die Überlegung auf, daß sie und andere Kunstfreunde, die nicht daran teilgenommen hatten, es begrüßen würden, diesen amerikanischen Maler in seinen Werken und in Person kennenzulernen. Außerdem wollten wir ein kulturelles Phänomen berücksichtigen. Der Kulturaustausch zwischen Europa und Amerika ging bis in die 60er Jahre vorwiegend in den Westen. In den darauffolgenden Jahren kamen zwar Avantgarde-Künstler aus New York öfter in europäische Galerien. Wir selber hatten 1982 „Amerikanische Graphik" gezeigt, und zwar in exzeptionellen Arbeiten von Lichtenstein, Lindner, Oldenburg, Oppenheim, Rauschenberg, Rosenquist, Stella, Tuttle, Twombly, Warhol, Wesselmann, Indiana, Franics, die alle von der Kunstszene bereits „abgesegnet" waren.

Nun wollten wir den Mut aufbringen und einem in Europa ganz Unbekannten diese Ausstellung „Bilder aus Amerika" widmen, der wir wegen der gesellschaftskritischen Bezüge den Untertitel „Ironie und tiefere Bedeutung" (frei nach Grabbe) gaben.

Überdimensional große, wahrhaft unförmige Kisten trafen ein. Allen hatte sie alle selbst gezimmert und seine Bilder perfekt darin verstaut. Als Luftfracht waren sie nach Frankfurt gegangen, von dort ließen wir sie abholen. Nun packten wir sie gespannt aus, verteilten mit wahrer Lust die Gemälde und die unter Glas gerahmten Portrait-Zeichnungen in den alten und neuen Räumen. In dem durch die Shed-Dächer gelenkten Lichteinfall wirkten sie an den geschlämmten Ziegelwänden viel brillanter als im Atelier in Oxford. Diese Erfahrung hatten wir schon sehr oft gemacht. Wir hatten sogar eine Regel gefunden: ein sehr gutes Kunstwerk gewinnt hier im Haus noch viel mehr, ein mittelmäßiges allerdings verliert erheblich..

Zum 8. Juli 1989 hatten wir Mitglieder und Kunstfreunde zur Einweihung und zur Eröffnung der Ausstellung eingeladen und dabei einen reichbebilderten Katalog in Aussicht gestellt. Einige Tage vorher waren Jere Allen und seine Frau Jo-Ann, Evi und Erwin Neumaier – der den Festvortrag halten sollte – und meine Nichte Jutta Ferretti aus den USA eingetroffen. Neumaiers und Jutta kannten von früheren Besuchen in Hameln das Kunstkreis-Studio. Jere Allen war so grenzenlos begeistert von der Schönheit des Baues und darüber, wie seine Bilder sich darin ausnahmen! Natürlich waren meine drei Töchter mit ihren Männern und Kindern zur Feier gekommen und genossen ihr „Kunst-Zuhause" in vollen Zügen.

Nun sahen wir alle gespannt dem Festakt entgegen. Eine kaum zu überblickende Menge festlich gestimmter Menschen drängte sich in den Räumen. Im Erweiterungsbau hatten wir vorsichtshalber einen Monitor aufstellen lassen, da wir schon ahnten, daß der große Saal im Altbau alle Besucher nicht würde aufnehmen können. Trotz der hochsommerlichen Hitze herrschte eine von Fröhlichkeit ausgezeichnete Stimmung. Es war so, als ob die Mitglieder, wie Familienangehörige, endlich wieder in ihr angestammtes Haus einkehren konnten

Nach den Ansprachen, in denen die Repräsentanten der Stadt Hameln, des Landkreises Hameln-Pyrmont und des Niedersächsischen Ministeriums für Wissenschaft und Kunst höchst wohlwollende Worte fanden, erklärte der Architekt Prof. Dieter Oesterlen den neuen, kleineren Baukörper und wies auf die Harmonie der Einzelglieder hin. Daß eine Stadt ihr Erscheinungsbild im wesentlichen durch die Kulturpflege hat und sie bewahren muß, war meine Feststellung, die ich damit verband, daß ich den Oberbürgermeister fragte, ob der Kunstkreis nicht ein erstklassiges Aushängeschild, eine neue, bunte Feder am Hut der berühmten Rattenfängerstadt sei?

Schlußendlich kam die Stunde für den Künstler! Erwin Neumaier gab in seinem Festvortrag eine ausführliche Schilderung der Stationen, von dem Schaffen des Malers. Er sprach von der Expressivität der kritischen Bildinhalte, von der dynamischen Licht- und Schattenführung und der Farbbrillanz in den Gemälden, ihren amerikanischen politisch-gesellschaftlichen Hintergründen. Allen wolle anrühren, aufrühren, ohne selbst aufrührerisch zu sein. Er nannte ihn einen Künstler, der von sich selbst sage, daß es sein Ideal sei, in seinen Werken Abbilder von dem zu schaffen, was er mit seinem inneren Auge sehe, wenn es von Ereignissen der Außenwelt angeregt wird. Schließlich sei Kunst auf die Sinne gerichtet, sei spontan, wirke unmittelbar, unreflektiert – manchmal sogar erst Jahre später. Kunst stehe an der Grenze zwischen Begreifen (rational) und Verstehen (intuitiv), das heiße umgesetzt, Ironie und tiefere Bedeutung müsse jeder für sich selbst erfassen.

Dann endlich eilten und rannten die Besucher mit den Preislisten umher, es kam zu Wortgefechten, weil einige Kunstfreunde das gleiche Bild erwerben wollten. Die ersten roten Punkte klebten schnell an den Rahmen. Den wichtigsten Kauf tätigte der Landrat Klaus Arnold! Mutig erwarb er das riesige Gemälde „Pied Piper" und erklärte, daß es in Zukunft im Foyer des Theaters in der Weserbergland-Festhalle prangen solle, in dem eine geisterhafte, Flöte spielende Gestalt dämonisch eine Gruppe von Menschen anführte, in einem Meer blauer Farbgebung, eine Person versucht entsetzt sich zu retten. „Pied Piper" heißt bekanntlich übersetzt „Rattenfänger". Allen bestritt lachend, daß er gewußt habe, daß es wirklich eine Rattenfänger-Sage gebe. Mit der Stadt Hameln und seiner Sage habe er dieses Thema nicht in Verbindung gebracht. Er habe es schon 1979 gemalt. Er habe diese Geschichte, als er davon hörte, für ein Märchen gehalten. Rattenfänger gebe es doch überall. Und überall finde man auch Leute, die sich leicht von Politikern, Kultfiguren oder Gurus verführen ließen. Diese Art der Verführung habe er thematisiert. Allerdings, gab er zu, habe für ihn der Begriff „Pied Piper" eine ganz neue Bedeutung gewonnen, seit er sich in Hameln aufhalte.

Nun die Ausstellung einmal in Deutschland war, hatten wir dafür gesorgt, daß sie vom Paderborner und Oldenburger Kunstverein übernommen wurde. Als ich 1991 Jere Allen wieder in seinem Atelier besuchte, konnte ich es kaum glauben, welche Bilderfülle sich bereits wieder angesammelt hatte. Das Gastspiel in Deutschland hatte offensichtlich einen Schub an Kraft, Dynamik und Selbstbewußtsein freigesetzt. Vielleicht hatte das von Bildern entleerte Atelier auch das seine dazu getan, ihn in einen Malrausch zu versetzen. Sonst war es unerklärlich, wie er in zwei Jahren so viele, grandiose Bilder hatte schaffen können. Ein ganz anderes, immer aufs neue variierte Thema „Der Kampf mit dem Catfish" war verbunden mit Portraits von Männern in dieser Aktion. Er war so übermütig-glücklich über mein Erstaunen, daß er ausrief: „I can start the next exhibition! Give me a sign and I prepare the next adventure for Hameln. That is really a good place!"

DER BEGEGNUNGEN LETZTER TEIL

Wie könnte ich diese Erinnerungen an die Liebe zur Kunst abschließen, ohne auch von Hamelner Malern zu berichten. Von drei Künstlern soll die Rede sein, denen hierorts in besonderer Weise meine Bewunderung gilt. Daß gerade ihnen im Verlauf der Jahre mehrfach Ausstellungen eingeräumt wurden, versteht sich von selbst.

Von Irene Kropp-Apportin hörten wir schon früh, hörten von ihrem Hochschulstudium in Bremen und München, und daß einer ihrer Lehrer, der berühmte Olaf Gulbransson, ihr wegen ihrer enormen Begabung eine brillante Zukunft voraussagte. Da sie einer angesehenen Hamelner Familie entstammt, war es nur natürlich, daß der künstlerische Werdegang dieser Tochter von allgemeinem Interesse war.

Nun hatten sich viele Menschen vor dem Krieg ihren Lebensweg anders vorgestellt, als er dann verlief. Das bittere Ende dieses Krieges führte Irene Kropp, die 1943 den Münchner Maler Josef Apportin geheiratet hatte, zurück nach Hameln. Und wir, die wir in Hamburg 1943 total ausgebombt waren, kehrten auch in die Heimatstadt meines Mannes zurück.

In den kärglichen Nachkriegsjahren und ihren Notzuständen waren Begegnungen mit Künstlern wahre Labsale.

Irene Kropp-Apportin war es, der man damals besondere Aufmerksamkeit schenkte. Der Begegnungen mit ihr und mit ihrem Mann hatte es schon viele gegeben. Eine ganz Besondere ereignete sich 1949. In der vierten Ausstellung des noch ganz jungen Kunstkreises wurden Batikwandbehänge von Katharina Albert-Heckel gezeigt, die Irene Kropp-Apportin wegen ihrer erzählenden, farblich delikat abgestimmten Kompositionen ungemein faszinierten. Nach ihrer eigenen Aussage waren diese Batiken „Das Urwaldschiff", „Das persische Märchen", „Pystian" zu einem Schlüsselerlebnis geworden.

Sie experimentierte und entwickelte ihre eigene Batik-Technik, in der sie nach und nach ein ganz einzigartiges Kompendium von Wandbehängen schuf, das schnell hohe Anerkennung in Fachkreisen fand und ihr Erfolg eintrug, der darin gipfelte, daß man ihr 1960 den Niedersächsischen Staatspreis verlieh. Da sich sehr viele Liebhaber fanden, war es zum Glück eine einträgliche Kunst, in der die Künstlerin ihren angeborenen Sinn für Humor zunehmend anwandte. Sie hatte eine ganz unverwechselbare, archaische Bildsprache entwikkelt, die sie in großen Formaten ausführte. Ihr hohes Zeichentalent und ihre Beobachtungsgabe, die man in unzähligen Skizzenbüchern bewundern kann, schufen ein ganzes Arsenal an Tieren, Menschen, Pflanzen. Alte Sinnsprüche wie „Heiliger Sankt Florian ...", „Sich regen bringt Segen" regten sie ebenso an wie Szenen aus dem Zirkus-, Bauern- und Handwerkerleben, und mit unerschöpflicher Phantasie verarbeitete sie auch griechische Sagenstoffe.

Ganz eigenständig entwickelte sie die Kunst, Schrift in ihre Arbeiten einzubeziehen, und zwar als ergänzenden Bestandteil der jeweiligen Schilderung: „Zwar bringt der Sonnenblumenglanz den Sommer noch einmal ganz, doch tut der Wandersmann nun gut, zu denken wo er winters ruht". „Schön rötlich die Kartoffel ist und weiß wie Alabaster, sie ist für Mann, Knecht, Weib und Kind ein rechtes Magenpflaster". Das klingt nach Kunsthandwerk, das es im besten Sinne ja auch ist; sie erhebt es aber weit darüber hinaus durch subtile Farbigkeit und Anordnung zu textilen Meisterwerken.

Ihrer Fabulierkunst waren keine Grenzen gesetzt. Immer wieder, wenn man ihre Werke in Ausstellungen sah, war man verblüfft von der Vielfalt ihrer Einfälle. Ein Künstler ruht eben nicht, stets bringt sein Geist neue Ideen und Motive hervor. Und das ist ein wesentlicher Teil seiner Begabung!

Aus gesundheitlichen Gründen mußte Irene Kropp-Apportin die Batik-Arbeit aufgeben. Dafür entstanden Tusch- und Federzeichnungen, vor allem eine Serie von Portraits.

In meinem Arbeitszimmer – dem Schreibtisch vis-à-vis – hängt eine dieser Tuschzeichnungen, die meinen Mann in seiner gesunden, kraftvollen Lebenszeit darstellt. Sie ist ein Trost für mich, denn die Zeit heilt keineswegs alle Wunden.

Um mir ihre ganz neu entstandenen Zeichnungen zu zeigen, lud die Künstlerin mich in ihr Atelier-Haus ein. Es kommt immer wieder vor, daß Künstler die Lust verspüren, bedrucktes Papier zu übermalen. So überkam es auch Irene

Kropp-Apportin. Der Zufall hatte ihr alte Kunstdruck-Hefte in die Hand gespielt. Nachdem diese Hefte aufgebraucht waren, arbeitete sie auf Büttenpapier weiter. Wie besessen entstanden hunderte von Tuschzeichnungen, farbig und schwarzweiß, und alle beschäftigten sich mit den der griechischen Mythologie entlehnten Sagenstoffen.

Wenn man vom griechischen Mythos hört, stellt sich die Erinnerung an wunderbare Erzählungen von Göttern ein, aus einer Weltperiode, die uns ebenso merkwürdig wie fremd geworden ist. Je älter die Geschichten, von denen der Mythos Zeugnis gibt, sind, um so weniger kann man an Irrtum oder Täuschung denken. Denn wer sollte die Geschichten von Vorfahren, von der Urzeit und den Göttern erfunden haben? Sie sind der Anfang aller Poesie, für das es kein schöneres Symbol als das bunte Gewimmel der alten Götter gibt.

Und bei Irene Kropp-Apportin muß dieses Göttergewimmel so fabelhafte Findungen ausgelöst haben, daß sich ein unaufhaltsamer Strom von Zeichnungen seine Bahn suchte. Keinen anderen Vergleich wüßte ich dazu passend, als die bei Picasso 1953/1954 ausgelöste Arbeitsballung, die sich in einem Thema „Maler und Modell" niederschlug. Irene Kropp-Apportins Zeichnungen, die sie unter „Mythen, Götter und Sterbliche" zusammenfaßte, sind ihnen durchaus ebenbürtig.

Unter diesem Titel erschien 1991 ein eindrucksvolles Kunstbuch im CW Niemeyer Verlag mit dem Untertitel „Arbeiten von 1987 bis 1989". Die die Zeichnungen begleitenden Texte verfaßten höchst lesenswert Karin Rohr und Richard Peter.

Natürlich wurde ein großer Teil dieses phantastischen Pandaimoniums im Kunstkreis vorgestellt. Der Einladung wurde eine köstliche Abbildung eines tritonblasenden Pan vorangestellt. Der beigegebene Text dazu lautete: „Füllhorn der magischen Kräfte – blas nur hinein in die andere Zeit"; er hätte sich auch vortrefflich als Untertitel für das Buch geeignet!

Hans Düne ging mit dem Jahrhundert, wie man so sagt. Im Jahre 1900 wurde er in Hannover geboren. Dortselbst absolvierte er nach einer Malerlehre ein Studium an der Werkkunstschule. Die entscheidende Station in seinem Leben sollte aber ein Studium am Bauhaus in Weimar bei Johannes Itten und Oskar Schlemmer werden! Obwohl er von 1925 bis 1928 noch ein Studium an der Hochschule für Kunsterziehung mit Referendarausbildung und Abschluß in Berlin geleistet hatte, waren die Ideen und der Geist des Bauhauses von grundsätzlicher Bedeutung für ihn geworden, Kunsterzieher zu werden. Ein Programm hatte ihn leidenschaftlich ergriffen, das der Bauhausgründer und -Meister Walter Gropius erhoben hatte; nämlich, daß sich Bauhausgeist und Kunstpädagogik befruchtend zueinander zu verhalten hätten. Und Düne strebte fortan diese sich ergänzende Doppelgleisigkeit an.

Er war ein Berufener! 1947 kam er nach Hameln und wurde am Schiller-Gymnasium in den Schuldienst eingestellt, nachdem er vor dem Kriege schon in Berlin und Eberswalde unterrichtet hatte. Der Zufall wollte es, daß er praktisch nichtsahnend mit der Gründung des Kunstkreises zusammentraf, die 1948 vollzogen wurde. Daß er gerade in dessen Ausstellungen ein so reiches, vielfältig bestellbares Feld für seinen Kunstunterricht fand, das wurde für ihn, für seine Schüler und für den Kunstkreis ebenfalls ein Glück! Seine pädagogische Auffassung setzte er praktisch um. Er wandte stets das an, was ihn in seinem Lehrberuf auszeichnete. Daß er seine Schüler nicht gängelte, ihnen nichts aufdrängte, beweist sein Grundsatz: „Der Kunsterzieher muß seine Klasse nach einem Vierteljahr soweit kennen, daß die Schüler nicht mehr ihre Namen auf die Arbeit schreiben müssen." – „Jeder Mensch soll seine eigenen Formen finden, jeder soll zu seinem individualistischen Farbklang finden. Der Kunsterzieher muß den Kindern dazu verhelfen, individuell zu arbeiten!"

Und darin lag mit Sicherheit das Geheimnis seines „Ankommens" bei den Schülern. Daß er die Gabe besaß, seine eigene Begeisterung für Kunstwerke anderer Künstler, anderer Epochen auf junge Menschen zu übertragen, das muß wohl Gnade gewesen sein.

Immer hat er sich verausgabt, darum sind seine Worte so ernst zu nehmen: „Kunst zu lehren ist wohl selbst eine Kunst, es ist schwer, schwerer als Malen, und diese Leute sind ganz selten; ein richtiges Lehrbuch gibt es einfach nicht. Wenn das Individuelle nicht ist, ist der Kunstunterricht sinnlos, Kunst ist eben keine Mathematik und Disziplin kein Boden für Selbstentfaltung."

Als Maler zog er in den Ferien gern außer Landes, zu Inseln im Mittelmeer und in der Nordsee, um dort einerseits die kubistische Architektur und andererseits die Felsen- und sanften Dünenlandschaften in starke Bilder umzusetzen. Die Täler und Dörfer der unmittelbaren Umgebung von Hameln reizten ihn jedoch ebenso zu Motiven, die ihn variationsreich zu einem Schatz berückender Landschaftsmalerei inspirierten. Die sichere Farbgebung – ein sattes leuchtendes Rot, ein ebenso sattes Grün und manchmal ein helles oder tiefes Blau, die Reduzierung auf große Formen – standen ihm meisterhaft zu Gebote. Schon früh entstand ein großer Kreis von Liebhabern und Sammlern.

Als ich ihn zum letzten Mal im Frühjahr 1984 in seinem Haus am Basberg besuchte, das er nach dem Tode seiner Frau allein bewohnte, traf ich ihn dabei an, einen Feldblumenstrauß, den eine seiner Töchter, die wohl gerade abgereist war, ihm gepflückt hatte, zu malen. Seine Schwerhörigkeit machte ihm sehr zu schaffen. Konnte er allein mit einem Besucher sein, machte sie ihm kaum Schwierigkeiten. So sehr ihn dieses Leiden isolierte, pries er sich doch glücklich, seine Augen, die er als Maler so nötig brauche, „benutzen" zu können. So war es im langsam sich ausdehnenden Gespräch auch nicht schwer, ihn zu bitten, für die Ausstellung „Künstler sehen Hameln und Umgebung", anläßlich der 700-Jahrfeier der Rattenfängersage 1984, seine vier großartigen „Jahreszeiten-Landschaften bei Welliehausen" zur Verfügung zu stellen. Als ich ihm beteuerte, daß gerade ein Hans Düne als einer der Wichtigsten dabei vertreten sein müsse, stimmte er ein helles, wieherndes Gelächter an.

Wenige Monate später, im Januar 1985 starb er.

Von der hohen Qualität seiner Kunsterziehung zeugt das Engagement, das einer seiner ihn sehr verehrenden ehemaligen Schüler, Claus von der Osten, der längst selber in Hamburg die gleichen Funktionen wie sein Lehrer hat, ausübte. Er setzte sich erfolgreich dafür ein, daß im Verlag CW Niemeyer ein ganz vortreffliches Kunstbuch „Hans Düne", mit einem Textbeitrag von Dr. Peter Lufft, erschien, das er selber mit sehr instruktiven, bebilderten „Biographischen Notizen" herausgegeben hatte.

Zur gleichen Zeit wurde im Kunstkreis 1987 eine weitgefächerte Retrospektive „Hans Düne 1900-1985 in memoriam" gezeigt. Es ist bemerkenswert zu registrieren, daß eine große Schar ehemaliger Schüler – selbst im Lebensalter zwischen 40 und 60 Jahren – erschienen war und sich in schnellem Zugriff ihre „Dünebilder" sicherte.

Ein ganz anderes Naturell ist Reinhard Lange, auch er ist Kunsterzieher. Aber dem Maler Reinhard Lange muß dieses Kapitel gelten, ihm, der so zurückgezogen, fast unauffällig in Hameln lebt und arbeitet. Nur so ist es zu erklären, daß wir erst 1975 durch den Berliner Maler Peter Ackermann von ihm hörten. Beim Abschied nach einem Eröffnungsabend, den wir bei Eleonore Wömpener im „Weserhof" verbracht hatten, legte er uns ans Herz: „Und vergessen Sie Reinhard Lange nicht! Er ist der Beste von uns!" Mit „uns" meinte er die Künstlergruppe „Großgörschen" in Berlin, zu deren Gründungsmitgliedern Reinhard Lange zählt. Nun hörten wir auch, daß er Meisterschüler des bekannten Professors Fred Thieler gewesen war, bei jenem großen Meister der informellen Malerei.

Nach dieser Vorgeschichte wandten wir uns natürlich sofort an Lange, der – was wir sehr zu schätzen wußten – überhaupt nicht gekränkt war, daß wir ihm jetzt erst eine Ausstellung anboten. Wie seine Zurückhaltung sich nicht nur in seiner Lebensweise ausdrückt, sondern auch in der souveränen Art, sich nirgendwo vorzudrängen, nicht den besten Platz zu beanspruchen, bemerkbar macht.

Und sein Warten hatte sich gelohnt. Zwar rührte er nicht selber die Werbetrommel, das tat eher mein Mann, der Lange hoch schätzte. Es kam zu Ankäufen, die sich späterhin fortsetzten. Seine Bilder wanderten in bedeutende, sehr wohlbekannte Sammlungen!

Unser Atelierbesuch gedieh zu angenehmen Stunden, in denen wir Lange direkt bitten mußten, sein Licht nicht unter den Scheffel zu stellen. Seine Bilder seien doch schließlich „besondere Lichter". Nicht, daß sie so strahlend hell oder leuchtend farbig wären. Ihre hohe Qualität entwickelt sich meistens erst richtig bei näherem Hinschauen. Das geduldige Verharren in der Anschauung seiner Bilder wird aber reich belohnt.

Wie uns Lange erzählte, wollte er sich nach einer experimentellen Phase nicht dem Informel verschreiben. Er fand zu einem stark abstrahierenden Expressionismus, in dem sich gerade eine ganze Bilderfolge mit einer geschlossenen Aussage im Abschluß befand. Es waren „Werkstattbilder", wenn man so will, Momentaufnahmen einer Bilderwerkstatt. In seiner spröde erscheinenden, in Wirklichkeit aber kühnen Malweise bringt er mit breiten Pinselstrichen die kräftigen Konturen seiner Motive auf ungrundierte Leinwände. Und sein Modell ist die eigene Werkstatt. Es liegt durchaus in Langes Absicht, den Eindruck zu erwecken, als seien die Bilder nicht fertiggemalt. Der Betrachter soll sie mit seinem geistigen Auge weitermalen oder sie so lassen. Die stumpfen Farben, Braun- und Grautöne, etwas Grün, etwas Blau, ordnet er dem Bildinhalt unter. Und langsam freundet man sich dauerhaft mit den Portraits seiner Arbeitswelt an.

Da führt eine Treppe, den Blick von oben steil nach unten dargestellt, wohl in sein Atelier. Ein anderes, in Grün gehaltenes „Werkstatt"-Bild: Leinwände in Keilrahmen, gerahmte Bilder mit den Rücken an die Wand gelehnt, das lange Ofenrohr des kleinen Ofens führt schräg in den Schornstein, ein Tapeziertisch auf Böcken, ein darauf hingeworfener Kittel. „Bretterwand am Fenster" ist ein Teil des vorher geschilderten Bildes: in satten gelb-braunen Farben steht oder hängt neben dem fast schwarz gemalten Sprossenfenster die Bretterwand; es ist also dunkel draußen; der Tisch ist belegt mit grünen Leinwänden oder Papieren. Ein Arbeitsprozeß ist zweifellos im Gange! Neben dem möglicherweise gleichen Fenster auf dem nächsten Bild hängt ein Kasten mit sorgfältig in Leisten gesteckten Malerutensilien, Spachtel zum Anmischen der Farben in verschieden schmalen, langen Formaten an ihren Holzgriffen.

Der geneigte Leser darf nun aber nicht denken, daß wir realiter in dieser Bilderwerkstatt gestanden hätten. Lange hatte die Bilder lediglich aus der Werkstatt geholt. Wir besuchten ihn in seinem Haus und saßen in schönen großen

Räumen mit herrlichem altem Mahagoni-Mobliliar. Man war ständig verführt, den Blick von den Bildern auf diese kostbaren Schränke und Kommoden schweifen zu lassen.

Aber das Werkstatthaus existiert natürlich wirklich. Es war die Tischlerwerkstatt seines Großvaters. Als Lange dieses alte Fachwerkhaus, das in der historischen Altstadt von Hameln steht, sanieren und renovieren ließ, bewies er, wie er selber der alten Architektur, der er durch solide neue Hölzer weitere Lebensdauer angedeihen ließ, verpflichtet ist. Das konnten wir bei einer Einweihungsfeier bewundern. So behutsam, so voller Kenntnis um diese Fachwerkbauweise, hatte er seine Arbeitsbehausung neu geschaffen, die durch die schönen Hinterhöfe zu einer Art Idylle geworden war. Und damit hatte er dem alten Anwesen neues Leben geschenkt.

Eine denkwürdige Begegnung mit Lange trug sich in Nürnberg zu. Die 29. Jahresausstellung des Deutschen Künstlerbundes fand im September 1981 in Nürnberg statt. Dort traf ich den ehemaligen Direktor der Hamburger Kunsthalle Alfred Hentzen mit seiner Frau vor einem großformatigen Gemälde von Reinhard Lange.

„Das haben Sie uns ja noch gar nicht erzählt, daß Sie ein solches Kaliber in Hameln haben!"

Es war kein Werkstattbild. Eine große Wasserfläche wird im oberen Fünftel von einem umzäunten Wiesenstück begrenzt; da ist ein Sprungbrett, von dem jemand soeben heruntergesprungen sein muß, die auseinanderklatschenden Wasserspritzer verraten es. An ihren Bewegungen erkennt man, daß es Kinder sind, die darin herumschwimmen.

Wenig später sprach mich der uns seit langem gut bekannte Ministerialrat Gerd Grabenhorst aus Hannover an und fragte: „Haben Sie Ihren Lange schon gesehen?"

„Nein, wieso? Ist er denn hier? Oder meinen Sie sein tolles Bild?"

Längst hatte ich mich anderen Bildern zugewandt, da stand Lange plötzlich wie aus dem Boden gewachsen neben mir.

„Da sind Sie ja! Menschenskind, ich habe die Hände voller Lorbeerkränze für Sie! Die haben Hentzens und Grabenhorst vorhin für Sie geflochten und über Ihr Bild ‚gehängt'. Nun können Sie sich was drauf meinen!"

Er lachte, und es schien, daß er halb abwehrend doch sehr erfreut darüber war.

„Ist das eine neue Bilderphase, die Sie mit dem Schwimmbad einläuten? Wann darf ich denn mehr davon sehen?"

Die Eröffnung der Ausstellung fand ihren Ausklang in einem Fest, das in dem mauerumwehrten Hof des Museums gefeiert werden sollte. Dazu hatte der Schirmherr und Ehrenpräsident des Künstlerbundes, der Bundespräsident a. D. Walter Scheel gebeten. Und zu fränkischem Wein und fränkischen Spezialitäten hatte Graf Faber-Castell eingeladen.

Daran wollte ich aber nicht teilnehmen, nach Feiern war mir nicht zumute. Es war ja das erste Mal, daß ich ohne meinen Mann an solch einer offiziellen Veranstaltung teilnahm. Auf dem Weg zum Hotel fing Curt Heigl, der Direktor der Kunsthalle, mich ab und hielt mich fest.

„Das kommt ja überhaupt nicht in Frage, daß Sie schon gehen. Wir sind doch ganz unter uns. Kommen Sie mit", bat er, führte mich zurück und setzte mich kurzerhand neben Walter Scheel auf die Holzbank. Der hielt dort hof als rheinische Frohnatur in kurzweiliger, lockerer Weise.

Wieder stand Lange neben mir und fragte, ob er mich mit Fred Thieler zusammenbringen könne. Nichts lieber als das! Lange versprach seine Hilfe, die Ausstellung, die wir für den Kunstkreis verabredeten, mit vorzubereiten. Scheel mischte sich ein und wollte wissen, wo, wie, wann der berühmte Maler und 2. Vorsitzende des Künstlerbundes ausstellen wolle.

Mittlerweile hatte ich mich entspannt und war voller neuer Hoffnung. Außer Reinhard Lange hatte ich nämlich – zur beiderseitigen Wiedersehensfreude – das „Zebra" Peter Nagel getroffen. Und Peter Dreher aus Freiburg war auch da. Dessen Ausstellung hatten wir vor kurzem im August in Hameln eröffnet. Und zu guter Letzt sprach Rolf Escher mich an, dem ich im Frühjahr einen Atelierbesuch in Essen gemacht hatte.

All diese Begegnungen mit vertrauten Freunden und Künstlern hatten wie ein Stück Heimat auf mich gewirkt. Sie versetzten mich in den Gemütszustand, zuversichtlich nach Hameln zurückzukehren, um mit Elan meinen ehrenamtlichen Aufgaben weiter nachzukommen. Zehn Jahre lang tat ich das noch, bevor ich das Amt in jüngere Hände legte.

INHALT

Bereits im R. G. Fischer Verlag
erschienen:

Charlotte Flemes

Früh, wann die Hähne krähn

2., überarbeitete Auflage 1993.

Pb. DM 19,80. ISBN 3-89406-768-3